人脈變現

Superconnect

How the Best Connections in
Business and Life Are the Ones You Least Expect

建立共好網絡，
讓別人看見你，也讓機會找上你

Richard Koch & Greg Lockwood
理查・柯克、葛雷格・洛克伍德 著
張美惠 翻譯

CONTENTS

作者聲明

　　本書兩位作者葛雷格‧洛克伍德（Greg Lockwood）與理查‧柯克（Richard Koch）認為，要是兩個人在本書敘述時都使用第一人稱，可能會讓讀者混淆。由於洛克伍德較謙虛、較少使用「我」這個字；因此書中的「我」代表柯克，而談到與洛克伍德相關的故事時，也將由柯克主述。

我們不斷悄無聲息地穿越過他人生活中的短暫片刻。——羅伯特·梅納德·波西格（Robert M. Pirsig），《禪與摩托車維修藝術：人類尋找自我的奇妙心靈之旅》作者

別忘記，建立關係始於付出

許維真（梅塔／Meta）

《自媒體百萬獲利法則》作者

　　有一句話是這樣說的：討喜有趣的人，不僅讓人願意信任，也讓人願意跟他產生連結與合作。這類型的人，人脈變現與含金量很高。那麼這類型「超級連結者」有什麼特質呢？

　　不知為何常被朋友這樣說：「梅塔，我覺得應該沒有哪個領域的人你不認識吧？認識你就像認識超過一萬人，超給力的！」老實說，我也很感謝因為被認定是「超級連結者」，而有為這本《人脈變現》寫推薦序的緣分（笑）。

　　我常常覺得「有共鳴的連結」是人際關係的基礎，影響人一生運勢的關鍵就是「人」。有許多時候，我跟朋友見面前會產生某些「直覺」，那就是當我覺得 a 跟 b 兩人都適合這個主題的聚會。我會順從直覺，不帶任何目的地跟雙方說：「誒，關於這個部

分／領域，我覺得你可以跟這個人一起聊聊，當天我也會在，要一起吃飯／喝咖啡嗎？」

除了跨業交流或商務聚會，也有好幾對情侶因為我的安排見面而成為夫妻，甚至有朋友對我開玩笑，說如果我去開經紀公司應該可以再多賺一千萬。

但很有趣的是，我並不常出現在大拜拜式交換名片的跨界商會場合，因為我更重視有品質的一期一會交流。正因為如此，我往往可以與好幾年不見的朋友聊起當時聚會的細節。

在開公司之後，除了必要的廠商邀約、企業內訓，以及客戶聚會。我每年必須接觸的人往往超過千人以上，這還不包括網路上的交流。多數時候，我是一個「不善交際」又「注意力不集中」的宅女，然而，有許多與我一樣是「超級節點」的朋友，同樣不喜歡參加沒必要的交際，並且擁有自己熱在其中的創作領域。我想說的是，擁有跨界良好關係的超級連結者身邊，多數也都聚集有趣的「共好連結者」。

看完這本書後我很有共鳴，想跟有緣與本書相遇的你說，如果你想要擁有扭轉人生運勢的人際關係與人脈，我將自己多年來的習慣與本書結合，有以下三點與大家分享：

1. 為別人著想的言語與聚會：跟別人約見面一定要一開始就講清楚主題、重點，還有與會者，而不是毫無意義的應酬。聚會最好邀約可以安排彼此需要資源的人與單位促成合作。我每次約

朋友互相見面都會告訴自己，一定要讓大家在這半小時（以上）中都有所得。我認為這是身為邀約者與主辦方該有的自我要求。

2. 接納真實對方的溝通：真正的溝通不是一直單向跟對方推薦自己的產品與服務有多好，而是讓對方感受到可以在自己面前，展現真實的一面。所以我常常開玩笑，不裝 B 就是跟自己良好溝通的開始。

3. 讓自己的言語文字，甚至本人都是一種祝福：「這次的見面，分享什麼是對於對方有幫助的呢？」這是每次一期一會我都會問自己的事情，包含這篇文章也是。

最後想跟有緣一期一會的讀友分享自己的感想：

- 如果你想要什麼，你可以開始付出什麼；
- 你想要好人脈，就開始讓自己成為舒服的人；
- 你想要賺錢，就開始幫週遭的人賺錢；
- 你想要過好生活，就先好好完成眼前的工作。

god bless us.

前言

讓機會找上你

　　世界上本來應該沒有《人脈變現》這本書的。如果不是背景互異的一群人之間，發生了奇特曲折的事件，這世上就不會有這本書。且容我仔細解釋。假設出版社或書評人（或作者希望打動的任何人）問起本書的由來，我們大可提出許多原因，來證明自己很有資格寫這本書，但這只是本書誕生緣由的一小部分，而且還不是最有趣的部分。實際的情形充滿人性化的精采歷程——而且更貼近本書的宗旨，更能凸顯**網絡的精髓**。

　　洛克伍德一向對「網絡理論」很感興趣，而社會學家、數學家與物理學家在這方面的發現，似乎很能解釋現實生活中的人際關係。早期他在加拿大《汽車買賣》雜誌（*Auto Trader*）工作過，期間有機會見識到買賣雙方所形成的奇妙網絡。後來他轉行投入創投業，運用先前學到的網絡理論。他大力投資那些可能因網絡原理而獲利的公司，果然賺了不少錢。

我（柯克）則是來自另一個領域。曾擔任「企業策略顧問」二十年，運用經濟分析幫助企業提升獲利能力，超越競爭對手。後來與人合創 LEK 公司，於一九八〇年代成為成長最快速的「策略精品店」（strategy boutique），分公司遍及美國、歐洲與亞洲。我也寫書談商業策略，尤其主張「明星事業」（在高成長的市場中規模最大的公司）的觀念，並指出最有價值的事業幾乎都屬於「明星事業」。在一九九〇年代與二十一世紀初期，我運用先前擔任企業顧問賺的錢，去投資一系列明星事業，成果豐碩。也廣泛閱讀與網絡相關的書籍，直覺認為這是企業成功的另一項重要因素；網絡或許可以解釋為何有些人的事業一飛沖天，有些人雖有同樣的才智與資歷，卻沒有什麼成就。

　　所以洛克伍德與我有很好的理由，一起寫書探討網絡。但這些「正規」的解釋有個問題，就是忽略了本書在面世之前所發生的許多偶然事件與人際互動；當中最明顯的忽略就是，洛克伍德與我本來根本不認識！如果兩人沒有相遇，就絕對沒有機會合著這本書。

　　那這兩個人是怎麼碰在一塊的？每當被問到發生了什麼事，只能用兩個字回答，但這兩個字背後蘊藏著許多看似不可能的事，這些事全部湊在一起的機率微乎其微。那兩個字就是「必發」（Betfair）。這間公司在二〇〇〇年克難成立，之後卻成為全球最大的「博彩交易業者」，市值大約二十億美元。

　　先從我這邊說起，二〇〇〇年，我朋友的朋友馬維克

（Robert Markwick）打電話給我。我與馬維克並不認識，馬維克的朋友布雷克（Jeremy Black）有個弟弟安德魯（Andrew），希望建立線上博彩交易站讓賭客對賭，想籌措創業初期的資金。就這樣，我透過第四手得知「必發」這家新公司，但並不認識與該公司關係最密切的那三個人。後來之所以會決定投資必發，很大一部分是倚重賽馬記者威佛（Patrick Weaver）的建議，我和他是在加州聖塔安妮塔（Santa Anita）跑馬場附近的派對偶然認識的。如果我沒有與威佛偶遇、威佛沒有大力推薦必發，我可能就不會拿出錢來投資這間公司。

另一方面，洛克伍德則是經朋友介紹，投資另一家博彩交易公司「Flutter」，同樣是由曾在加州當過管理顧問的兩個人，於二〇〇〇年創立的公司。其中一人喬許（Josh）在澳洲雪梨工作時認識了賴文（Tim Levene），賴文後來也加入在倫敦新成立的Flutter。接著，賴文將這家公司的故事告訴金融界的老友凱茲（Jason Katz）。凱茲認識洛克伍德，也知道他對投資網路線上事業有興趣，便向他介紹Flutter。洛克伍德覺得Flutter有機會因網絡效應獲利，於是決定投資，就像多年前的《汽車買賣》雜誌一樣。

就這樣，二〇〇一年初，我與洛克伍德各自成為同業的股東，公司都在倫敦。兩人互不認識，但當兩人分別同意出任必發與Flutter的董事時，已在不知不覺中，向認識彼此的路跨近一步。這兩家公司是競爭對手，互不聲通消息。但後來有人提議兩

家合併。經過冗長的協商、歷經幾回差點破局，最後成功合併。洛克伍德加入擴大後的必發董事會。

這就是為什麼，二○○一年春天一個悶熱的日子，在倫敦西南帕森斯園地區（Parsons Green）一個擁擠的小地方（必發戲稱為「會議室」），我們兩人終於認識了。而且兩人體認到，必發成功的主因就是集結了賭客的網絡。隨著必發的網絡變得比任何競爭對手都還大（尤其是 Flutter 加入之後），大咖賭客自然靠攏過來；因為在大型博彩交易站裡，找到與別人對賭的機率，比在小型交易站大很多。當愈來愈多賭客加入必發，它的規模漸漸比任何博彩交易站大上二、三十倍，必發便成為我們所謂的「超級連結者」（superconnector）。

那麼，這本書又是如何產生的呢？構想是洛克伍德向我提出的。我平常就會將新書的構想寄給許多朋友與認識的人，看看大家的反應如何。他將洛克伍德也列入郵寄名單，洛克伍德一聽，便突然想到一個概念：「這些構想都不錯，但如果能探討小世界與網絡效應（network effects），一定會更有意思。」我很喜歡這個建議，便邀請洛克伍德合作寫書。

當然，之所以能充滿信心著手寫這本書，還是因為兩人經驗結合在一起。洛克伍德對這個主題很有把握，我則是寫過許多關於企業、構想與職業方面的書，成績斐然。但若沒有牛津的出版經紀人哈洛威（Sally Holloway）強迫我與洛克伍德寫一份較正式的提案，因而吸引紐約三大出版商參與投標，此刻也不會有這本

書的存在。而我之所以會與哈洛威接洽，純粹是聽了一位老同事的建議。

　　所以，兩位作者的認識與這本書的源起，都與一連串的人脈有關，唯有在回顧時才能清楚地看出這一長串的人際關係。如果少了其中任何一個連結，兩人便不會同在必發工作、不會相識，也不會寫這本書。書中會介紹數十則故事以及許多科學證據，顯示兩人的經驗雖然獨特，從另一個角度來看卻又是稀鬆平常。換句話說，看似不太可能發生的事其實是常態！如果你回顧生命中的一些關鍵點，很可能會發現，那些事原本都不應該發生。寫這本書的經驗很奇妙。有時候覺得似乎一邊寫、一邊在探索非常特殊的領域——這個領域對人類社會的運作提出很精闢的剖析；套用某位專家的說法：「**網絡科學**是二十一世紀的科學。」但有時候，又覺得這本書似乎只是在擷取老阿嬤的智慧精華，每個家庭的廚房裡都可以免費聽到的那種。由於大家對這個領域太熟悉了，我們所擁有的人脈關係、我們所屬的群體等，任何人都有他的看法。老阿嬤人生經驗豐富，多少累積了一些智慧；但老阿嬤通常不是科學通，而這本書探索的事物確實有其奧妙之處，包括日常生活中一些我們自以為明白、但其實可能最不清楚的事情。然而，似乎沒有一位我們認識的老阿嬤，能將之訴諸文字。

　　舉例來說，本書的一項重要發現是：友善的點頭之交、或關係很遠的人可能帶給我們重要的知識、機會與創新，讓生活變得更加精采與充實——但個中道理並不是那麼顯而易見。又如我們

倚賴最深、關係最密切的個人或團體可能反而造成我們的阻礙，原因同樣不是那麼顯而易見。但若將這幾點合併探討，往往能開啟新的觀點，幫助我們重新了解社會與職業流動的來龍去脈。

本書的另一項發現更讓人驚訝：構成社會基礎的個人或團體網絡主要是由「超級連結者」所形塑──這些個人與企業雖只占極少數，卻能創造出不成比例的連結，為我們搭起橋梁，通往相距遙遠、行事迥異的社會角落，使世界變得更小，讓大家更能看到世界的豐富多元。在企業界，超級連結者更是愈來愈重要的關鍵力量，對市場結構、策略與產業政策具有深遠的意義。

近年來，各領域的科學家，包括社會學家、心理學家、物理學家、數學家、電腦專家等等，對於網絡的運作機制有了突破性的了解。本書主旨在於解釋這些學者的發現，從人性、社會、務實的角度分析，幫助你思考如何形塑自己的網絡，以及面對不同的網絡時，應如何取捨。

但當我們更加深入探討網絡學，發現網絡其實適用於現代社會各種不同的重要層面，包含創新、貧窮、觀念與社會本質之間的交互關係等。拜高科技之賜，現代人的連結程度愈來愈高，網絡的效應也就變得更加明顯。

所以，本書涵蓋許多科學範疇，但也直接與你的個人生活息息相關。例如，你是否曾經想過，自己人生中的重要事件是如何發生的？回顧任何一個轉捩點，你可能和我們一樣，發現有一連串的人在其中扮演著關鍵的角色。本書要探討這些人脈連結如何

發揮作用，如何增加我們個人生活或事業成功的機率。

　　當然，我們的人生是由一些重要事件所組成的。這世界唯一可確定的就是它的無法預料，而形塑的力量就是網絡。一旦你能了解這個道理，明白這世界雖不可預料，但自有一種美麗與秩序，便可能讓自己擁有更多成功與快樂的機會。

　　網絡的運作有一套固定與特殊的模式，只是我們未必能了解或欣賞。而且，在網絡效應之下通常只創造出少數的大贏家。因此，我們若希望自己的人生有更多機會，最好儘早學會掌握網絡的規則。

你要盡可能增加身邊出現意外驚喜的機會。

——《黑天鵝效應》作者 塔雷伯
（Nassim Nicholas Taleb）

01

成敗關鍵

是卓別林？還是馬龍‧白蘭度？

如果要你用一個最明顯的意象，來表達對工業革命抹滅人性的不滿、凸顯對人的壓迫，你會怎麼做？卓別林在電影《摩登時代》（*Modern Times*）裡呈現了一個超越時代的意象：他讓自己卡在一個滾動的大齒輪上，像是身處在巨大的時鐘裡、或是大型機械工廠的一部分，在無止盡的轉動中飽受折磨。

這是個很新穎且強而有力的意象，但其實卓別林是以一個了不起的「浪漫」傳統為基礎，對工業化與奴役人類的機器表達嚴厲的批判；這個傳統可追溯到英國詩人布雷克（William Blake）所謂的「黑暗邪惡工廠」。布雷克一類作家會提到英國畫家根茲巴羅（Thomas Gainsborough）幾年前的作品，畫中有滿足的牛群與農民，襯托著乾草堆、翠綠的田野與河水悠悠的田園背景，與曼徹斯特又髒又臭的貧民窟，形成強烈的對比。

不過，浪漫派擅長詩歌繪畫，對歷史恐怕比較不在行。事實上，十八世紀的英國農人並未享有多少自由，也沒有今日所謂的「工作滿意度」可言。農民的生活很辛苦，別人叫他做什麼、他就得做什麼；食物常常不夠吃，每隔一段時間，他們就得面對饑荒與匱乏。因此，很多人逃離鄉下的貧民窟，進城裡找工作。沒有人強迫他們，但他們還是前仆後繼；因為無論工業城裡的生活有多糟糕，還是比鄉下好得太多了。馬克思很清楚這一點──他說，工業化將工人從「愚蠢的鄉村生活」解救出來。

儘管如此，一九三六年卓別林的命運，基本上與一八三六年工廠的工人、一七三六年或更早期的農人相比，基本上是一樣的。一般人的生活都很可怕、枯燥、不滿足，幾乎完全無法主宰自己的生活方式。

　　這與我們今日的經驗非常不同。然而，這個巨大的改變究竟是何時發生的呢？有些人說披頭四反映了社會改變，但在披頭四出現之前十年，情勢早已有了轉折，好萊塢只是進一步加以凸顯誇大。一九五三年，馬龍‧白蘭度（Marlon Brando）在電影《飛車黨》（*The Wild One*）裡飾演叛逆的機車騎士強尼，全美觀眾都被這位鮮肉明星的原始魅力與自信迷倒。白蘭度的魅力讓媽媽們如痴如醉，任由小孩子一邊在戲院的走道跑上跑下，一邊模仿引擎的加速聲「噗隆！噗隆！」。兩年後，詹姆斯‧狄恩（James Dean）在《養子不教誰之過》（*Rebel without a Cause*）嶄露頭角，飾演高中幫派領袖史塔克，片中青少年的世界充滿械鬥、賽車、竊車、飆車身亡等情節。這部電影深刻描繪年輕人如何主宰自己的世界、為自己的命運負責，英勇地決定如何生、如何死。

　　這種個人主義的青年文化非常新穎，不只出現在美國，也席捲了英國與整個歐洲，在音樂、戲劇、書籍、電影中廣泛地出現。一九五〇年代所謂的頹廢世代（Beats）喜歡詩歌、蓄長髮、輟學、流浪、嘗試毒品，就是後來嬉皮與龐克的前身。奧斯朋（John Osborne）一九五六年推出的重要劇作《憤怒地回顧》（*Look Back in Anger*）徹底改變了英美戲劇，描寫言語粗暴、工

人階級的反傳統角色「憤怒的青年」。威爾森（Colin Wilson）的
著作《局外人》（*The Outsider*）也在同年推出，凸顯許多重量級
「局外人」對社會的影響，包括卡謬、海明威、卡夫卡、沙特等
等。

　　青年個人主義的黃金時代，到了一九六〇年代完全開花結
果，其特色是迷幻藥、音樂與特有的生活方式、學生運動、反抗
生活中每個領域的權威等。這種個人解放的精神最後被嬰兒潮世
代轉化，不只在創新領域、也在商業界表現出來，變得更激進、
去中心化、個別化、講求個人報酬。白襯衫灰西裝、看起來如一
個模子刻出來的「組織人士」退場，代之而起的是多采多姿、半
嬉皮式的企業創辦人，各展才華、各擅勝場。其後有賈伯斯與沃
茲尼克（Steve Wozniak）創立了蘋果電腦，並在一九八四年職棒
世界大賽的熱門廣告時段發表了新品牌麥金塔，被譽為對老大哥
IBM 的反叛。這當然也指涉歐威爾的作品《一九八四》，書中以
史達林為藍本的「老大哥」扼殺平凡市民史密斯的個人精神，而
史密斯唯一的罪行不過是探索個人的特質。沃茲尼克後來靠著從
蘋果電腦賺來的資金，贊助了他最喜歡的搖滾樂隊，之後又創立
另一項高科技事業。

　　個人主義雖然常常既痛苦又意義未明，但畢竟取代了被無情
體制壓迫、可憐兮兮的受害者形象。從此，一個很普遍的觀念風
行了起來：每個人都可以掌控自己的人生，追求自己的成就與快
樂，並且享有自由。你可能感覺得到一個自我，擁有內在的深

度，幾乎就像你有手有腳一樣具體。或是覺得你可以依照自己想要的方式發展人格、可以超越父母的成就，或是開拓屬於自己的新道路。在我們的社會裡，「照我自己的方式去做」（I did it my way）不只是一句歌詞，更是無數自傳的主題，因為我們很自然會對個人主義者、特立獨行者、甚至反叛者產生認同。一切都走向個人化——除了個人電腦還有個人教練、個人行動裝置。這與卓別林的旋轉齒輪、以及人類千百年來的共同命運大不相同。

這當中有很多問題值得探索。當社會控制被自我控制所取代的同時，另一項重大的改變也正發生。請想一想，在沒有正式媒體的協助之下，青年文化如何以高度顛覆的形式在全世界突然遍地開花？同樣地，黃色笑話與性知識怎麼能夠突然在世界各處同時出現？別忘了那時距離網際網路的發明還有數十年！一九六八年，相同主張的學生運動從加州延燒到巴黎和東京，短短幾天內，就以較溫和的形式擴散到數以千計的校園，這是怎麼發生的？隔年，數萬名年輕人突然聚集在荒僻的胡士托（Woodstock）泥地，而當時既沒有廣告、也沒有宣傳或電視報導，這又是如何發生的呢？個人主義四處標榜、看上去卻一模一樣，「做自己」表面風光、其實壓力很大，自我探索不過是「集體思維」假扮的現象罷了，這不是很弔詭嗎？時尚潮流也是，從呼拉圈到帽T，各種流行是怎麼瞬間爆紅、再快速退燒的呢？

確實，你我都很努力嘗試展現個人的特質，但這終究發生在小圈圈內，再透過網絡散播。而從多方面來看，網絡都是個人的

反義詞。即使原本是自發而混亂的網絡，也會朝著高度集中發展，且會以單一個人無法想像、也無法控制的方式，將人們連結在一起。舉例來說，網路世界也許很民主開放，但大部分的流量還是被少數網站瓜分，大部分的金錢報酬也掌握在極少數人的手裡，且通常連這些大權在握的人自己都相當驚訝。沒有人意圖讓這種情形發生，但也沒有人能預防；這就是網絡奇特的本質。

所以完全的個人主義顯然是一種錯覺。個人主義確實很重要，也有理論依據，能解放人類的心靈，甚至能改變世界——就我們看來，基本上會讓世界變得更好。然而這並不是事實的全貌，想要明白世界運作的方式，個人主義這個指引並不可靠。要了解這個世界，我們需要一套全新的思考方式，這也是本書希望能提供給你的。

這一次，學術界（可稱為新型態的科學家）已經為我們完成最艱難的部分，現在我們只需跟隨他們的腳步，進入新的世界。在這個新世界，努力不是成功的保證，一個人的成敗與苦樂，絕不只是建立在自身的才能與成就上。這個世界仍屬於個人，但同時也是個網絡的世界，網絡是形塑人們生活的隱藏背景。這是個奇特的國度，令人困惑、不知所措，同時卻也精采萬分。狄恩與白蘭度的英雄個人主義讓人產生命運操之在己的錯覺，而我們即將探索的新領域則指出，許多的線索正將我們往不同的方向拉扯。我們若能了解世界的真實性質，與圍繞在我們周遭的網絡力量合作，配合我們的需要善加運用，就能拋開「個人可以操控世

界」的錯覺，體認創造的真諦在於互相合作。我們必須正確了解本世紀的網絡社會，才能以不同以往的方式主導我們的生活，並從中獲得更大的收穫。舉例來說，我們會明白一個道理：若能與許許多多背景不同、態度與生活方式各異、或是遠在天邊的點頭之交維持關係，通常都能從中得到很好的知識與見解，甚至可能改變我們的人生。此外，我們會發現，慎選合作對象會比單單依靠自身的努力還來得重要。一旦我們明白了團體的運作方式有多麼詭譎危險，我們會更小心注意自己是否在不知不覺中遵循了同事的思考方式、或是否要繼續待在讓我們不快樂的組織或關係裡。

所以，思考網絡才會有新的觀點。但「網絡」到底是什麼呢？

網絡的世界

網絡是一群互相連結的人或事物，彼此互相溝通、分享資訊，達到網絡不存在時無法達到的成果。網絡的成員可享受利益，也必須承擔成本與義務；同時，非成員則會被排除在外。網絡的每個部分／成員都彼此互相連結。

想想你熟悉的交通網絡應該有助於理解，例如紐約地鐵（Subway）、倫敦地鐵（Tube）、巴黎地鐵（Métro）、火車網絡、航空網絡等等，各個車站或機場就是「成員」（亦即系統的

固定部分），全數透過鐵路與火車（或是航道與飛機）相互連結。在所有的地下鐵系統裡，你可以在任何車站之間移動往返——除非車站封閉，因而孤立在連結系統之外。

用網絡的語言來說，相連結的人或事物（如車站）稱為**節點**（nodes），網絡包含節點與節點之間的聯結（connections），或稱**連結**（links）。以寶石項鍊為例，寶石就是節點，串連的細繩則是連結。再以電話網絡為例，個別電話是節點，電話線或光纖纜線是連結。

一個系統裡，連接節點的連結可能是通訊科技，也可能是社會關係。以一群互相都認識的朋友為例：他們共同構成一個網絡，彼此共享特定的好處或有某種認同。假設，這群朋友身處一個更大的人群中（例如一場古典音樂會），人群裡的某個陌生人若要與這群朋友中的其中一人、或想跟全部的人說話，並不會因任何科技或實質的距離而受限，但會受限於所謂的「社會阻礙」，畢竟她不屬於那個朋友網絡的一員，因此她不能假定自己可以和他們一起分享香檳、燻鮭魚或聊聊天。

再以任一種組織為例，如街角的商店、理髮店、新創公司、中型企業、販毒幫派、足球隊、聯合國、Google、你就職的公司等等，這些都是網絡，有各自的規則、價值觀與溝通方式。如果你置身其中，你與他們的互動方式就是網絡之外的人所沒有的。舉例來說，假如你是石油公司 Exxon 的員工，你可以打電話給地球另一端的同事，縱使與對方素昧平生，你仍可以預期雙方進行

某種程度的合作，因為你們屬於同一個網絡。

　　非人際網絡之間的連結著重在技術層面，而人際網絡的連結主要是心靈或社會的。我們會看到相當有趣的現象：無論是人類的、人造的還是天然的網絡，不管節點之間的連結是哪種性質，網絡都有它自己獨特的運作方式。網絡對參與其中的每一個人都會產生很大的影響，包括他的快樂程度與發展機會，這種影響非比尋常，甚至近乎詭異。我們每個人一定都會因為參與網絡而改變，因為網絡會賦與個人力量（或從個人手中奪走力量）；且網絡有它自己的邏輯、規則和運作方式，與個別特質無關，無論參與者是身陷其中、還是被網絡解放。

　　這在熱戀交往或其他的兩人關係中很容易看得出來。成功的關係能夠以奇妙（且往往出乎意料）的方式豐富我們的人生，我們會依據這個關係發現與定義自己，也會因此變得正向、富有創意。破壞性的關係則以類似但相反的方式運作，我們會變得怨恨、壓抑、局限、負面、恐懼。兩人的關係恰好是一個迷你網絡。除非我們跑去深山隱居，否則必然會活在許多不同的網絡中；而一個網絡裡的人愈多，我們愈難了解實際的情形，也愈難領會網絡的變動如何以隱晦但強大的方式，左右我們的命運。

網絡三元素

　　我們且更精確地來探討網絡的組成元素。從個人的觀點來

看，網絡有三項重要元素——你與其他人或團體所形成的兩種連結（強連結與弱連結）；以及你所參與的團體，我們稱作樞紐。自人類的祖先在洞窟活動以來，網絡這三大元素便已存在；但其相對的重要性、以及人們從中獲益的方式，在過去數十年間出現了劇烈的改變。

第一項出現在地球上的網絡元素是**強連結**（strong links），也就是我們生活圈內、通常指與我們經常見面的朋友、家人、同事之間的密切關係。這是我們最固定／持久的關係，自亞當與夏娃在清涼的早晨攜手同行，討厭的蛇還未將人類的生活變得複雜與有趣之前，人際關係當中最堅不可破的就是強連結。

強連結攸關我們的情緒健康，缺少強連結的人有時會感到悲傷。因此，我們都需要強連結，但光靠強連結還遠遠不夠！而且要是過度倚賴強連結，我們甚至會因此陷入險境。我們為強連結付出了情感與心力，通常只換得非常少的回報。社會學家已經證明，完全或過度仰賴強連結的人多半比較孤立，無法得到很有價值的資訊，因而難以改善生活。在世界的每個角落，窮人對強連結的倚賴都遠超過富人或中等收入的人。

第二項元素**弱連結**（weak links）的力量在近幾十年來才逐漸獲到關注。請暫時忘記一般對「最弱連結」（weakest link）的解釋，因為在網絡世界裡，弱連結相當神奇，也是最強大、最富創意的力量。與我們有弱連結的人可說是「點頭之交」的成分多於朋友；但為了在某個時刻可發揮作用，彼此必須保持友善的關

係。我們與這些人只是偶爾或鮮少見面，他們可能是朋友的朋友、關係疏遠或不太與人相處的鄰人、過去曾是強連結但現在幾乎沒在連絡的人，以及每天（可能）碰面的陌生人與點頭之交。在我們日常生活中，他們沒那麼被重視。

弱連結（至少某些弱連結是如此）最奇妙之處就是不需耗費多少時間與心力去維持關係，卻能帶來巨大的收穫，甚至讓你因此得到某項資訊而改變了人生。後文會提到，在關鍵時刻獲得適當的資訊，可以決定你的成就或你能發揮多大的潛能。人生中一些最重要的成功機會或快樂，往往取決於與人隨機相遇，對象通常是我們不太認識或剛認識的人。本書會介紹很多這樣的故事。例如歐洲最成功的創投業者之一畢克羅（Adrian Beecroft），談到第一次最重要的機會來自他在當地板球俱樂部偶然認識的人。企業變革專家菲爾德（Robin Field）之所以能夠獲得關鍵工作、後來成就了一番大事業，只因為他認識了一個帶著女友私奔的傢伙。芝加哥出版業者葛拉罕（Jane Graham）會認識人生伴侶，是透過與前同事的 Email。許許多多這類可能帶來意外收穫的機遇隨時出現在我們面前，但大部分都被我們忽略了。

網絡的第三種元素是**樞紐**（hubs）。樞紐可以想像成許多弱連結與強連結的交接點。人際樞紐是由團體組成，成員為了共同目標一起合作，如家庭、企業、社交圈、學校、教會、俱樂部、國家等。我們可以將人生當做一段冒險旅程，而其中最重要的決定之一，就是選擇要加入或創建哪些樞紐，例如我們應該和誰組

隊合作，追求人生的重要目標呢（即使只是為了好玩）？除了一個重要的例外就是原生家庭，我們可以選擇要建立或影響哪些團體。對多數人而言，我們生命的目標與實現的程度，很大的一部分取決於我們選擇的樞紐以及轉換樞紐的能力。與卓別林所描繪之被動接受的人生不同，也與歷史上絕大部分的人迥異，我們這些有幸生在富裕國家的現代人一生當中會參與很多樞紐；且我們比祖先幸運的是，我們可以快速改變樞紐，或自己創一個新的。

但很少有人真的用心去選擇樞紐及自己在其中所扮演的角色，也很少有人了解樞紐的奇特、甚至詭譎的運作模式。不論大小團體都絕不只是組成分子的總和，團體有它的生命與特色，也遵循特定的科學法則。如果我們想好好利用樞紐、把握我們在世的時間，就應該將樞紐視為人生不同的實驗階段。我們必須透過嘗試與犯錯逐步去學習，尋找出最適合自己、又能有最佳表現的樞紐，而且必須願意適時地從一個樞紐轉換到下一個樞紐。

比別人更成功

最後，本章要提出一個將我們拉回白蘭度與狄恩的問題：你相信自己可以決定個人成敗嗎？

在不久之前我們一直這麼相信著。事實上，稍有成就的人幾乎都相信，成功來自自己的天賦能力。但真的是如此嗎？你是否隱約感覺到，某些人會特別成功似乎與運氣或某種第六感有關？

那些有錢有名的人究竟何德何能？

美國作家費茲傑羅（F. Scott Fitzgerald）的說法完全正確：「有錢人和一般人不一樣——他們比較有錢。」這就是唯一的差異。有錢有名的人並不比多數運氣差一些的人更聰明；有些很有成就的人確實毅力驚人、也極其努力，但很多不太有成就的人也同樣意志堅定也很努力。

二〇〇〇年，巴黎大學的兩位物理學家布伽（Jean-Philippe Bouchard）與梅沙德（Marc Mézard）以一千人的網絡為基礎，進行演算與一系列的模擬實驗。一開始，每位參與者都拿到隨機決定的一筆金額（但金額差異不大），每個人的賺錢能力旗鼓相當，因此結果的差異應該來自運氣而非能力。在這樣一個平等的世界裡，大家的財富應該不會差距太大吧？錯！每當專家讓模組自行運行較長的時間，最後都會由一小撮人獲得多數的財富，事實上，結果恰好符合八〇／二〇法則，意指大約八〇％的成果（此處指財富）最後由二〇％的參與者（此處是人）所掌控。[1] 兩位物理學家的實驗結果，幾乎與我們在全世界實際所見的財富不均情形相符。實驗顯示，富人無論能力好壞都能獲利。在後文我們會發現，這很符合網絡集中於少數樞紐的傾向。科學家已在各種社會與經濟網絡裡發現同樣的情形，而這個遊戲實驗裡的領先者，往往也較容易在網絡裡獲得獎勵。

也就是說，這個過程很奇妙地與個人運氣大有關係、隨機的成分也很高，但另一方面我們還是可以看到一些可預測的模式。

再回到原來的問題，為什麼有錢有成就的人是別人，不是你？如果不是因為智力、用心、特殊才能，那究竟是什麼？你可能以為純粹靠運氣，但並不然，其實這樣也好，純粹靠運氣不是特別有意義的結論，因為那表示我們怎麼做都一樣。簡單來說，有些人表現特別好，不論是很會賺錢，或是擅長其他更困難、更有用的事，其實都有訣竅，而且都與網絡有關。這些人的成功是憑本能，他們根本沒有細想，到底是哪些網絡的效應將他們往前推。但這些本能還是遵循與網絡有關的一定模式。如果我們能了解網絡的運作軌跡，也就比較有機會和這些人一樣有成就。

　　除了出人頭地的健康欲望，還有其他理由值得我們去探索，究竟是哪些隱藏的力量主宰著我們的生活？這樣的探索很有趣，而且可以幫助我們更深入了解自己的生活、以及各種現象的來龍去脈。在第 2 章，將會開始探討我們與世界上其他人或團體產生連結的難易度。

02 連結全世界

一切事物皆彼此相連……所有的生命都互相連成一個訊息鍊……其中某些部分連續不斷，但大部分的延續性不是我們能理解的……哲學家的本領在於為分離的部分增添新的連結，盡可能縮短其間的距離。

——法國思想家 狄德羅（Denis Diderot）
《百科全書》（Encyclopédie）

為了證明人與人的距離比從前拉近了許多，某團體的一位成員建議進行一項實驗。他推測，隨便說出地球上十五億人中任一人的姓名，只要透過最多五位點頭之交、只需和其中一人比較熟，就可連結到目標對象。

——匈牙利作家 克倫西（Karinthy Frigyes）

大世界 vs. 小世界

你有沒有聽過「小世界效應」（注：另一個更有名的說法是六度分隔理論）？一九九○年，這個概念突然隨著美國劇作家桂爾（John Guare）的舞台劇《六度分隔》成了公眾話題，三年之後還改編成好萊塢的電影。這個概念源自一九二九年的短篇故事《環鍊》（*Chain Links*），作者克倫西現在大概已被世人遺忘，但在當時，他可是備受讚譽的作家（至少在匈牙利是如此）。我們可以從本章開頭那段話看出他的基本觀念，那就是每個人只需透過相當短（約五、六人）的人際鍊，就能與這世上任何一個人搭上線：A 找到他認識的 B、B 找到他認識的 C，以此類推，直到連絡上目標 F 或 G。

克倫西的概念不知怎麼傳的，傳到了美國最了不起的城市史學家潔珂斯（Jane Jacobs）的耳裡[2]，她談到自己在一九三○年代初剛搬到紐約時，和姊姊玩過一種類似的傳話遊戲：

簡單來說就是挑兩個極度不相似的人——比方說南太平洋索羅門群島的獵人領袖和美國伊利諾州岩島市的鞋匠——其中一人要想辦法口頭傳話給另一人……能以最短的訊息鍊成功傳送的那方獲勝。獵人領袖傳話給村長，村長傳話給來買椰仁乾的商人，商人傳話給澳洲警察……而最後，鞋匠從牧師那裡聽到消息，牧師從市長那裡，市長從議員那裡……我們很快就發現，我們幾乎

可以用同樣這套方式，成功傳話給任何想得到的人。

　　你認為小世界效應大致上正確嗎？還只是個一廂情願的想法？

　　這個問題很重要。我們換另一種問法：你認為自己活在一個小世界、還是大世界裡呢？這邊的小世界是指你可以輕易地與你想連結的人連結。這並不代表你的世界很落伍或很狹隘，恰恰相反。在大世界裡傳遞訊息很容易出錯或失敗，因為大世界是由許許多多分散的團體所組成的，且難以克服距離或社會上的阻隔。如果你相信身處不同國家、極不相同的兩個人之間僅在六度分隔以內，表示你贊成這是個小世界。小世界令人安心——因為我們與其他任何人都緊密交織。

　　但當真如此嗎？這要靠一位特立獨行的社會心理學家來告訴我們。此人名為米爾格倫（Stanley Milgram），他為了探討我們身處的這個世界究竟是大是小，在一九六七年進行了第一次科學實驗。值得一提的是，米爾格倫是美國學術界有史以來最有趣、也是最有爭議的人物之一。他還未設計出「小世界實驗」之前，就已經很有名了，或者應該說是惡名昭彰——大家都知道他是那位差點對學生施行電擊的教授。一九六一至六二年，這位教授在耶魯大學進行一系列引人矚目的實驗，他讓實驗者穿著白袍，帶領參加「記憶與學習研究」的志願者。有些志願者擔任「老

師」，負責協助被綁在椅子上的「學習者」。如果學習者記不住正確答案，老師便會施以輕微電擊。如果持續答錯，老師還會調高電流，直到學習者痛苦哀嚎。

事實上，那些學習者都是演員，椅子也沒有真的通電；但老師們並不知道。實驗的重點其實是在探討，在代表「權威」之白袍心理學家的指示下，這些老師會施行電擊到什麼程度？結果讓人相當不安。多數的老師會逐步調高電流，不顧學習者的哀嚎；持續調至最高「危險級」的老師，甚至占了相當高的比例。米爾格倫在他一九七四年所寫的《服從權威》（*Obedience to Authority*）一書裡，明明白白地將耶魯學生的行為與納粹集中營的警衛相提並論。

後文會再談到這項實驗，現在只是先讓你約略了解這位小世界的研究者擁有多麼豐富的心靈。他在第一期《今日心理學》（*Psychology Today*）雜誌中介紹了以下故事：

瓊斯（Fred Jones）來自美國伊利諾州中北部的皮奧利亞市，有天他坐在突尼斯（注：北非國家突尼西亞的首都）路邊的咖啡廳，想要抽煙，於是向隔壁桌的男士借個火。兩人攀談起來；那位陌生人是英國人，聊了一下才知道他曾在底特律待過幾個月，為了視察一家製造可替換瓶蓋的工廠。

瓊斯說：「我知道這樣問有點怪，但你有沒有剛好碰過一個叫阿克定（Ben Arkadian）的人？他是我的老朋友，在底特律管理

連鎖超市⋯⋯」

那英國人喃喃道：「阿克定，阿克定，喔天啊！我好像真的認識耶！矮矮的，很有活力，他因為一批瓶蓋有瑕疵而在工廠裡暴怒。」

「真的是他！」瓊斯驚呼。

「我的老天鵝！世界真小，不是嗎？」[3]

我們會懷疑這個故事應該是虛構的，畢竟兩人的對話太不自然，一九六七年的英國人不太可能會說「我的老天鵝！」（upon my soul），這種用語比較可能出自英國作家渥夫（Evelyn Waugh）的小說。不過沒差，重要的是你已被這個故事吸引。米爾格倫接著解釋，他真正要測試的是：這個世界究竟是「大」還是「小」。如果世界真的很小，潔珂斯的傳話遊戲需要串連的人數應該不多。「小世界觀」視點頭之交為跳板或連結，通往我們想要連結的人或團體。在後來的一篇文章裡，米爾格倫與同僚很精采地演繹了這個觀念：「『小世界』一詞代表著社會網絡某種程度上緊密交織，充滿意想不到的織線，將地理位置或社交圈相距甚遠的人串連起來。」[4]

反之，「大世界」代表人與人之間存著無法跨越的鴻溝，每個人幾乎都局限在自己的群體或空間裡。不同的團體永遠不會碰頭，因為彼此沒有交集。訊息局限在團體裡，像一隻蒼蠅困在塞住的瓶中，永遠出不去；因為沒有人同時是兩個團體的成員，團

體之間沒有共同的連結。

你與目標的距離

　　為了探究哪一種觀點才正確，米爾格倫很聰明地從兩個城市選擇實驗者──堪薩斯州的威奇塔和內布拉斯加州的奧馬哈（注：兩城皆位於美國中部，相距約五百公里）──看他們是否能將一份文件交給熟識的朋友，再由朋友寄給認識的人，一直到送達「目標人士」手中。在堪薩斯州的研究裡，目標人士是麻州劍橋某個神學院學生的妻子；內布拉斯加州的傳送終點則是波士頓的一位證券經紀人。訊息鍊中的每個中間人都必須透過自己認識的人，盡可能將文件送到目標人士手中。米爾格倫推斷，如果這個做法行得通，等於證明小世界的存在；當所需的連結愈少，小世界的觀點愈能獲得支持。過程中每位中間人的身分都會被追蹤，如此一來便可大幅增進我們對網絡運作方式的了解。

　　堪薩斯州的研究率先完成訊息鍊，米爾格倫解釋：

　　文件送出四天後……聖公會神學院（Episcopal Theological Seminary）的一位講師在街上遇到目標人士，趨前說：「愛麗絲」，他將棕色文件遞給她：「這是給妳的。」……傳送過程讓我們感到很驚喜：實驗由堪薩斯州的一位麥農開始，麥農傳給所在鄉鎮的聖公會牧師，牧師傳給在劍橋教書的牧師，然後就交到目

標人士手裡。

　　整個過程只動用兩位中間人連結，是最短的完成訊息鍊之一。

　　奧馬哈的實驗結果則比較典型：一位在超市任職的寡婦將文件傳給在愛荷華州康瑟爾崖的畫家朋友，畫家傳給麻州貝爾蒙特的出版商，再傳給在波士頓郊區夏倫鎮的皮革匠，目標人物（證券經紀人）就住在那裡。皮革匠交給同樣住在夏倫的板金工人，他交給牙醫師，牙醫師交給印刷工，印刷工交給賣衣服的（這些人全都住在夏倫），最後終於送達那位證券經紀人手裡。這回，不包含起始第一人和目標人士，經過了七位中間人。

　　在《今日心理學》的文章中，米爾格倫提供的是內布拉斯加的研究資料。他們嘗試了一百六十條訊息鍊，完成了四十四條。有完成的訊息鍊裡，中間人數介於二到十之間。他還提到另一個從波士頓地區開始、以同樣那位證券經紀人為目標的附屬研究，則是完成了二十條訊息鍊。兩項研究合併來看，共完成了六十四條訊息鍊，平均經過五位中間人。米爾格倫雖從未提過「六度分隔」，但他的實驗似乎為這個概念提供有利的佐證，這個理論也可能在全世界都說得通，或至少適用於美國。

　　這表示小世界觀獲得證實了嗎？一切都沒問題了嗎？米爾格倫顯然認為如此。評論家也採信他的說法，對此實驗與先前的「電刑實驗」毫無疑慮；直到二〇〇二年出現另一位心理學家克

蘭菲德（Judith Kleinfeld）。據說她對米爾格倫的實驗很感興趣，要學生改用 Email 來複製同一實驗，但她細讀米爾格倫的報告後愈來愈不安，覺得他的結論似乎不太穩妥。她寫道：「米爾格倫的發現已脫離科學的基礎，航向想像的世界。六度分隔的概念可能根本是錯誤的——堪稱學術版的都會傳說。」[5] 活像位文質彬彬的學術界人士跳出來大罵：「騙子！」

克蘭菲德在米爾格倫的報告裡發現了一些讓人不安的細節：

只有極少數的文件送達目標對象。在第一份未發表的研究裡，六十封信裡只有三封（五％）成功送達。即使在米爾格倫發表的研究報告裡，比例也不到三〇％……

米爾格倫解釋，也許參與者根本懶得把信送出去。但這似乎不太可能，那畢竟不是一般那種要人一直轉發的連環信（chain letter），而是看起來相當正式的文件，有厚厚的藍色封面和金色標誌。參與者要是知道送往目標對象的途徑，應該就會去做。

克蘭菲德也檢視了米爾格倫的樣本。在內布拉斯加的研究裡，將近兩百位「起始寄信者」中，只有一半是隨機選擇的，另一半全是證券投資人，對於目標對象是波士頓的證券經紀人，自然會感到比較親切。隨選的九十六個寄件案例（符合米爾格倫設定的社會與地理的距離），只有十八份文件送到經紀人手中！

克蘭菲德認為米爾格倫的證據不夠充分——我們也許生活在小世界裡，但也可能不是。

那麼，這兩人誰才是對的，米爾格倫還是克蘭菲德？克蘭菲德提出批評不久，新的證據便出現了。華茲教授（Duncan Watts）與同僚將克蘭菲德原本的計畫付諸實踐，他們安排了大型的Email實驗，再次測試小世界的假說。志願的參加者上網登記，從十三個國家、十八位目標對象中隨機指定一位。目標對象包括長春藤大學的教授、愛沙尼亞的檔案保管員、印度的顧問、澳洲的警察等。[6]參加者只需做一件事：將訊息寄給比自己「更接近」目標對象的一位點頭之交。

研究結果大體而言證明，米爾格倫與小世界論是對的。實驗由多達二萬四千一百六十三條訊息鍊開始，雖只完成了三百八十四條（成功率僅一‧六％），平均完成訊息鍊的過程則相當短，只經四‧〇五位中間人。研究人員用心去探討為何有這麼多訊息鍊未完成，發現訊息鍊之所以會中斷，並不是因為太難找到目標對象、或適當的連結不存在，而是因為個人的冷漠或不想參與。這個結論是直接調查的結果，一週後他們詢問了未將信件送出的原因。「被詢問的人當中，只有不到〇‧三％的人表示想不到適當的人可寄，顯示訊息鍊中止的主因並不是困難度，而是欠缺興趣或動機。」

另一項有趣的發現則是：有完成的訊息鍊裡，十八位目標對象中有將近一半是送給一位長春藤大學的教授。八五％的寄信者擁有大學學歷，超過半數是美國人，也許就多數寄送者的預期而言，寄給教授並不難。研究人員相信，實際上「寄給其他人的困

難度應該與寄給教授差不多」，但因為大家**相信**寄給教授會比較容易，也就比較有意願去進行。研究人員的結論是：「研究的架構不是最重要的」，人們的動機也很重要。只要有人相信物件可以送到目標對象手中，就應該可以送得到。

所以說，華茲與同僚大抵證明了小世界論。最重要的是，經由這次的再測試，我們就不必擔心米爾格倫實驗的回應率太低。事實上，與華茲的研究相比，米爾格倫的回應率還算相當高；要預期無酬的志願者有多高的動機去完成每一條訊息鍊，確實太不實際。無論如何，訊息鍊未完成並無法證明中間的連結不存在，頂多只能算未被發現或未被使用。

說回米爾格倫的樣本數，我們再次檢視了所有的證據，認定樣本數其實可以接受——六十四條訊息鍊達標，平均有五‧二名中間人。華茲的研究印證了這一點：三百八十四條訊息鍊有完成，美國的中間人數差不多，國際訊息鍊則多了一些（約七個）。[7]

後來，研究人員發現了一個可以產生大批樣本的簡單方式。二〇〇八年，何維茲（Eric Horvitz）與雷斯科維克（Jure Leskovec）完成微軟的 Messenger 計畫。手邊掌握人際對話的龐大資料庫成了他們的優勢——光是二〇〇六年六月，就有一億八千萬人透過微軟傳送三百億筆即時通訊，約占當時全球即時通訊的半數。研究人員掌握發信者與接收者的完整地圖，便能以一億八千萬人計算出「分隔度」（degrees of separation）。

猜猜看，平均分隔度是多少？「六」這個神奇的數字又冒出來了——剛好是六・六。

　　何維茲說：「這讓我非常訝異，像是顯示人類有某種社會連結的常數。以前就有人想到，人與人的距離可能真的非常接近。但我們透過極大規模的研究，顯示這樣的概念不只是民間傳說而已。」

　　不過研究結果有一點讓人很意外：並不是每個人都有很好的連結。資料庫裡，將近五分之四的通訊者可透過七人以內完成連結，但另一些極端的人需要多達二十九人才能達標。也就是說，使用即時通訊的一億八千萬人當中，多數的人生活在小世界裡，但超過五分之一的人卻不是。有些可憐的傢伙好不容易做到上網與即時通訊這麼了不起的事，卻還是與其他網民相當疏離。

　　但這又如何呢？如果我們生活在小世界裡，代表著什麼呢？我們又如何從中獲益呢？

　　首先，我們對於小世界的真實意義一定要務實看待。我們也許只要透過幾個人就可以和總統或首相連上，但這並不代表總統或首相會邀我們去喝杯茶。正如米爾格倫在他的文章裡所言，「五」這個數字聽起來似乎很小，但在這個實驗裡恐有誤導之嫌；五其實代表分隔「五個人脈圈」（five circles of acquaintances）。幾乎所有美國人都只需透過幾個人，就有可能連得到前副總統洛克菲勒（Nelson Rockefeller），但只有極少人的生活與他有交集。米爾格倫表示：「即使在小世界裡，地理與社會的差距還是很

重要。」

後文會談到，許多人還是相對地孤立——因為地理位置偏遠、貧窮或缺乏社會連結。也有可能他們只是單純不覺得自己隸屬一個小世界。某種程度而言，如果我們認為世界很小，它就是很小。在華茲的 Email 實驗裡，「大學教授線」之所以完成比例這麼高，主因就是大家覺得連到他的機會不小。當我們相信有志者事竟成，就會試著去連結。如此一來便形成了一個良性循環，畢竟要是我們嘗試去連結，成功的機率就會更高。事實上，與任何人連結幾乎都比我們想像的還要簡單，而最主要的障礙就在我們的腦袋裡。

活在一個連結性較高的小世界裡，為什 比較好？我們不妨想像一下兩種極端的情形：一、你是個隱士，二、你認識世界上的每一個人。哪一種生活會比較豐富、有趣、有更多機會呢？

我們藉由歷史的觀點來看，也許會有幫助。想想看，你一輩子都住在洞窟裡，只認識幾個穴居人；地球上可能還有幾百萬個洞穴、還有幾千萬個穴居人，但如果你和他們毫無接觸，他們對你來說就完全不重要。沒有接觸、沒有貿易、沒有知識分享，洞穴以外也沒有朋友。外面是浩大、未知、可怕的世界。裡面呢？孤立、貧窮、危險。接著請想像新的通訊科技連結了穴居人——道路、探險家、商旅、船舶、腳踏車、汽車、火車、飛機、電話、傳真機、洞穴間的視訊會議、洞穴網路。這是一個小世界，互相連結、專門化、彼此依賴，就各方面來看，豐富度絕對大勝。

這樣的發展需要時間。不過三千年前，稍微長途一點的壯遊都是不可能的任務，除非承受極端的不便、高昂的費用與風險。因此，每個人一輩子認識的人非常少。後來希臘羅馬人傳播知識、建立新城市與拓展貿易，推動船運、建造道路，最後在地中海一帶與已知世界的大多數地區建立起共同的宗教。這是向前邁進了兩大步。

　　但到了西元三世紀，羅馬帝國開始崩解，算是又退了一步。在黑暗時代，歐洲許多城鎮互相失去連繫、通訊中斷。接著由於伊斯蘭侵略者與學者的傳播，希臘的知識再度被發現，網絡重新建立了起來——道路、教堂、修道院、大學、商賈、探險家、藝術家、建築師，甚至是洲際旅行、軍事統治與移民——這是前進三步。世界連結得更緊密，起初只限於菁英小團體之間，像是皇室貴族、教會領袖、知識分子、商人與金融家，後來再加上工業家，最後才遍及一般人。在人生的每個階段，若是你擁有最佳的連結，在取得各種有用的資訊上自然會比別人掌握更多的優勢，也就能享有更豐富、充實、有意義的人生。

　　我們很幸運地都因這段歷史而受惠。現在世界變得更小，我們的機會卻更多。

關鍵角色

　　但米爾格倫告訴我們另一件至關重要的事：放眼任何時候，

總有一些人會比其他人掌握更好的連結，而且**好非常多**。因此，這些人的世界也比其他人小很多。

送至證券經紀人手中的六十四份文件裡，有將近一半皆是透過三個最終的「管道」所達成。其中十六份文件都透過一位傑科斯先生（夏倫鎮的服飾零售商）轉達。米爾格倫說，當那位證券經紀人發現傑科斯是他最重要的社會連結時，驚訝得不得了。小小一個店員竟有如此的社會重要性，我們幾乎可以想見證券經紀人的傻眼的模樣。不過，也有十份文件透過證券經紀人的一位同事瓊斯送達，五份透過另一位證券經紀人布朗——這或許讓證券經紀人感到安慰一點吧。米爾格倫稱這三個主要的管道為「社會計量之星」（sociometric stars）——世界因這些人而大幅縮小。他注意到，這些星星往往在不同的軌道上運行，例如傑科斯屬於地理的（他是夏倫的社會焦點），瓊斯與布朗則是專業方面的。

本書的主旨之一：總有一些人掌控的社會影響力遠比我們多數人大得多，也就是我們所稱的「超級連結者」。這些人立於優勢、擁有更好的關係，因而更能及早掌控更多潛在有價值的資訊。超級連結者的身分可能會讓我們很驚訝——就好像那位服飾店員的重要性讓證券經紀人大吃一驚——但他們是今日的菁英，也是社會上連結度最高的人。

這就是小世界的意義。我們都因為連結度高於過去的世代而受益。此外，對我們多數人而言，這代表著一種人際關係的潛藏結構存在：許許多多人——以及他們擁有的知識與可能性——並

不在我們平常能接觸到的範圍。但有一些人，也就是超級連結者，他們能夠獲得以及散播的益處遠遠超越常人，我們連車尾燈都看不到。

不過，最重要的不是擁有**更多**的連結，而是擁有**對的**連結。因此，我們要來探討一項比小世界更顯著、也更有用的發現——弱連結的力量。

03

這世上有很多人的思想行為模式與你或你熟
悉的人大不相同，多認識這樣的人可以帶給
你莫大的幫助。

——英國哲學家 彌爾（John Stuart Mill） [8]

弱連結與強連結

跨出同溫層的關鍵

三十七歲的菲爾德（Robin Field）自認懷才不遇。他該做的事都做了：剛出社會時在遠東的怡和洋行（Jardine Matheson & Co.）有份不錯的工作，去法國的歐洲工商管理學院（INSEAD）進修，在我擔任合夥人的顧問公司 LEK 當經理，表現得相當出色。我對菲爾德很有信心，我們倆一起創立了「策略企業」（Strategy Ventures），專門收購表現欠佳的公司、再使其轉虧為盈。但我們找不到適當的收購標的，沒多久就時間不夠、資金短缺，難以再撐下去了。菲爾德原本一心希望可以從此不必再為五斗米折腰，但目標似乎離他愈來愈遠。

然而，他後來確實做到了。短短一年內，我們為萬用手冊公司飛來發（Filofax）注入新的資金與管理人才。我們投入的資金並不多；那家公司原本有很大的財務缺口，正要申請破產。不過兩年的時間，菲爾德便讓它起死回生。我們將公司賣掉時，收入、獲利、現金流量都創下最高峰——投資人獲利七倍。菲爾德儼然成了企業變革專家，也有足夠的財力實現不為錢所困的夢想。飛來發改變了他的人生，讓他在事業上勝任愉快，同時還能兼顧他最愛的航海活動。

這個改變一生的轉折是怎麼發生的呢？答案是透過一連串的意外，以及幾條非常微弱的人脈（我們兩個和這些人都不熟）。我告訴菲爾德我正在寫一本關於「弱連結」的書，談如何從不熟

識的點頭之交獲得寶貴的資訊，他立刻回：「你根本就是在寫飛來發嘛！」

「或許吧！」我早就忘了飛來發如何進入我們的人生。「我忘了一切到底是怎麼開始的，你提醒我一下吧！」

這可不是一件簡單的事，「嗯……」菲爾德沉吟了一會兒，顯然在努力思索，想了半天才說：「有一位蘇格蘭的會計師……叫什麼來著？」

我們花了五分鐘才想起布雷克（Sandy Black）這個名字。

菲爾德繼續說：「我透過 3i 私募集團和布雷克有些認識。我向布雷克推銷顧問工作，他沒什麼興趣，但邀我一起吃午餐。飯局要結束時，他提到有家市調公司敏特（Mintel）要出售。還記得嗎？布雷克介紹我們認識敏特的老闆克羅謝（Peter Kraushar），克羅謝再介紹我們認識敏特的顧問部主管、那個一頭捲髮的蘇哈米（Steve Souhami），然後蘇哈米有個客戶叫柯立欽（David Collischon），也就是飛來發的董事長。對啦，蘇哈米介紹你認識柯立欽，一切就是這樣開始的。」

菲爾德最後說：「仔細想想，這一切發生的機率有多小，卻改變了我的一生。要是我沒有稍微認識一下布雷克呢？如果他不是剛好有場飯局取消、改邀我一起吃飯呢？如果他沒有提到敏特呢？畢竟那家公司對他一點都不重要。如果他沒有介紹我們認識克羅謝，或克羅謝沒有介紹我們認識蘇哈米呢？如果克羅謝的顧問公司沒有與柯立欽合作，因而沒有機會把他介紹給你呢？這麼

多環節要串連起來的機率恐怕只有幾千分之一,而其中每個人剛開始都不是多熟的朋友,根本只能算點頭之交。」

如果你還沒發現弱連結的神奇力量,你不應該再錯過了,因為弱連結可能是最被忽略的網絡元素。接下來我們就要探討弱連結的概念如何興起,網絡科學家為何認為弱連結這麼重要。

跨出同溫層的關鍵格蘭諾維特(Mark Granovetter)一九六五年自普林斯頓大學歷史系畢業後,轉而研究社會學。我們知道他在哈佛攻讀博士,正在為一篇極具可讀性的論文做最後的潤飾。他對論文的題目〈弱連結的力量〉(*The Strength of Weak Ties*)非常滿意。然而幾個月後,發生了一件讓他不太滿意的事——他想要出版論文卻被拒絕了。

再等了整整四年,論文才得以付梓[9],但格蘭諾維特仍是最後大贏家。很多專家認為「弱連結」是社會學最精闢的概念,格蘭諾維特現為史丹佛大學受人敬重的教授,擁有多項榮譽學位。

格蘭諾維特凸顯兩種對比的觀念:一個是親朋好友之間的「強連結」,另一個是「弱連結」,也就是比較不經意、偶然、未經計畫、短暫的接觸。他的中心見解是弱連結往往比強連結更有價值,乍聽之下確實有點令人費解。格蘭諾維特說,不常相處的人通常遠比每天碰頭的人對我們更有幫助。有些人和我們天天見面、關係密切,也可能積極想要幫助我們,但格蘭諾維特說那些不常相處的人對我們的幫助可能要大得多。他還說,相識者或陌生人對社會的重要性勝過強固的友誼。怎麼會這樣說呢?

我們來簡單分析他的論點：親近的朋友通常和我們很相似，涉足的社交圈也差不多。親近的朋友自成一個緊密的網絡，格蘭諾維特稱之為「緊密交織的社會結構區塊」，在這當中多數人彼此認識，擁有相同的資訊。但每個人又有另一群沒那麼熟的相識者，不同的相識圈之間多半不認識。每一個相識者又各自與一群好友緊密交織，彼此分享相似的資訊。因此，相識者之間的弱連結「不只是點頭之交的關係，而是兩堆緊密的好友群之間的重要橋梁……這麼說來，一個人擁有的弱連結若是很少，便無法從相距遙遠的社會系統獲得資訊，而只能局限於好友圈狹隘的資訊與觀點。」[10]

如果資訊要從一個群體傳遞到社會或地理上遙不可及的另一個群體，唯一的方法就是透過**橋梁**，亦即兩群不一樣的人、兩個不同的世界之間的連結，這種連結本質上屬於弱連結、而不是強連結。如格蘭諾維特在論文中所述：「這表示，當資訊透過弱連結而非強連結散播時，才能觸及更多的人、跨越更廣闊的社會領域。」[11]去除弱連結就好比把橋梁炸斷，對資訊散播的破壞力比強連結的崩解更甚。如果橋梁不存在，新觀念的發展將受到阻礙或傳播得很慢，導致科學的發展受阻、社會的分歧難以消除。

要獲得有用的新觀念或新資訊，必須跨出同溫層，與相距較遠的社會系統接觸。要做到這一點，唯一的方法就是透過弱連結，尤其是那些為不同樞紐搭起「橋梁」的弱連結。

格蘭諾維特的理論精髓，就是凸顯不熟識的人之間存在著社

會性質迥異的連結，而這種連結很有價值。你只要稍微想一下，就會發現這套理論無可反駁。如果沒有弱連結，我們將和古代的祖先一樣仍然活在小部落裡，彼此之間完全不通訊息，只靠少數親近的家族與鄰居相互扶持，勉強維持生活。弱連結將原本孤立的樞紐或個人連接起來，創造出一種交互關連的結構，讓整個社會凝聚在一起。

格蘭諾維特接著探討一件人人都會關心的事：求職。他找來最近換跑道的經理、技術人員以及其他專業人士，詢問他們是怎麼打聽到新工作的；結果發現，連結人與工作的主要因素是人脈。以此方式找到工作的人不但比透過直接應徵還多，且薪水優渥、職位高的理想工作通常來自人際關係。[12] 運用弱連結找工作的人也比較不必擔心失業。

我們可能預期親朋好友比點頭之交更能幫我們找到工作，但恐怕事實並非如此。格蘭諾維特發現，只有六分之一的人透過親戚朋友找到工作，其他的都是靠偶爾或鮮少見面的點頭之交，也就是現在／從前工作上認識的人。

讓格蘭諾維特印象特別深刻的是，有超過四分之一的工作是透過極少見面的人找到的：

很多時候，介紹人只能勉強列入目前的朋友圈裡，例如大學時期的朋友、以前的同事或雇主，彼此之間鮮少連繫，這類關係在一開始形成時甚至不太緊密。以工作上的關係而言，受訪者幾

乎一致表示，他們從來沒有與對方在非工作場合見過面。這類關係會重新啟動是因為偶遇或透過彼此共同的朋友牽線。換句話說，彼此幾乎忘了對方的存在，最後卻可能透過彼此而獲得非常重要的資訊，這的確非常奇特。[13]

為什麼會如此？親戚朋友的資源不是更派得上用場、他們也有更大的動機幫我們找工作嗎？格蘭諾維特以「不親近的人掌握較優質資訊」來解釋這個弔詭的現象，點頭之交可能有不同的人際圈，因而能掌握我們手邊沒有的工作資訊。找工作的最佳解不是尋尋覓覓一碗飯吃，而是經由某位有距離、來自另一個世界的點頭之交，邂逅你的新工作。格蘭諾維特說，如果你想要進行跨領域的重大轉職，成功與否的機率，和你在不同領域認識了多少人成正比。

他舉了大衛（David M）成為布魯克林道奇球場美食部經理的故事為例。大衛在當地大學半工半讀，畢業後進入行銷界，幾年後在麻州北岸開了一家餐廳。五年後，一名顧客在門口的酒類販售執照上見到大衛的名字，便詢問他是不是二十七年前那個同大學的大衛；當年他們只是認得彼此，並不算熟。兩人聊了起來，之後那個朋友常來吃飯。他負責麻州某個大型民營的社福計畫，認為其中「協助殘障勞工再訓練」的計畫案很適合大衛，雖然大衛並沒有這方面的資格或經驗；幾個月後大衛接受了，而且表現得非常好。

意想不到的幫助

這樣看來，不論是找工作還是追求其他目標，你能運用的網絡愈多，即使只是非常鬆散的網絡，便愈可能得到你想要的。有時候看來幾乎不可能，但網絡就擺在你眼前。

艾倫與金巴爾 · 馬斯克兄弟（Elon and Kimbal Musk）有意在矽谷創業，他們成立了網路科技公司 Zip2，準備大展身手。金巴爾說：「我們有很好的構思、很好的產品、優秀的團隊；一切都已準備就緒。」只有一個小問題，他們沒有募集到任何資金。雖然他們找了一些創投業者，卻沒有任何一個人有興趣。

他們告訴彼此，好吧，是那些創投業者沒眼光，既然如此，去找找看天使投資人好了──意即有錢的個人，總不難找到一個對電腦充滿熱忱又拿得出錢的人吧！兄弟倆試了幾個月後仍一無所獲。正當他們想放棄時，房東太太問他們是不是遇到了什麼問題，兩人說明上述困境，想說能換杯茶或一點同情就不錯了。

沒想到房東太太給的超乎所求所想，她介紹他們認識一位有錢的朋友，那個人同意投資，投資的這筆錢已足夠讓公司跨出第一步。但幾個月後，兄弟二人還是得追著創投公司爭取資金，也還是沒人理。

這時他們一位不太熟的業務員得知公司缺錢，便介紹一位不算熟的創投業者。不久之後，Zip2 得到了數百萬美元的發展基金，事業終於起飛。

金巴爾比任何人都更深刻體認到這個故事的啟示:「有些人看起來完全無法給你任何幫助,但他們的朋友卻可能以你意想不到的方式,提供極大的助益。」[14]

你有沒有想過,全世界的青少年、甚至更小的孩子為何就是有辦法知道最新的流行文化、性知識與笑話呢?以現今的社會來說答案非常簡單:網際網路。但早在還沒有網路之前,這個現象就已經發生了。一九七九年,兩位社會學家懷恩(Gary Fine)與克萊曼(Sherryl Kleinman)發現了完全一樣的現象,於是開始探究一個問題:為什麼那麼多孩子從來沒見過面,卻能橫跨美國甚至全世界,取得一套共同的態度與知識?他們發現答案就在於弱連結:

> 孩子的知識之所以能夠快速散播到遙遠的地方,顯示弱連結扮演的角色至關重要。除了學校的同儕團體,搬了家的孩子可能會相隔幾英里仍維持友誼。交筆友這項童年的消遣就是一個例子……同樣地……遠房表親……也是文化傳統突破地理隔閡的一種管道。[15]

很顯然,在網際網路時代這些弱連結更容易形成,當前最熱門的話題幾乎可以立刻散播開來,也就使得每個地方的青少年文化變得更相似。種族、同性戀、女性主義與許多次文化都是如此。

研究人員發現,弱連結往往在你最意想不到的地方發揮比強

連結更強大的作用。試舉以色列的集體社區 Kibbutz（注：一種混合烏托邦主義、共產主義與錫安主義建立的社區型態）為例，你可能會以為，在社區裡強大的指揮系統比非正式的偶然連結更有影響力，但社會學家魏曼（Gabriel Weimann）發現事實恰好相反。一般總認為集體社區裡的紀律是靠著強連結來維持的，他反駁這種觀點，指出弱連結才更為重要；不僅如此，廣泛散布的流言對特立獨行者有阻遏的作用，比面對面的溝通更有效。[16]

弱連結的理論至少可追溯到一百多年前的維多利亞知識分子彌爾。如同本章開頭引述，彌爾一八四八年寫道，一個人若能多認識「與自己不同的人，或思想行為模式與周遭熟悉者互異的人」，是一件很有價值的事。他談的主要是與外國人的接觸，因當時國際貿易劇增，這樣的機會遍地開花。事實上，彌爾擁抱貿易擴張的熱忱與天真，就和現在熱烈支持全球化的人一樣：

現在的商業和過去的戰爭一樣，是（與不同的人）接觸的主要機會。商業正快速地讓戰爭消失，因商業所增強的個人利益（我們稱之為弱連結的益處）自然而然與戰爭背道而馳……貿易的快速增加……是世界和平的重要保證。

彌爾主張要多認識不同的人；一百多年後，美國的科學家寇瑟（Rose Coser）進一步演繹這個見解。一九七五年距 EQ 熱潮興起還有很長的一段時間，寇瑟提出兩種人做比較，一種是深刻融入強連結的社群，另一種則為擁有廣泛弱連結的人。她觀察發

現，主要仰賴強連結的人「可能一直沒有察覺到一件事：影響其生活的主要因素並不是團體裡發生的事，而是遠遠超過其知覺範圍、因而無法控制的力量」。強連結「可能會讓人在面對外在複雜的世界時，難以表現適當的角色。事實上，強連結裡可能存在確切的弱點」。[17]

反之，擁有各種弱連結的人可能會展現更大的個人特色。要面對本質上互異的世界，寇瑟說：「必須能設身處地想像每個角色與所有其他人的關係，包括自己。」因此弱連結可以成為「個人自主精神的溫床」。同理心能創造「智識的彈性與自主性」──讓我們能在不同的情況、從多種可能的反應中選擇最適合的去回饋。

寇瑟指出了很弔詭的一點，當我們與意見或期待都與自己相異的人互動時，反而能找出自己的方向與獨特的內在深度。你可能也有這種經驗：明知某人與你觀點不同，但為了和諧相處，你說出了你並不真正相信的話、或壓抑了自己真實的意見。寇瑟認為這並不是壞事，反而有助於與對方溝通，對自己也有好處。面對與自己世界觀衝突的人，你會更了解自己真正的態度與觀點。你會開始明白自己有多少觀念其實是沿襲父母或朋友來的，並未經過好好思索。你會釐清哪些事情是自己真心相信的、哪些不是，從而知道你之所以為你的核心價值。反之，一個無法融入其他世界的人，歸根究柢可能只是在模仿家人朋友、或社會上其他人的性格。

當我們發展出通往其他世界的各種橋梁，便能找出個人性格的「核心」與深度。換句話說，EQ 可以透過弱連結刻意培養。

還記得第 2 章談到的小世界實驗嗎？你認為最成功的訊息鏈（以最短環節完成使命者）主要是靠親友（強連結）還是點頭之交（弱連結）呢？研究人員一次又一次發現，要一個人傳播訊息給不同世界的某個目標時，弱連結的效果遠比強連結更好。[18]

為什麼這點如此值得重視？這顯示出我們常會過度利用親友羈絆，而對於不特別熟的人際關係運用得不夠。這是不難理解的直覺反應，但我們都要為此付出代價。當然，請好友幫忙總比向剛認識的人開口容易得多。但如果將一份文件盡可能送到遠方某人這件事具有任何參考價值，沒那麼熟的人其實比熟識的人效果更好。

乍看之下似乎很怪：朋友比較有動機幫助我們，然而真正發揮的作用卻比較小。但只要你明白其中的奧義，一定會有「當頭棒喝」之感。純為了方便討論，且讓我們假設朋友幫忙的意願是點頭之交者的三倍。依據前述的小世界實驗，我們觀察發現，當要完成一項艱難的任務時，相識者的作用是朋友的三倍。在這種情況下，相識者更能提供我們所需的連結或有用的資訊，效果是朋友的九倍。當然，九倍只是一個揣測，也可能是五倍、十倍、二十倍。但即便是粗估，也可凸顯出相識者提供我們「遙遠」的資訊是多麼有幫助。最棒的是我們擁有的相識者比朋友多太多了，某個地方可能有某位相識者將提供我們需要的資訊——而我

們甚至可能忘了他的存在！邊緣（periphery）的力量不容忽視，邊緣愈廣，我們能進入的各種世界的範圍愈大，潛在視野也就更大。

既然如此，我們為什麼那麼偏好尋求近在眼前的幫助，而輕忽遠處的助力呢？生物學家威爾森（E. O. Wilson）提供了一個很有道理又相當有趣的解釋：

> 人腦的演化方向，顯然將情感投注在一小塊地方、一小群親族、未來的兩三代上……我們天生的傾向就是忽略任何還不需要檢視的遙遠可能性……這是舊石器時代的祖先所遺留下來的。幾十萬年來，那些努力讓小範圍親友圈獲得短期利益者總是活得比較久，且繁衍更多的子孫。[19]

在今天的小世界裡，我們自然而然會表現出讓自己的機會減少的行為。當我們硬逼著朋友幫忙時，往往挑到的是願意幫忙、但並非最適合的人。反之，如果我們能篩選所有認識的人、善用每個人不同的知識，通常就能找到更適合的人選。試想，誰比較有辦法告訴你一個很棒的私房景點，是你的摯友（朋友喜歡去的地方你可能也都去過了），還是你在火車上遇到的大膽旅客？我們多數人擁有的弱連結遠比強連結來得多，我們通常累積了大量過去與現在的潛在人脈網絡——社會學家估計，多數人叫得出名字的相識者大約介於五百到三千人之間；所以刻意去培養更多弱連結其實不會太費力，而那正是通往新世界之窗。雖然絕大多數

的點頭之交不會提升我們的生活品質，但有少數人的確會，而且常常發生在我們最意想不到的時候。

你的世界是井然有序的、是隨機形成的？還是個小小世界呢？

我們成長過程的世界是井然有序的。至少在青少年時期以前，我們的世界主要由強連結組成——父母與朋友。我們生活在**結構化**的世界裡，只有少數點頭之交。我們與周遭的人有很好的連結，而與其他人大抵是隔絕的。

我的世界在十七歲以前一直是結構化的，在那之前，我生命中的主要影響力幾乎都是強連結：我的家人以及同學鄰居。畢業後，就像當時許多青少年一樣，我花了四個月的時間到歐洲搭便車旅行。我找好友雷一起去，他以前去過，而他很聰明地拒絕了我，因為他見過太多朋友一起去旅行，回來就絕交的故事。於是我一個人去。

這趟旅程與過去結構化的世界完全相反。為了生存，我每天要和幾十位陌生人接觸，主動與各種人交談——卡車司機、當地人、遊客等等。這是一個真正**隨機**的世界。我每天動身時都不知道今晚最後會在哪裡落腳、或和誰在一起。我見過頭髮斑白的西班牙農人、心術不正的義大利男子、嗑藥後開車像瘋子的德國嬉皮、不斷敘說自己有多喜歡英美的希臘人、三個兩年內開著迷你奧斯汀遊歷無數國家的澳洲女孩，吸收的文化與披薩已足夠回味一輩子、一個想移民英國的東歐難民、來自（當時還是）南斯拉

夫到處旅行的銷售員、一個狡猾的美國同性戀，讓我搭便車，問我是否曾經被「酷兒」騷擾、一個住在蔚藍海岸的大別墅裡看不出年紀的妖豔法國女士。我遇到的那些人都是弱連結，串連成無止境的環鍊，其結構極端脆弱與短暫。這當然是一個網絡；但在那四個月當中，對我而言最特殊的現象就是樞紐與強連結完全消失。

　　不久之後我去讀大學，大學生活既非結構化也不隨機，卻是集這兩種世界之最。我與一撮人——朋友、助教、情人——有非常強的連結，與他們一起的生活與工作相當有規劃。但我也認識了一大群點頭之交，與其中數十位甚至數百人維持著不太密切的關係。我徘徊在許多不同團體的邊緣——撲克牌友、馬克思主義者、保守黨支持者、打網球的伴、學生政治參與者、吸大麻的人、尋歡作樂的咖、好辯之士、酒友、嚴肅的史家、樂迷。大學是一個小世界——我隸屬極少數緊密的團體，除此之外，我還透過很廣泛的弱連結與不同的世界串連。

　　短短一年內，我從規劃好的世界移到了隨機的世界，再移到一個小小世界。其後，康乃爾大學的物理學家華茲與史特羅蓋茲（Steven Strogatz）就這三種網絡做了詳細的描述與分析。當然，他們對我早期的生活一無所知，也一定毫不在意；但他們的發現與我那三種網絡形態有種神奇又有趣的相似性。

　　這兩人從一九九六年開始進行開創性的研究，利用電腦模型探索不同類型網絡間的關係。[20] 簡單地說，假設他們一開始安排

用一千個節點來代表高度結構化與群聚化的大世界（你不妨將這些節點暫想成人），首先把這些節點排成一大圈，每個節點只與左右兩邊最近的五個點相連，這樣總共就有五千條連結。[21] 他們稱這樣的網絡為**正規網絡**（regular network），與我所謂的**結構化**網絡不謀而合。正規網絡的群聚性很高，因為每個點只與最近的十點相連，與較遠的點沒有連繫。在這樣的結構裡，每個點與其他九百九十九點平均相距的點數極多——也就是說分隔度很高。華茲與史特羅蓋茲描繪出一個典型、秩序井然、結構化、群聚性高的世界，在這裡強連結最重要，近似我們每個人成長的環境。

　　接著兩人又建構相反的**隨機**網絡。請同樣想像一個由一千點圍成的圓圈，共有五千條連結，但這一次所有的連結都是隨機選擇的，連線朝各個方向切割，因此相鄰兩點相連的情形較少出現。換句話說，局部的群聚性較差：看不出相鄰的點緊密連結群聚的情形。華茲與史特羅蓋茲還發現一個與正規網絡相反的現象：在隨機網絡裡，所有節點的平均連結程度較高，但並不是與任何特定的部分（除非是巧合，但這種情況幾乎不會出現），而是透過少數中介、連結其他九百九十九點中的任一點。通常，每個點只需透過幾個步驟就能連上任何一點——代表分隔度很低。這和我那段背包客的隨機時期很類似——沒有群聚性，但有很廣泛的隨機連結。

　　最後，兩位物理學家再從正規網絡開始，也就是讓每個點先與鄰近的點連結，然後在點與點之間加上隨機的環鍊；他們要探

討正規網絡需要經過多少環鍊才會變成隨機網絡。結果，第三種網絡很快就被造了出來，集前述兩種的優點。你應該還記得，一開始的正規網絡有五千個連結。如果重新安排，隨機添加五十處連結，也就是說總連結數只增加了一％，結果便足以讓所有的點與點之間變成高度連結。就這方面來看，第三種新網絡與隨機網絡相較毫不遜色。在正規網絡裡，要連結任兩個點，平均需經過五十個點；僅僅添加一％的隨機連結，經過的點（即分隔的度數）就大幅減到剩下七點（不僅如此，華茲與史特羅蓋茲在後來的研究裡發現，不論網絡大小，只要在正規網絡裡隨機添加五個環鍊，就可讓分隔的度數減半）。不論是何種情況，新的網絡都能保有高度群聚性的優點。

　　華茲與史特羅蓋茲稱這種新形態的網絡為**小世界**──高度群聚而且兼具點與點之間的良好連結。與我的大學時期相符，那時我享有緊密群聚的好處，像是我有親近的朋友與周詳規劃的工作，同時我也與各種非常不同、關係遙遠的團體有廣泛的連結。其後的網絡科學家也一直對這些「小世界」網絡的頻繁出現感到驚訝，包括自然界與人造的世界，從細胞裡的分子到網際網路上的路由器等，在在看到網絡在自然或刻意安排下，一邊享有緊密群聚的優點，同時各點之間又能輕易連結。

　　所以，如果你的世界基本上經過高度規劃、主要仰賴「大世界」裡的強連結，那麼你要把它變成「小世界」其實並不難，只要添加一些隨機的連結，透過弱連結與相距遙遠的團體建立關係

即可。你仍可保有結構化與強連結的所有優點，像是人與人緊密互動的各種好處、專門化的團體帶來的報酬，同時還可以因與其他領域的隨機連結而獲得新知與見解。更棒的是你不必添加很多弱連結，只要能連上與你原本的世界明顯不同的領域，就可以改變人際網絡，你能接觸到的實用資訊也會大幅增加。

反過來也行得通。如果你的優勢是擁有豐富的弱連結，但欠缺目標、不夠投入，缺乏好友或小團體的相互支持，你也可以將隨機的世界變成「小世界」。你可以保留那些通往不同團體或個人的橋梁——亦即隨機的弱連結——同時享有溫馨小團體的好處。

換句話說，強連結與弱連結是可以並行的，兼顧兩者之長亦無不可；「小世界」便是兩者兼得。我們可以穩固根基又同時求新求變，有組織又散漫，有紀律又開放，認真投入又有實驗精神。誠然，當我們要達到實際的目標時，強連結本身也許太弱，弱連結反而較強；但若要追求豐富滿足的人生，兩者加在一起絕對會更好。我們只需運用不同的策略因應，面對朋友與點頭之交有不同的心態，清楚知道這兩種連結的角色區別。我們不需要費力將點頭之交變成好友，除非真的想要；也不應該期待好友帶給我們廣泛的資訊與務實的好處，相較之下，從眾多點頭之交身上取得會易如反掌。深刻的友誼與情感本身就很寶貴；這世上還有許許多多的人能帶給我們歡笑、啟發、指導與互相幫助。

有價值的連結

　　華茲與史特羅蓋茲的研究還有一個壓軸的重點：凸顯「小世界」裡的不對稱——在所有案例中，都是幾個弱連結造就了那個「小世界」。換句話說，並不是所有的連結都等值，真正有價值的連結能在串通所有的點時承擔重責大任，也能夠將相隔遙遠的團體串連起來。華茲與史特羅蓋茲的開創性研究為後來的研究奠立了基礎——其中最值得注意的就是巴拉巴希（Albert-László Barabási）與艾伯特（Réka Albert）的研究，他們發現有些點的連結性最強，甚至可連到千里之外的點。這個結論（後文會再探討）可回溯到米爾格倫關於「社會計量之星」的高明見解，也就是這些超級連結者讓世界變得更小。在人際與非人際的「小世界」中，有些非常熱門的樞紐讓世界的每個人或每件事物更貼近。

　　這些超級連結者非常重要，但數量極少，怪不得每次我們體驗到世界之小時都會大為驚訝。我們無法一覽世界的全貌，只能看到自身所處這部分的網絡以及自己的一些強連結。我們幾乎沒有意識到自己有多少隱藏的網絡以及潛在的弱連結，也不知道裡面原來有那麼多連結能為自己帶來神奇的效益，我們對超級連結者的存在以及他們為每個人帶來的重要貢獻同樣後知後覺。超級連結者有能力提供無數的捷徑，我們也許看不到，卻可以實質受惠。

弱連結將人類結合起來，讓這個世界不致於分裂成互不相干的小部落，使社會甚至整個地球凝聚在一起。若沒有弱連結提供的資訊與社會潤滑劑，現代社會很快就會停滯與消失。我們需要強連結與緊密的小團體，弱連結也不可或缺。弱連結、強連結與樞紐提供不同的效用與角色，強化不同網絡的連貫性與功能，讓我們得以發揮個人與集體的潛能。

　　任何網絡的價值都會因連結數目的增加而大幅提高。電腦網絡專家麥卡夫（Bob Metcalfe）提出的「麥卡夫定律」（Metcalfe's Law）指出網絡的價值大約等於使用者人數的平方。只有一台電話根本毫無用處，因為你無法打給任何人；有兩台電話也好不到哪裡去。依據麥卡夫的說法，唯有多數人都有電話／Email 時，網絡才有改變社會的力量。

　　這裡面蘊含著弱連結的重要涵義。當網絡成長時，弱連結的比例會相對提高，因為原本未連結或連結不佳的樞紐開始互通往來。即使是少數的弱連結也會讓連結的密度大增。因此，對社會或對個人的生活而言，弱連結都能促使網絡的價值大幅提高。

　　這很奇特也很微妙，因為無論是點頭之交、從前認識的朋友或同事，還是每天新碰到的人，弱連結是網絡的元素中最容易形成與維持的。弱連結也是網絡連結中最輕描淡寫、似有若無、最不具結構性的。弱連結可以一下子跨越社會、心理、空間的遙遠距離，讓你的網絡得以擴大、為你的世界增添各種（本來不可能得到的）有益人脈與見識。但弱連結通常是我們生活中最常被忽

略、最未被充分發展與重視的部分。

　　我們往往不知道或忘了弱連結的重要性：你可能因某人才認識現在的配偶、得到現在的工作或培養一種非常有趣的新嗜好；更常看到的弱連結是 A 介紹你認識 B，B 介紹你認識 C，最後因為 C，讓你的人生有了幸運的轉彎。我們很容易忘了這些連結，因為我們很少想到這些人，他們只是突然冒出來發揮某種功用，然後很快地又從我們的腦海淡去。只有在回顧往事時，我們才會真正體會到這些人的重要性。但如果我們能培養豐富的弱連結，對他們能提供的助益抱持開放的心態，人生會有更多「幸運」的際遇。

　　我們要怎麼實際運用弱連結呢？如果我們明確地知道要從某位認識的人身上得到什麼，那麼打一通電話或甚至寫封 Email 就夠了。但弱連結的本質是在你最意想不到的時候發揮最大的作用，這種意外的收穫（serendipity）幾乎總是來自面對面的互動。通常都是你不經意地說了什麼話幫助了對方，然後就像某種魔法一樣，對方也以言語回報。這究竟是怎麼發生的，沒有人知道。面對面互動時，往往有那麼幾分鐘的時間，我們的腦袋什麼也沒多想，就只是熱情地專注在對方身上，那種厚實、強烈、完全不可預測的特性絕對無法在視訊會議中看到，電話中很少碰到，用 Email 則是微乎其微；依我們看來，Email 根本不應該當情感的媒介，因為產生誤解幾乎無可避免。面對面互動的弱連結出奇地強大，甚至可能改變你的人生方向。虛擬的連結也許很有效率，但

因欠缺細膩與實在感，幾乎不可能達到同樣的強度。

　　我們會發現，成功的人通常擅於運用與製造弱連結。這類人擅長進出各種圈子，很能接受不熟悉的做法、片斷的資訊與見解，然後運用到自己的生活中。他們當然有自己的重心，有一些別具意義的私密的人際關係，但也會投注時間與心力去培養與維繫許多弱連結。簡而言之，這些人就是我們所稱的超級連結者，接下來我們將與好幾位超級連結者會面。這些人的成就都建立在弱連結上（但他們通常並未意識到），他們有豐富的實際觀念可供我們效法。

04

超級連結者

在每個領域……可能都會出現一位社會計量之星。

——米爾格倫[22]

單一領域連結者

以下三個案例在各自的世裡都是很重要的超級連結者。在你想像得到的每一個學術領域、每一所大學、中小學、辦公室、教會、足球或棒球隊、每一種產業或商業利基、每一個小鎮、社交界，總有一（或更多）個超級連結者，他們似乎認識每個人，也把所有人串連起來。

▌案例 1　愛旅行的數學家

如果你是二十世紀下半葉優秀的數學家，就有可能曾被某位人士敲過門。門一打開，你會看到一位頭髮灰白的清瘦男子，他戴著眼鏡，穿著皺皺的外套，拎著裝滿家當的皮箱。這位學術界的游牧人充滿自信地踏入你家，告訴你一句話：「我的大腦敞開了。」

這是個好消息，代表你受邀與世界上最了不起的多產數學家合作。當然，你得為他準備一間客房，不眠不休地和他一起工作——他仰賴的是一杯又一杯的濃咖啡和安非他命。艾狄胥（Erdős Paul）的要求並不多，這位匈牙利學者是曼徹斯特大學的博士，年僅二十五歲便成為普林斯頓大學的教授。後來他離開家鄉，窮其一生都在旅行，從一個校園到另一個校園，從合作學者的家到一場又一場的科學會議，致力尋求最有趣的數學問題與合作對象。

直到他一九九六年去世，艾狄胥成了史上發表過最多論文的數學家（多半與他人合著）。由他署名的學術文章多達一千四百七十五篇，合作過的學者有五百一十一位。他的作品涵蓋範圍極廣，包括數論、組合數學（combinatorics）、機率、集合論、數學分析，甚至是網絡科學的起源，這也是本書的基礎。他獲獎無數，也為後輩留下豐富的遺產。但最令他引以為傲的應該是促使數學家開始玩一種遊戲，也就是說，數學家碰面時可能會互問：「你的 E 碼（Erdős number）是多少？」如果你曾和艾狄胥本人一起發表過作品，你的 E 碼就是 1；如果你曾經和 E 碼為 1 的人一起發表過作品，你的 E 碼就是 2，以此類推。甚至有人在《數學評論》（*Math Reviews*）雜誌資料庫裡算出每個人的 E 碼（此舉非常符合數學家的本色），最後統計出來中位數是五，平均數是四‧七，可見數學圈確實很小。每個人都因為這位奇人連在一起，他運用高流動性的巨大網絡增進人類的知識，堪稱一代超級連結者。

▌案例 2 攝影師的社群

梅爾（Andreas Meyer）賣了他經營的小型軟體與媒體公司之後，開始放長假環遊世界。他用相機記錄所見所聞，漸漸對攝影產生興趣。攝影能發揮創意與思想，的確很有意思，但真正吸引他的其實是社交的部分：能因此認識朋友、一起探索共同的興趣。於是梅爾開始將攝影當做表現與滿足個人社會特質的管道，

多年來他也一直堅守這個立場。透過這項嗜好，他認識了很多好朋友以及廣大的人脈，但最特別的是，他還設計了一套方法來為別人拓展朋友圈。

一九九〇年代末網際網路蓬勃發展，梅爾正好有機會去深入了解與實驗。他是全球資訊網的早期擁護者，也會寫程式。二〇〇〇年，他結束旅程回到德國科隆，思考下一步要做什麼。很自然地，他把腦筋動到了新興趣：有沒有可能創造一個以攝影為核心、生氣蓬勃的社群呢？

於是他成立了一個叫「攝影共同體」（Fotocommunity）的網站，讓有熱忱的業餘攝影愛好者可以展示自己最好的作品，與大量的攝影師作品並列呈現。網站成立的目的是推動會員們彼此分享、評論、鼓勵與提出建議。每個人能展示的作品數有一定的限制，以此控制數量與品質。此外，他們鼓勵會員互相連繫、互相觀摩彼此的作品，挑出自己最喜歡的照片展示，提名、票選出最優秀的攝影列入特別展示廳。最重要的是，他們會透過網站的公共行事曆安排面對面的聚會，如研討會、定期聚會、攝影旅行等。

他的構想獲得攝影同好的熱烈支持，網站穩定成長，有人自告奮勇協助新會員融入，糾舉不當的內容，處理客服事項。感覺起來這是一個真正由社群共有管理的網站。加上網站對展示照片的數量設限，自然有助於頂尖的作品出線，進而培養出品質至上的價值。會員的評論很踴躍，平均每張照片有十則評論，因此不

致流於旅遊相簿；會員無不竭盡所能在社群裡透過同儕評論贏得讚賞，爭取自己的作品進入頂尖展示廳。

但過了不久發生了一件奇怪的事，特別是對於已被視為免費天堂的全球資訊網而言更是不尋常。該網站原本靠廣告維生，但隨著網路泡沫化，收入逐漸枯竭，網站開始虧錢。為了挽救網站，梅爾要求提供比較多照片給人他評論的會員必須付費。那些重度使用的會員依言照辦，自此成了該公司的主要收入來源。

如今，「攝影共同體」成了德國攝影圈的重要基石。如果你想要和眾多攝影師交流，一定得上該網站，因為攝影師們都齊聚於此。「攝影共同體」是德國流量前二百大的網站，每個月有四十萬人使用、五百萬人造訪。但梅爾最引以為傲的是網站展示了多達三百萬張的照片，每年更安排舉行三千場實體聚會，以及他為自己與同好建構的奇妙連結。

▌案例 3　只修一款車的汽車維修員

如果你沿著 A30 幹道從倫敦往西南開六十五公里，再沿著狹窄的鄉間小路繞到一堆雜亂的舊農舍，就能找到哈定（Peter Harding）。如果你在晴朗的日子走進遮蔭處，會發現那裡真的很亂，到處都是灰塵和蜘蛛網。在你眼前的是解體的引擎、成堆乾燥的橡膠條、褪色的金屬板、老舊汽車的殘骸，活像個被遠古機械怪獸剝剩的空洞骨架。前方一點亮光召喚你走進空曠的大穀倉，裡面稍微乾淨一些。你的眼睛被一個發亮的金屬吸引，呈流

線型彎曲，看起來有種奇特的異國風調，令你無法移開視線。那是一九五七年的 Aurelia B20，蘭吉雅（Lancia）製造、曾經是義大利汽車界的貴婦。蘭吉雅曾設計、製造過二十世紀幾款最典雅的豪華旅行車，只是榮耀褪色久已。

　　哈定原本經營空運業，二十五年前辭職轉而追求興趣。他花了三年修復自己的 Aurelia 之後，他明白到做這件事能讓他快樂一輩子。他雖未受過正規的工程或機械訓練，在穀倉開業以後，幾乎立刻就有顧客上門，從此一直很忙碌。工作時間與車主的要求都難以掌握，勞動本身又會搞得髒兮兮，穀倉到了冬天更是冷得不得了，但哈定都不以為意。

　　英國大約有七十輛 Aurelia B20，其中四十幾輛都由哈定維修。他的顧客來自各行各業，後來都成了他的朋友。他們常會一起去法國或義大利旅行，哈定會介紹顧客互相認識，顧客也會介紹新的顧客給他。不僅如此，與汽車相關的很多事物都由他牽線──買賣雙方、拍賣商與經銷商、車主與零件商等。他不打廣告、也沒有網站，只在辦公室的茶壺旁擺了一台答錄機。但如果你剛好買了一輛同款轎車，車子需要修理或維修，或只是單純對該車種有興趣，總有一天你會從 A30 幹線下去，開向那條鄉間小路。

　　哈定是一位專業超級連結者，環繞 Aurelia B20 的世界因他一片片拼湊了起來。這個網絡由他主導，其中的每個人每件事都由他連結。愛車人自然會打聽到哈定然後去找他，本書作者洛克伍

德就是其中之一。

有一次洛克伍德去找哈定，可能是因為他的北美口音，離開時哈定問他：「你認識一位叫傑·雷諾（Jay Leno）的人嗎？」

「當然認識，他除了是影藝圈的大哥大，也是頭號車迷。」

哈定說：「這人看起來很不錯，很真誠。不久前他有打電話給我，聊得滿愉快的。他對 Aurelia 很有興趣，什麼都想知道。」頓了一下，哈定又說：「我聽說他在主持脫口秀，是怎麼樣的秀？」

跨領域連結者

還有一種超級連結者，他們不是在特定領域裡連結人群，而是為不同的世界架設橋梁。

▎案例 1　交友廣闊的政府官員

一九九九年，葛拉威爾（Malcolm Gladwell）在《紐約客》雜誌上寫了一篇文章：〈魏絲博格的六度分隔〉（Six Degrees of Lois Weisberg）。文章實至名歸地備受好評，作者稱魏絲博格為「超級連結者」。魏絲博格曾任芝加哥文化局長，在她漫長的事業生涯裡參與過許多不同的團體，與這些團體也有很好的關係。她曾擔任芝加哥律師協會會長、創立壓力團體「公園之友」、開設二手珠寶店、經營劇團、擔任芝加哥市長華盛頓（Harold Washington）的特別活動處長、創辦地下週報、在公關與法律公

司服務時拯救過一段老舊鐵路免於被關閉、在跳蚤市場工作、策劃芝加哥選戰、為戲劇募款，她特別重要的是創立了知名的Gallery 37藝術計畫，每年教導數千名無業的年輕人製作與銷售藝術品與珠寶。那些年輕人還可學習繪畫、雕刻、寫詩、織品與美工設計、表演與音樂等，其後很多城市跟進仿效。

有一天，米契爾（Cindy Mitchell）在寒氣逼人的芝加哥公園抗議，白費力氣地想要制止公園處拖走瑞典生物學家林奈（Carl von Linné）美麗的雕像。魏絲博格正巧開車經過，看到有人在爭執，便趨前詢問米契爾是怎麼回事，也探探米契爾關切的是什麼議題。問完她立馬跳回了車上，但事後她說服《芝加哥論壇報》（*Chicago Tribune*）的兩位記者去找米契爾，並大肆報導她的抗議行動。之後米契爾擔任公園之友會長十年，認識了許多魏絲博格介紹的人，和其中很多人成為好友。葛拉威爾引述了米契爾的話：「我現在所做的一切以及八、九〇％的朋友都是魏絲博格牽的線，因為那一次的偶然相遇……如果那一天她提早五分鐘經過會怎樣呢？」[23]

魏絲博格認識公民運動人士與政治人物、律師與跳蚤市場攤販、大自然愛好者與科幻小說作家、爵士樂手與知識分子、藝術家與房產開發商、志工與古董店老闆、演員與鐵道迷。她認識的人非常廣泛，而且只要一有機會，她非常樂於介紹這些人互相認識。

▌案例 2　沒沒無聞的老太太

如果你打電話到中央演員經紀公司（Central Casting），詢問是否有典型的加拿大老太太，他們可能會介紹麥克米倫（Eleanor MacMillan，以下皆稱呼她為麥太太）給你。乍看之下她符合所有條件：一百五十五公分、戴雙焦眼鏡、頭髮灰白、蘇格蘭後裔、不承認自己的年紀，但孫子會告訴你她和英國女王年紀差不多。除了姿勢不良以及心瓣膜有點問題，她還算健康。她的先生是整形外科醫生，已經過世，多數時間她不是在多倫多附近的安卡斯特（Ancaster）、就是在安大略的度假區馬斯科卡湖（Muskoka Lakes），一百多年來那裡一直是富裕的美加人士最愛的避暑勝地。

儘管麥太太在戰間期出生，卻很能跟上時代。她保守又節儉，不論吃剩多少食物都不會丟掉，除非腐壞；椅子堆得高高的，到足夠戰備使用。她對人也很謹慎，總要仔細觀察後才能信任。儘管如此，這位老太太的旅遊足跡可是遍及世界各地，她曾搭乘巴士走過伊朗、馬利、緬甸等地，留下數千張照片。她不是那種織毛衣或溺愛孫子的奶奶，倒是會教孫子如何捕蛇（她年輕時是生物學家）。此外，她喜歡開快車，沒人敢勸她放慢速度。

她還常和拉斯特法里教徒（注：Rastafarians，拉斯特法里教為牙買加興起的黑人基督宗教社會運動，雷鬼樂深受其影響）在一起。

麥太太為加拿大安卡斯特與卡里亞庫島（Carriacou，西印度

群島亙古以來的走私島）之間架起橋梁。每年冬天她都會飛到加勒比海島國巴貝多（Barbados）、登上八人座的小飛機、經過格瑞納丁群島（Grenadines）抵達卡里亞庫小小的機場，跑道旁通常就可看到牲畜在吃草。她會花二十分鐘搭當地的迷你巴士，經過希爾斯伯羅（Hillsborough）的主要村莊到島的另一邊，去見見老友史奈格（Cuthbert Snagg）和奎格利（Barnabus Quigley），途中還要小心當地的扒手。沿著車徹很深的道路前進，她的目的地是一幢獨棟的房子，那裡有綠鬣蜥在爬樹、驢子在鳴叫，往花木繁茂的院子外看，加勒比海在遠處閃閃發光。那裡距離希爾斯伯羅快五公里，但到波哥斯村（Bogles）只要幾分鐘，那個小村莊有一房或兩房的木屋，有的有電，有的住著捲髮、兩眼無神的拉斯特法里教徒。他們自己種菜，養羊和雞……還吸大麻。

波哥斯村每個人都認識那位住在林中房子的老太太。她經過時，孩子們會喊她的名字，多年來常會去看她。其中一個將近二十歲的年輕人名叫桑馬斯（Levi Thomas）。桑馬斯的體型像中量級拳擊手，頭上頂著一團捲髮，乍看之下很有威脅性，但其實很少看到像他那麼溫柔的人；他常靜靜地坐在麥太太家的小沙發好幾個小時，翻閱舊的《加拿大生活》（*Canadian Living*）雜誌，光看圖片。

也許是受到那些圖片的吸引，桑馬斯想去加拿大看看。有一天他終於去了，住在親戚家，賣力地做兩份廚房的工作，薪水還不錯。觀光護照過期後，他便借用表哥的身分證。有一天警察來

找那位表哥，雖知桑馬斯不是他們要找的人，但還是因過期居留將他移送法辦。他被送進充滿暴力的多倫多監獄，原本判關三十天，後來卻因為警察弄丟他的護照而延長到半年。因為沒有護照，警方不肯將他驅逐出境，又因他在等待被驅逐而不肯釋放他。沒有罪名、沒有律師代表，公部門既無人負責此事，也就不會有人去做任何事來解決問題，即使他們承認護照是他們搞丟的。

麥太太一得知桑馬斯的處境，便決定為他出力。她去找那些冷漠的官員但束手無策，接著她便去找島國格瑞納達（Grenada）的大主教。桑馬斯的出生證明被一位牧師找到，傳真至加拿大，幾天後桑馬斯便被驅逐出境。我們不知道桑馬斯原本還得在苦牢裡蹲多久，因為除了麥太太，這世上沒有任何人關心他的處境。

你能想像一個澳洲的背包客因為同樣的事情落入類似的官僚黑洞嗎？這個世界有時候真的非常不公平，因為我們的冷漠與分歧而扭曲。當完全不同的世界互相碰撞時，很可能是超級連結者的隨機關係跨越了那道鴻溝。

超級連結者的特質

魏絲博格與麥太太都連結了不同的世界——前者幾乎跨越芝加哥每一種次文化，後者則是跨越不同的國家與社會團體。當然，這兩人之間有些差異。魏絲博格認識（或者以前認識）背景

差異極大的許多名人：當時的三大科幻小說家艾西莫夫（Isaac Asimov）、克拉克（Arthur C. Clarke）、海萊因（Robert Heinlein）；傳奇爵士樂手法莫（Art Farmer）、蒙克（Thelonious Monk）、吉爾斯皮（Dizzy Gillespie）；曾經住進她家的喜劇演員布魯斯（Lenny Bruce）、歌手兼舞者尼可斯（Nichelle Nichols），後來因在《星艦迷航記》（Star Trek）飾演烏瑚拉上尉而聞名；小說家艾里森（Ralph Ellison）；當然還有在任的芝加哥市長（不論那是誰）。相較之下，麥太太沒認識什麼名人，也沒有特別想認識名人。魏絲博格本身就頗有名氣，麥太太則是沒沒無聞。魏絲博格認識的人比麥太太多很多，背景更是精采多樣，長期的事業生涯有需要、也有利於建立寬廣的人脈。

但麥太太這種個人的連結，以及她所架設的橋梁對當事人（如桑馬斯）產生的價值，與魏絲博格或艾狄胥之類的名人所建立的連結相較，絲毫不遜色半分。麥太太不是最厲害的超級連結者，雖已是高齡八九十歲的老奶奶，依然發揮了強大實際的連結作用，為個人與社會帶來同樣的福祉。若沒有麥太太，安大略與西印度群島的波哥斯村無法有這麼密切的連結；若不是她，桑馬斯可能還被關在監獄裡。麥太太以她自己低調的方式，大幅縮減了這個世界的分隔度。

前面提過，小世界論教授米爾格倫的實驗帶出了「社會計量之星」的概念，我們將之轉化為超級連結者。對米爾格倫而言，誰最具代表性呢？是哪一顆星讓內布拉斯加州與波士頓之間的距

離大幅縮減呢？是像魏絲博格那樣的名人嗎？不，是夏倫鎮的服飾商傑科斯——出了那區沒人認識他，但在地區之內無人不曉。傑科斯先生與麥太太的相似度顯然高於魏絲博格。不過傑科斯與麥太太之間、以及傑科斯與魏絲博格之間的主要差異，不過就是他們發揮影響力的範圍不同而已。只要加上些許想像力來加強效果，可以說傑科斯之於夏倫，正如麥太太之於波哥斯村，也等同魏絲博格之於芝加哥。

　　魏絲博格與艾狄胥將「超級連結者」的功力發揮到高不可攀的境界，對我們多數人而言簡直是遙不可及的模範。當我們想到超級連結者時，腦中浮現的盡是那些有成千人脈的名人、有興趣也有機會為人穿針引線。但事實並非如此。魏絲博格與艾狄胥當然是超級連結者，但典型的超級連結者比較可能是麥太太、傑科斯、梅爾或哈定這一類的人物。這些相對較平凡的人之所以能夠廣泛連結，是因為他們處於一個（也許少為人知或新建立的）社會系統的中心，或是因為他們介入了兩三個原本互不相干的系統。看到這些平凡的超級連結者很值得我們省思，更讓人充滿希望。也許在某種程度上這個世界也會對我們敞開，也許我們也很有機會成為超級連結者，只是尚未意識到自己扮演的角色多麼有價值。

　　那麼究竟超級連結者是什麼呢？如何才能成為超級連結者？顯然一個基本條件是擁有很多友善的人脈，也許數百人。其中絕大多數是弱連結，不必花很多時間與每個人培養與維持關係。弔

詭的是，正因缺乏時間接觸，反而必須建立相對高的信任感與和諧度，就像仙人掌必須仰賴偶爾的少量供水，這類關係既然建立在稀少的接觸機會上，就必須要有好的開始。一個有利的條件是過去經常接觸，有機會了解彼此的性格；或是你可能才剛認識對方，彼此就立刻產生好感與信任。有些人例如魏絲博格，特別擅長快速結交朋友，但對我們多數人而言，最好能體認到，交朋友是可以學習的，而且會愈來愈熟練。設法記住新朋友的詳細資料就是個很好的開始。

還有很重要的一點是，多認識一些沒那麼密切相關的人（至少在你的圈子裡）。這多少要仰賴直覺以及個性，你必須要保有好奇心去願意認識不一樣的人，或願意將某種興趣變成生活的一部分，就像哈定或梅爾，自然而然就得與人連結，甚至是處於蜘蛛網的中心點。一步一步地，你認識的人可能就會愈來愈多，也愈來愈多樣。想想看如何才能遇到吸引你的人，找機會和對方多聊幾分鐘。自覺性要高，保持開放與親切。每隔幾年便換工作、換角色或搬家是一個不錯的方法，且更換的工作或住家與原先的相距愈遠愈好。

超級連結者最後一個常被忽略的明顯特點，就是縱使沒有外在動機或潛在利益，超級連結者還是願意採取行動將人們連結起來。即便是世界上最大的網絡，沒有被運用就毫無價值。美國國稅局與上億人連結，百姓的個資與辛苦賺來的金錢不斷湧入，國稅局也永不止息地向人民徵稅，但國稅局並不是超級連結者，因

為它沒有將任何兩位納稅人連結起來。傳統電視或暢銷書也是一樣，它們散布至數百萬人，本身卻沒有發揮連結的作用。

有些人也是如此，他們有很棒的網絡：可能認識幾百、甚至幾千人，一生中一直與大家維持良好的關係。但如果他沒有花力氣把這些人連起來，在這方面所發揮的作用並不比電視或稅務員更大。在為這本書做研究時，我不斷想到一句很有道理的諺語：「種瓜得瓜，種豆得豆」（what goes around comes around）——為別人連結的人，到頭來別人也會為他連結——也許不是立馬見效，有時候會經過非常迂迴、不對稱的路徑。例如我為 A 與 Z 連結、他們又形成 AB 與 ZY 的連結、再形成 ABD 與 ZYW 的連結……到最後，其中一個難以溯源的衍生人脈在我最需要的時候冒了出來。好名聲也很有幫助，一個人若是以擅長拉關係出名，便很容易吸引更多人脈，因為大家就比較不怕被拒絕或覺得尷尬。不論是透過何種方式發揮廣結善緣的效果，通常規模都不會太小。我們知道宇宙是一個龐大的連結機器，鬆散而隨機，但具有很高的效能。互惠原則乃是讓連結不斷累增、穿梭、碰撞的燃料。

我們之中很少人能真正發揮連結的潛能，即使是目前身處的網絡，我們也有很多的效益沒有運用到。網絡有很多價值是潛藏的，要等到我們進行連結時，對自己與別人才會大幅提升價值。我們訪問過的一位超級連結者說，每次她碰見認識的人，都會問對方想要認識什麼人，然後她便會去找出可能相關的人，介紹雙

方彼此認識。

為了寫這本書，我們拜候了不少超級連結者，有趣的是其中很多人其實相當謙虛低調，完全不是一般印象以為的那種外向、強勢、富有吸引力的交際高手。美國作家葛拉威爾描述他在芝加哥當代藝術博物館的招待會見到的魏絲博格「她看起來有些茫然……有時候有點害羞，一開始還窩在房間一角，站在後面觀察。」她也不具備傳統印象裡的那種領袖魅力，「她不是很引人注目，不是那種一走進房間所有人的眼睛都會跟著追蹤的人。」對於我們這些在大團體裡有時會感到不自在的人而言，聽起來比較開心、也放心多了。由此可見，你不一定要熱衷跑趴才能當一位成功的連結者。很多人內心深處其實痛恨跑趴，因為派對裡的連結往往虛假膚淺，沒有友善交往的條件與背景。有價值的連結通常是很自然的，彼此之間感到意想不到的投緣，可能是因為擁有共同的興趣或性格上互相吸引，也因此不必硬聊瑣碎的話題或覺得有連結的義務。

非典型連結者

超級連結者甚至可能是易怒難搞的人。我想到有個人是最好的例子，同事看到他總避之唯恐不及，但他是我見過最厲害最重要的超級連結者之一。

此人名為韓德森（Bruce Doolin Henderson），一九一五年生

於田納西州的農家，放暑假打工賣聖經。他讀的是工程與商業，畢業後在西屋電器（Westinghouse Corporation）服務了十八年，成為西屋有史以來第二年輕的副總。一九五三年，艾森豪總統請他加入五人小組，負責評估馬歇爾計畫在德國的實施成效。這很怪，因為韓德森不會講外語，在德國也沒有人脈。韓德森雖然早年春風得意，但並沒有爬到西屋的最高層；一九五九年他辭職加入理特顧問公司（Arthur D. Little），四年後再次辭職——謠傳是被開除的。當時他已四十八歲，看來事業已大致結束。

但命運給了他第二次機會。有人鼓勵他在波士頓平安儲蓄信託公司（Boston Safe Deposit and Trust Company）成立顧問部門；剛開始整個部門只有他一人，甚至連個秘書都沒有。一九六七年他將該部門改名為波士頓顧問集團（BCG, Boston Consulting Group），但規模還是很小。之後他接到了西岸港都塔科馬（Tacoma）某木材公司的案子，必須召募一些臨時工作人員負責，結果他找來了波士頓大學的教師柴肯（Alan Zakon），柴肯描述當時接到電話的情形：

「你好，我是韓德森，我想聘請你負責一項顧問工作。」
「好啊。」
「你的收費怎麼算？」
當時我的收費標準是十四美元，但……我開口要了一筆大數目（依當時的標準）：「一天一百二十五美元。」

「太高了！」他喊道：「你應該將你的年收入除以三百六十五，乘以四，再加二十二。」

我說：「韓德森先生，如果我懂得那樣做，我就不用接外面的案子了。」

一陣沉默……

「我付你一百美元，明天就來吧。」[24]

雖然沒有好的開始，韓德森的公司後來成為全球兩大知名顧問公司之一，在全球有超過六十間分行，員工七千人，營收約二十五億美元。韓德森顯然能夠將許多客戶與顧問連結起來，有時候連在非常奇特的地方，光憑這點，韓德森超級連結者的稱號就當之無愧。一九九二年他去世時，《金融時報》寫道：「很少人對二十世紀後半的國際商業比他更具影響力。」但在我看來，韓德森是一個了不起的超級連結者，因為他將商業界與學術界（包括商業學校的思想家）連結起來，將許多文科背景的頂尖人才拉進顧問業與商業界。他延攬了波士頓的一些頂尖教授，激勵他們以沒有人嘗試過的方式思考商業問題，也才能催生出像「成長占有率矩陣」（growth–share matrix，又稱 BCG 矩陣）這類高明的見解，更讓公司躍升為高成長市場的龍頭。他為哈佛商學院與 BCG 建立了密切的合作關係，召募哈佛的優秀教授與校友。此外他還開創了新的風氣，除了 MBA，也讓大四生與畢業生去實習，不論主修的是理科、歷史還是英文，後來許多頂尖顧問公司也都跟進

仿效。

然而，韓德森可能是本書所介紹的超級連結者中最矛盾也最難搞的一位。我在 BCG 工作時他來過公司，一位副總告訴我：「千萬別和他有任何牽扯，他對你的事業只有壞處、沒有好處。」

後來我與韓德森一起在楚頓格倫飯店（Chewton Glen）參加客戶會議，那是位於英格蘭漢普郡（Hampshire）新森林區一間很漂亮的鄉村別墅飯店。我以為一切都進展得很順利，但事後韓德森把我們每個人都批評了一頓，嫌報告內容了無新意。「這些事我三年前就講過了，」他那語氣好像過了一整個冰河期一樣，「到現在我們還沒學到任何新東西嗎？」

在他的告別式裡，第一位發言的是 BCG 的元老提爾斯（Seymour Tilles），哈佛商學院前教授，一九七〇年代末曾經是我的上司。他很快就說到重點：

在 BCG，「創辦人」絕對是單數名詞，因為一開始只有韓德森。當然，那之後還是只有韓德森。

他並不是一向好相處。早期，我最鮮明的記憶是，每隔一段時間，就會有優秀的年輕人跑來我的辦公室說：「你知道他是怎樣對我的嗎？」我永遠不用問，就知道他們在講誰。

第三位發言的是史托克（George Stalk），他一九七八年就進了 BCG 至今。他對大家說：「他的外形與大腦同樣都讓人敬畏，我很怕他……在公司裡我總是盡可能避開。」

最後一位見證人克拉克森（John Clarkeson）是當時 BCG 的執行長。他自稱在「韓德森所謂『公司無法雇用任何人』的時期獲聘的，我猜很多人都想逃開他的影響範圍，但事實上，每個接近他的人都會因此改變事業方向。我確信，有些人完全沒有想到會有那樣的改變」。

不論大家喜不喜歡，韓德森就是能夠將他們連結起來。這是孤單的工作，卻能讓世界變得更小、也更豐富。

諾貝爾經濟學得主的詮釋

唯有當我們想像超級連結者不存在的情形，才能充分了解超級連結者得有多麼了不起的能耐，才能為不相似的世界搭起橋梁。人總是喜歡待在同溫層，和認識的人共處當然比不認識的人還要自在，與來自陌生文化與背景的人互動難免綁手綁腳。人的本能自然而然會偏好自己人，忽視或甚至污名化超乎自身經驗的團體。一九七八年，優秀的經濟學家謝林（Thomas Schelling）指出，這種傾向很容易造成分裂，即便你只是對自己人稍微偏心，大家也會睜一隻眼閉一隻眼。[25] 他運用棋盤來說明，一個城市裡兩種不同的人原本可能很融合，一段時間後卻會漸漸分隔開來。謝林的模組適用於任何兩組不算天生合拍的人、事業或地方：例如黑人與白人、什葉派與遜尼派、年輕人與老人、帥哥正妹和一般人；或是教會與妓院、汽車零件店與高檔服飾店、醫院與夜

店。謝林並未假定相關的任何人對另一個團體抱持偏見，只是假定當多數鄰居與自己相異時，任何人都會感到孤立與不安。

就以黑人與白人為例，謝林的模組可找出下列規則：一個人若只有一個鄰居，而鄰居的膚色與自己不同時，那個人就會想要搬家；一個人若只有兩個鄰居，會希望至少有一個鄰居與自己膚色相同；有三到五個鄰居的人會希望至少有兩個鄰居與自己膚色相同。這種偏好與一個城鎮是否族群融合並不衝突。謝林運用棋盤代表六十個人，一半黑人一半白人，棋盤邊緣留下四個空位（棋盤是橫豎各八格）。他先將黑白棋子放置在棋盤上，放置的方式依據他的規則可讓每個人都滿意並融合在一起。

接著他顛覆系統的和諧，他先隨機抽出二十個棋子，然後隨機在其中五個空位放入黑棋或白棋。這樣隨機弄亂後，至少會有一些棋子與同類分隔，依據謝林的規則，與同類分隔的棋子所代表的人就會變得比較不開心。這些人會嘗試搬到靠近同類的地方，結果往往造成其他人被孤立，也不得不搬遷。

你也可以用自己的棋盤試試看[26]，結果非常有意思。別忘了，一開始人們住在一個完全融合的城鎮裡，生活得很滿意，但當一些人隨機搬遷後，最後將變成白棋黑棋各自群聚。最後，可能會朝著完全隔離的狀態發展。

所幸在現實世界的多數地方，人們比謝林的規則所顯示的更寬宏大量，因而能讓多元化繼續存在。然而，這個實驗的確強烈顯示出我們總習慣與自己的同類在一起，甚至連輕微的偏好也可

能導致同類群聚的結果。還記得米爾格倫的小世界實驗嗎？他要探討這世界究竟是由大體上互不相干、分開的一群群相似的社會結構所組成的，還是世上每個人都連結到其他人。我們可以合理推斷，謝林應該比較贊同讓人沮喪的第一種說法。

如果是這樣，他就錯了，但這絕不表示他的模組或所模擬的現實狀況不存在。謝林描述的傾向確實存在，甚至是無所不在——人類確實是很喜歡搞派系和小團體，且往往造成不愉快的結果。只有一個因素可以推翻謝林描述的傾向，那就是超級連結者出現、並將不相似的團體連結起來。超級連結者是少數中的少數，卻能將我們全部串連在一起，建立原本不存在的連結。少了他們，我們將退回不同部落各自為政的時代，過著不安、壓抑、貧窮的生活。

然而，有超級連結者消弭這世界的歧異，人們可以享有豐富、自由的生活，他們的影響力還不只於此，很多機會來自到目前為止還未描述過的一種超級連結者，這種人對一般人進行連結的方式並沒有特別熱衷。

串起深度連結的場域

此處鳥不生蛋，沒有動植物或昆蟲，但在八月下旬，你可能會看到一位裸女裝戴著蜻蜓翅膀騎腳踏車經過。

這裡是地球上面積最大的平原：美國內華達州空曠、荒涼的

黑石沙漠（Black Rock Desert）。在烈日炙烤下，氣溫可達攝氏四十三度以上，晚上卻又降到接近冰點。乾鹽湖龜裂的表面很容易碎成粉塵，下雨時變成黏稠難行的泥地，沙塵暴來襲時卻又塵霧漫天飛，讓人呼吸困難。

每年八月底，大約有五萬人來到這個自然界的聖地；開著汽車、露營車、拖車或巴士。過不了多久，就會有人搭起建物遮風防曬，讓這短暫存在的營地成為內華達州的第三大城。藝術與魔幻以不可思議的規模在這沙漠中平地而起，到了晚上，用木頭與廢金屬的創作在燈光與火燄的襯托下更顯得詭譎虛幻。這裡有奇裝異服、隨興表演、魔幻銳舞。五彩繽紛、稱為「藝術車」的變種車輛龜速行進，古怪的比賽與異教儀式登台上演，誇張扭曲的比例與對傳統的挑戰隨處可見。為期一週的集體藝術派對展現出另一個世界，這裡是狂野表現的聖壇。在節慶的最高潮，大家會燃燒巨型木偶，熊熊的火燄照亮沙漠的天空，彷彿一群史前人類圍繞火堆，融合了現代人無垠的自信。

火人祭（Burning Man Festival）現已是北美最大的次文化活動，最早可追溯到一九八六年一群朋友在舊金山貝克海灘的聚會。哈維（Larry Harvey）與四個朋友平常就在舊金山的地下藝術圈滿活躍的，有一次他們舉辦營火之夜，主題是燃燒兩百四十幾公分高的木偶。這項活動愈來愈受歡迎，於是移師到沙漠舉辦，哈維等人創造出吸引人的構想與務實的組織方式，造就了火人祭成為特殊的文化現象。

從頭到尾，貫串整個活動的是志同道合、大自然、營火、群體參與、自由自在的感受。裡面完全不涉及營利的動機，唯一的商業活動僅是銷售門票、冰品與咖啡，整個經濟活動主要仰賴捐贈與志願服務。每個人都很熱心幫忙。狗、槍枝、一般車輛與手機都禁止進入。活動一結束，整座城市消失無蹤。活動背後有一個以志工為主的組織，事前忙碌數月、做好一切準備；很多巨型藝術品甚至要花一年以上的時間，在其他地方製作。

　　多數人參加後都大受感動，有些人甚至永久地被改變了。他們參與了一項龐大的實驗，暫時改寫社會規則，從全新的角度看待事物，很多人覺得從來沒身處如此自由的地方。火人祭無是一個奇特的超連結結構，人們在嚴酷的環境中共同經歷一種刺激、靈性的經驗。隨著活動的擴大，哈維與朋友或許得很努力地去維持其純粹性；但不論未來如何發展，他們已經創造了一個奇妙的新場域，讓參與的人得以進行深度的連結。

　　由此看來，超級連結者不僅是在既有的世界裡將每個人連結起來，或是為不同的世界搭建橋梁；真正富有創意的超級連結者還可以將許多人拉進一個全新的世界。當你在陌生人之間建立弱連結，最後可能形成全新的樞紐，火人祭就是最好的例子。這個一年一度的活動歷時八天，主要由志工引導，除了結構特殊，與傳統樞紐明顯不同之處還有活動成果。這項慶典不僅能促進合作，參與者得到的自由比失去的更多。但火人祭也有其矛盾之處：一些深具影響力、吸引人的人際連結也許看似混亂無章，但

終究需要有某種團體結構，才能盡量擴大與延續個別的連結。下一章我們會談到，樞紐縱使常與弱連結互相矛盾，但它正是弱連結不可缺少的輔助力量；社會的進步通常便是仰賴人們在團體中互助合作的能力。

找出超級連結者

我們見過一些很不像超級連結者的超級連結者：這些人出乎意料的只是很普通、平實的正常人。但還是有一些我們稍後會檢視的數學法則顯示，絕大多數的人際連結都是少數人的傑作。我們之所以能全部連結在一起，並不是因為所有的人大致分攤了連結的工作，而是因為少數人，如夏倫鎮的服飾商傑科斯，他們太擅長連結，為我們完成了大部分的工作。

但即使我們不是、且可能永遠不會是超級連結者，仍然不應坐等傑科斯之流承擔全部工作。我們可以擴展自己的弱連結，更明智、更頻繁地為他人搭上線，讓弱連結發揮更大的作用。我們可以找出周遭的超級連結者，善用他們的網絡。別忘了，超級連結者通常都很開放、且容易親近（韓德森是較少見的例外）。我們可以更謹慎選擇要加入哪些團體，當所屬的團體讓我們停滯不前時，也應好好考慮退出。

接著，我們來檢視生活中的樞紐以及樞紐對我們的奇特影響。

05

出人頭地的方法就是加入強而有力的團體。
社會生活的重點並非完全無限的競爭，也不
是一般的合作，而是將兩者巧妙結合，賣力
競爭以求與最優質的對象合作。

——經濟學者 席柏萊特（Paul Seabright）[27]

樞
紐

以合作為基礎

　　弟子問佛陀:「極樂世界與地獄是什麼樣子?」

　　佛陀微微一笑,帶領他到地獄。那裡的人圍坐在一張長桌旁,桌上擺滿山珍海味;但每個人手上綁著一公尺長的筷子,誰也無法將食物送進嘴裡。人們又餓又生氣,開始爭執吵鬧。

　　接著佛陀又帶弟子到極樂世界。乍看之下與地獄並無差別——同樣是滿滿一桌豐盛的美食;而那裡的人都面帶微笑,用長長的筷子餵彼此吃東西。人們形成或大或小的團體,互助合作達成共同的目標。

　　所幸按照這個標準來看,人類的生活還是比較接近極樂世界。自古以來,人類社會的進步就仰賴著團體的合作,從最早的狩獵團會一起將獵物驅趕到狹窄的通道,以便一舉成擒,到現代則有歐洲核子研究組織(CERN)的科學家團隊精密配合(該核子研究組織位於日內瓦附近,透過原子的撞擊探究宇宙的奧祕)。人類會聚在一塊兒交際、合作、一起建構組織,達成單槍匹馬做不到的目標,這樣的地方就叫做樞紐。我們最深刻與最結構化的關係(強連結)都發生在樞紐。

　　樞紐是人與人合作的主要場所與主要管道。當然,我們也可以透過弱連結來合作:例如向陌生的路人問路,或是某位點頭之交為了應徵工作向我打聽相關訊息。但不論是情感、社會還是經濟方面,最深刻、成果最豐碩的合作多半在樞紐發生,亦即眾人

彼此之間密切與結構化的關係：如家庭、朋友圈、工作夥伴等。這些關係每天都在創造合作與生產的新奇蹟，讓我們能超越生物的傳承，創造更大的科學／經濟成就。這種合作的驅力深植我們內心，甚至會在看似最不可能的情況下發生。

舉例來說，第一次世界大戰是現代史上最殘酷的一役，英法聯手與德軍對戰。兩軍築壕溝對壘，綿延七百六十五公里，競相朝中間地帶推進。這場戰爭使用的是廉價而且不斷貶值的通貨：人命。再也沒有一場戰爭投入更多的士兵（七千萬）、或犧牲更多人了（包括百姓共二千萬；另有二千萬人重傷）。光是一九一六年七月一日這一天，英軍便死了一萬九千兩百四十人，隨著索姆河之役（Battle of the Somme）展開，三萬八千多人傷亡，多數都在開戰的第一個小時被屠殺。

儘管死傷慘重、完全超乎戰爭一開始的預期，對照戰爭的目的也完全不成比例；雙方的將領與政客都堅持要殲滅對方，贏得無條件的勝利。但即使在這樣悲慘的情況下，敵對的第一線士兵之間依舊能形成自發合作：一方的軍隊依上級指令對另一方發射追擊炮，但選擇了固定的時間與地點；敵軍也採取同樣的方式進擊，傷亡因此大幅減少。在沒有任何正式的溝通下，兩軍卻能發展出一種合作的策略，讓彼此至少可以暫時鬆一口氣。[28]

多數人都能憑直覺了解樞紐在生活中的重要性，尤其是樞紐內部的合作行為。與弱連結不同，我們對樞紐熟得不得了，看看我們每天參與的團體結構就知道了：家庭、職場、社團以及生活

裡的各種控制中心。學校是樞紐，死黨與教會是樞紐，我們的朋友圈、或幾個性質互異的朋友圈也是樞紐。

樞紐的核心是主導樞紐的人，接近核心的還有樞紐的創造者；如果是公司，則是主要經營者。更外圈還有花很多時間待在樞紐裡的人，像是員工、志工或其他參與者。

樞紐之外還有一些人攸關樞紐的成敗，也就是與之連結的人，如產品或服務的使用者、供應商、社區等。一個樞紐若是欣欣向榮，通常外部連結來的人會比內部多很多。凡是受歡迎的樞紐必能產生經濟、社會或心理的益處。一個樞紐若是比其他相似的競爭樞紐接觸更多人，就是受歡迎的明證。例如 Google 就比其他搜尋引擎受歡迎，羅馬天主教比山達基教會擁有更多信徒（也更有錢）。

我們醒著的多數時間都待在樞紐裡，當然對它們很熟悉。但就像很多事情都是當局者迷，我們往往很難理性、周延地審視樞紐。一個人是否能發揮所長或感到幸福，某種程度上取決於這些樞紐——包括樞紐的品質、樞紐是否與我們的願望相符、我們在樞紐擔任的角色等。這樣說來確實有點奇怪：我們並不常刻意或謹慎地思考我們所參與的樞紐（後續會進一步探討理由）。例如你是否想過你正參與哪些樞紐？你能有什麼貢獻，又能從中獲得什麼？你參加的樞紐適合你嗎？什麼力量讓你繼續留在裡面？你應該參加不同的樞紐嗎？除了原生家庭，你可以盡情選擇要隸屬哪些團體，以及在裡面扮演的角色。樞紐的選擇顯然攸關我們的

人生，但確實有很多理由可能會讓我們做出不明智的抉擇。首先且讓我們深入探討樞紐對人類的重要性，以及為什麼現在有這麼多樞紐可供我們選擇。

▍專門化

專門化（specialise）是人類進步的關鍵。樞紐裡的每個人負責不同的工作，專心做自己比別人做得更好的部分；同樣的道理，每個團體也都專注發展本身表現**最優異**的領域。仔細想想，專門化（也就是經濟學家所稱的「分工」）正是互助合作的最高表現。個人憑一己之力絕不可能追求自給自足，當這個社會專門化的程度愈高，人與人互相倚賴的程度也就愈深。鞋子、數學課、精密固定的機翼、法律見解等都不能吃；換句話說，專門化意味著我們必須與人交換產品與服務，在綿密的互惠網絡裡互相合作。可以說差異讓我們連結在一起，人與人不會因分工而分歧，反而更加凝聚。

人類應該是第一種學會專門化與交易的智慧型動物。智人組成了最早的專門化樞紐家庭，男女各扮演不同的角色；男人專門獵殺大型動物，女人採集植物、照顧幼兒，有時也獵捕小動物。考古學家說，人類很早就開始交易，至少四千年前就開始了，有些部落會製作優質的打獵武器，有些則到數百里外的海邊收集貝類做成飾品。因此，人類的專門化表現在團體之內以及不同團體之間。

尼安德塔人早在智人之前就已存在，兩者的存在也重疊了一段時間，前者顯然更強壯、速度更快，且至少和我們的祖先一樣聰明。但他們沒有按照性別分工——男女小孩都要獵捕大型動物，且各部落並未發展專門化的功能，部落之間也沒有交易。因此，專門化是人類的創新，或許就是智人能夠存活下來、而尼安德塔人已經消失的原因。

其後人類專門化的程度愈來愈深。[29]

▌同理心

知名的哈佛心理學家平克（Stephen Pinker）說，人類之所以比其他物種優越，是因為人類具備了三項互相交織的特質：語言、社會合作與專門技術。三項共同演化，人類因此能夠合作並發揮更大的效果。[30] 另一位心理學家高曼（Daniel Goleman）加了一個有趣的思考角度，強調同理心已成為人類的特質，正因為我們能夠以彼此相似的方法思考與感覺，才更容易促成團隊合作。[31]

高曼說，人類潛意識裡能互相協調、產生共鳴，因而本能上具有同情、同理與利他的能力。經過長時間的演化，我們的神經反應已能自動反映周遭其他人的感受、經驗與行為。在下面這段廣播報導裡，請注意報導者的同理反應是很即時的，同時也請你自我審視，在想像那樣的場景時，自己會有什麼反應。

興登堡號（Hindenburg）是德國以氫氣填充、載客用的齊柏

林飛船，在當時是史上最大型最豪華的飛行器。一九三六年興登堡號橫越大西洋十七次，其中一次來回花不到六天，創下了世界紀錄。一九三七年五月三日傍晚，興登堡號離開法蘭克福，平安無事地越過海洋。三天後，我們從收音機聽見它在紐澤西降落的消息，報導的記者是莫里森（Herbert Morrison）：

　　現在已經停下來了，他們從飛船的前端拋下繩索，地上有幾個人拉住繩索。又開始下雨了，剛剛雨勢有稍微緩和了些。

　　飛船後面的馬達讓船保持……

　　燒起來了！燒起來了，飛船在往下掉，要墜毀了！注意！注意！快閃一邊去！快跑！聽好，查理，聽好！飛船著火了—要掉下來了！真的要掉下來了！

　　天啊！快躲開，拜託！火燒起來了，冒出火燄；那個……掉在繫留塔（mooring mast）上……

　　墜毀了，天啊！在高空四、五百英尺……各位聽眾，真的毀了。到處都是煙霧、又是火燄，火燄在地上燒，不是繫留塔上。

　　噢，可憐的人！到處是乘客的哀嚎聲，我告訴大家……

　　我甚至沒辦法和現場的人說話。他們的朋友就在那裡。唉！真是……真是……唉！我說不下去了，各位。真的，就倒在那裡──一團冒著煙的殘骸。唉！每個人幾乎都無法呼吸和說話……各位，我，我，很抱歉。真的，我簡直無法呼吸。我得走進去了，進去之後我將看不到現場的情形。[32]

短短三十七秒，興登堡號便被火燄完全吞噬，因此莫里森沒有時間分析眼前的景象。我們聽到的是未經過濾的意識流報導，他含淚懇請那些看不到或聽不到報導的人趕緊逃離危險。同理心主宰了他的反應，甚至讓他顫抖起來。

　　當然，這段著名的廣播是同理心的極端例子。但其實我們每天、甚至每小時每分鐘都在運用同理心，從日常瑣事到光怪陸離的經驗，遍及各式各樣的人際互動。下文是本書作者洛克伍德描述他在辦公室的同理心經歷，就在我們撰寫這一段文字時發生的，那是一件看似不起眼的插曲，任何人隨時都有可能在不同的情境下，有過類似的體會：

　　「請告訴我經理的名字，」說話的人口氣很急迫，**「我要知道你們經理的名字。」**我正在想事情，思緒被同事的聲音打斷。

　　好奇。他反覆要求的聲音充滿整個辦公室，讓我不能不注意聽他夾雜英法雙語的說話內容，想必是與馬賽的伊比利亞航空櫃檯客服人員起了爭執。我拼湊出一個大概：因伊航超賣座位，導致他的十四歲女兒困在西班牙馬拉加（Málaga）。此刻他低聲對著電話怒罵（我猜被按了靜音），聽得出來心情非常氣惱。

　　驚慌。我自己也有一個女兒，年紀比較小，是家中的寶貝。當我想像她因為行政單位無能──或因更糟糕的商業詐騙──被迫困在異國，當然會非常火大。只聽他的語氣愈來愈激昂快速，他以簡短的法語努力與客服人員溝通，除了口氣與用語，他大概也無

處宣洩。

憤怒。這是不對的！他們怎麼可以這樣？辦公室裡的氣氛繃得很緊，我被他的怒氣感染。我發現我的下巴僵硬，彷彿將參與一場想像中的鬥毆。

然後，慢慢地事情有了一點進展，緊張的氣氛略為紓緩。小女孩最後終於被安排搭上回家的飛機了。

終於，鬆了一口氣。

我們似乎天生就能與周遭的人連結。當我們在面對面的團體中、在熟人面前，同理心最強烈。高曼說：「關係親密的團體——家人、工作夥伴、朋友——總能引發微妙、強大、地心引力般的羈絆，讓大家對大多的事物產生相似的想法與感覺。」[33]

樞紐的轉換

綜觀歷史，人類樞紐的數量與種類一直穩定在增加，但速度極其緩慢，直到三百年前才大幅改變。在石器時代，人類只有三種樞紐：家庭、部落以及男性打獵團隊。大約在西元前九千年，我們的祖先開始從集獵轉移到「農耕」，豢養動物，種植作物。但樞紐的數量並沒有多少差異，對多數人而言依舊只有家庭、部落、農場，可能還有市場。且樞紐的類型通常在人一生中都沒有改變，只有探險家、商人、社會的上層階級才可能一輩子體驗

三、四種以上的樞紐。幾千年來，人類的生活方式非常固定，且局限於一定的範圍。

接著發生了工業革命。一般人開始踏入現代社會：大都會周圍的城市、中學與大學、轉換多種工作、旅行與遷居、參加俱樂部、從事休閒活動、加入志願團體、自由選擇朋友圈。人們開始四處遊走，就像我那段背包客歲月，遇到想都沒想過的人或團體。

這些發展導致人類生活有了重大的改變，樞紐的數量以及可選擇的種類大增。想想看你經歷過的樞紐──出生的家庭、結婚建立的家庭、你所屬的不同朋友圈、讀過的各級學校、從事過的工作，可能還有同一公司裡不同的工作團隊、你參加過的運動俱樂部、健身房、學會或休閒團體、社會團體或志願團體、其他志同道合的團體、曾一起旅行或交往的一群人等。你參加過的樞紐可能有幾十個甚至幾百個。

不僅如此，我們可以參加的**潛在**樞紐更是數以百萬計，而且還在不斷增加。有了無阻力的傳播與平價旅行之後，人類的連結網絡交織得更密也更廣。我們可以輕易形塑、維持與更新連結，甚至可以在實體或虛擬的城市、市場、社會團體同時與數百人或數千人互動。新的團體可能以你始料未及的方式瞬間形成或改變形式。

人類一輩子的生活從只有極少數樞紐變成了多重樞紐，從歷史的角度來看等於是發生在轉眼之間的急劇變化。過去我們只與

少數極固定的團體互動，現在則是與許多快速變動且難以預測的團體往來。在過去的社會，每個人一生中只接觸過少數樞紐，現在則是參與許多樞紐；過去的樞紐大抵是命中注定，現在則是自己想要選擇或創造多少樞紐都可以，你簡直無法想像人類社會曾發生過比這個更深刻的改變。

但這樣的改變有什麼好處、或有什麼壞處嗎？

▌十八世紀的《百科全書》

狄德羅生於法國一個富裕家庭，父親希望他成為牧師或律師，二十一歲時他卻違抗父親的願望，決心成為作家，父親遂斷絕了他的經濟來源。但狄德羅不為所動，他慢慢確立自己在文壇上的地位，最後終於有一位重要的出版商請他將英國作家錢柏斯（Ephraim Chambers）的《百科全書》（Cyclopaedia）譯成法文。狄德羅讀了之後大失所望：內容四平八穩、了無創意，完全局限在學術界認可的主題。因此，他不想翻譯，而是想到一個完全不同的計畫——讓所有識字的人都能輕易獲得每一門知識，包括各行業非常實用的操作。一七五〇年，狄德羅發表法文《百科全書》（Encyclopédie）的簡介，引起一陣熱潮，一年後第一卷終於問世。

剛開始相當順利。狄德羅召集了許多撰稿者，其中包括知名作家與沒有名氣的工匠，總共吸引了四千人參與，在當時確實是了不起的成就。但法國當局發現書裡的內容有顛覆的意涵，太重

視平凡百姓與理性思考；對傳統、君主政體、貴族與教會則是著墨太少。當局開始去騷擾狄德羅，他的合作夥伴紛紛打退堂鼓。

但他並沒有放棄，他自己寫了幾百篇文章，監督印刷，不眠不休地校對，把眼睛都搞壞了。經過二十年的長期辛勞，忍受警察一而再再而三的干預、與世隔絕的生活，終於在一七七二年完工。後來狄德羅卻發現，出版商在最後一刻刪減了許多篇幅，凡是具有政治敏感度的都被刪除了。若說這項計畫殺死它的原創者，一點也不誇張。

歸根究柢，《百科全書》是實務與學術上了不起的成就，但作者付出極大的代價，也並未達成讓普通人都能親近知識的目標。由於訂閱的費用太高，又沒有公立的圖書館，《百科全書》的讀者主要還是局限於富裕階層。

▌二十一世紀的「維基百科」

威爾斯（Jimmy Donal Wales）有一個很棒的構想：創造一部免費、多語言的線上百科全書，全部條文都開放給任何想要撰稿的人無償撰寫編輯。威爾斯對這個構想深具信心，甚至自己出資。不久，他聘請了哲學家桑格（Larry Sanger）擔任統籌（兩人先前合作過另一項百科全書案）；維基百科 Wikipedia 這個名稱就是桑格想出來的，也是他主張運用維基科技（wiki technology）這種特殊設計的網頁，讓任何人都可輕鬆修改內容。

這個構想竟然成功了，讓很多人跌破眼鏡。才推出不到一

年，二〇〇一年底維基百科已經有十八種語言寫成的二百篇文章。在我撰寫本書時，更已累積到兩百七十五萬篇英文文章，若加計以另外二百六十種文字寫成的條目，總計有一千兩百萬條，在全球資訊網被造訪的網站中排名第七。

維基百科的資源非常豐富——短短幾秒鐘內，你幾乎可以針對任何主題獲得高品質的資訊。但維基百科最了不起的地方是撰稿人的用心與專業，所有的人都是無償付出。哈佛柏克曼網際網路與社會中心（Harvard's Berkman Center for Internet and Society）的研究員溫柏格（David Weinberger）指出，維基百科的「重要性非比尋常……充分證明了一件事……現在我們確切知道，人類某些龐大且極度複雜的工程，可以透過去除大多數控制元素的方式創造出來。」

但有一個問題還是值得探討：維基百科與兩百五十年前狄德羅的計畫究竟有何不同？

兩者的相似處很明顯，他們的目標一樣；最早提出那個夢想的狄德羅本身是哲學家，威爾斯則是聘請一位哲學家；兩項計畫都極具開創性，都仰賴眾人的合作；兩者都獲得很可觀、但也不免引起爭議的成果；兩者都造福了廣大的讀者群，讓大眾第一次能夠輕易接觸書中提供的知識。

但兩者也有兩項明顯的對比。第一是合作與成就的規模：狄德羅至少剛開始有一百多人一起合作，威爾斯則號召了超過十五萬人投入；狄德羅必須找尋、勸服合作夥伴，還要付給酬勞，至

於威爾斯動用的人才——他甚至不知道有這些人存在,也沒有付過半分薪水;狄德羅的作品供數千人使用,維基百科的使用者則以億計。

第二項差異在於兩者的難易度:狄德羅像奴隸一樣辛苦了二十幾年,威爾斯在維基百科只是兼職,且一年內就非常成功;狄德羅傾注一生的心力,讓他精疲力竭,威爾斯的人生卻因維基百科大幅提升;狄德羅被當局迫害,威爾斯則是大受歡迎,二〇〇六年更被《時代雜誌》列為全球百大影響人物。

我們該怎麼解釋這些差異呢?若說威爾斯比狄德羅聰明或用心、或更擅於溝通,恐怕很值得懷疑。應該說威爾斯很幸運活在這個時代,可以輕易達成大規模的合作,獲致的成就又是如此傑出。拜科技進步之賜,現在合作與通訊的成本大幅降低,卻可以維持很高的品質。此外,知識受到的政治干預減少很多。一般人要將個人所知貢獻給任何樞紐都變得容易許多,其他人也可輕鬆與之連結。

隨著歷史向前開展,全球的人口、合作性樞紐的數量與種類、樞紐所能達到的成果,將地球上幾乎所有人串連在一起的弱連結數量都繼續累增。連結的困難度大幅降低,所要付出的成本也以同樣的速度減少。比較過去與現在人類合作的性質,差異是相對表面的;背後有很深的延續性,成果也愈來愈可觀。

一切聽起來似乎都很樂觀。前面提過,樞紐是人類合作與進步的基礎。近年來,樞紐的數量、種類與成果增加的幅度都很驚

人。但請聽聽馬丁‧路德‧金恩（Martin Luther King）博士怎麼說：「人類的一切進步都是不穩固的，解決了一項問題之後，接著必然將面對下一個問題。」

毋庸置疑，樞紐與目前的榮景也是如此。

學會選擇

心理學家史瓦茲（Barry Schwartz）對著一大群人演講。他穿著紫色T恤、黑短褲、白襪配黑白運動鞋，看起來一點都不像教授。他在講台上踱步、語氣激昂，與其說是心理學家，似乎更像個辯論家。而且他喜歡用卡通而非研究成果來說明他的論點。

史瓦茲說，固有的社會觀念相信：選擇帶給人更多的自由與福祉，沒有選擇的人生讓人無法忍受，選擇愈多愈好。但若超過一定的限度，太多選擇便沒有什麼價值，甚至反而有害，問題就是我們的生活中充斥了大量的選擇。那位教授住家附近的超市有兩百八十五種餅乾、七十五種冰茶、兩百三十種湯、四十種牙膏和一百七十五種沙拉醬。他說，利用某間消費性電子商店的原料，可以組裝出六百五十萬種不同的音響。很久以前這世上只有一種電話，大家都得向電話公司租用；現在幾乎有無限多的選擇，隨便買一支手機都必然具備講電話以外的各式功能。

在醫療方面，以前醫生會告訴你該怎麼做，現在則是說：「你可以選擇A或B。A有這些好處和風險、B另有這些好處和風險。

你要怎麼做？」選擇雖然變多了，但也將責任從應該知道答案的人轉移到不知道的人身上。

再談工作。史瓦茲說，拜高科技之賜，現在我們每一天的每一分鐘都可以在地球上任何地方工作——唯一的例外可能是幾乎沒有網路的牛津蘭多飯店（Randolph Hotel），此話一出，引來不少會心的微笑。也就是說，醒著的每一刻，我們都可自由選擇要不要工作。

但這麼多選擇究竟是好還是不好？史瓦茲的答案是「好」。大家都已經知道選擇的好處，因此他要談談兩個壞處。第一是太多選擇讓人失去行動力。他舉退休金的研究為例，當人們有很多選擇時，參與的人會比較少，因為他們不知道該如何在眾多基金中做選擇。「這些人不僅退休後生活堪憂，也放棄了享受雇主一定比例的提撥。」

第二，選擇較多時，我們的滿意度會比較低。選擇多代表「機會成本」比較高——**因決定做某件事而無法做其他事**。史瓦茲以一幅漫畫做說明：有一對夫妻到漢普頓（Hamptons）去度假，兩人獨享美麗的沙灘和夕陽。丈夫對妻子說：「我忍不住想到西八十五街一定有好多空的停車位。」史瓦茲似乎認為這個笑話很真實地反映人們的不安。

選擇多也會讓期待更高。史瓦茲花很多篇幅講述買牛仔褲的故事，他花了一小時試穿了很多條牛仔褲，最後買了一條有史以來最合身的，但他還是覺得不滿意，因為那一件雖然不錯，卻不

是最完美的。「我的狀況其實變好了，感覺卻更糟，以致必須寫一本書來給自己一個解釋。」他展示另一幅漫畫，丈夫對妻子說：「以前一切都比較差，反而什麼都好。」為什麼？「因為那時候才可能有驚喜。」

如果說一切不再像我們期望的那麼美好，這是誰的責任？答案是你和我。你有那麼多選擇，若能適時做出正確的決定，你的情況的確會改善。近幾十年來憂鬱症與自殺率爆增，史瓦茲認為，原因之一是太多選擇讓人不快樂：「我們早已越過選擇愈多愈好的那個點。幾百萬年來，人類一直都是依據簡單的判斷求生，也許從生物學上來看，我們還未準備好面對現代社會的這麼多選擇。」[34]

有一些經濟學家格外反對史瓦茲的看法。他舉的一些例子似乎有些牽強，尤其是與購物相關的例子。生活瑣事上做選擇不是大問題，買到合身的牛仔褲會讓他這麼不開心實在難以令人信服。但我們且拿他的觀點和樞紐的選擇來合併討論。他並沒有提到這一點，但選擇樞紐是很重要的問題——包括家庭的建立、朋友圈的形成，選擇加入哪一個工作團隊、教會、俱樂部等。

樞紐的選擇為何在今日變得如此困難？因為選項幾乎是無限多、因為每個選擇都可能改變我們的生活、因為有些選擇不是那麼容易扭轉、因為一切並不是那麼截然分明。潛在新樞紐的相關資訊有時很模糊，我們除非身在其中，否則可能永遠無法知道真正的情形。

因此，我們應該妥善選擇，問題是樞紐裡的牽引力可能會讓我們誤入歧途。

舉個例子，二○○八年夏天，日本厚生省（Ministry of Health）判定，參與 Toyota Camry 油電車計畫的一位四十五歲的工程師**過勞死**，他的妻兒因此得以從前雇主那裡拿到撫恤金。[35]日本官方統計，每年過勞死的人數都有一兩百人，但也有人估計超過一萬人。

這對西方人來說是多麼陌生的概念！但話說回來，或許也不是那麼陌生。你周遭是否有人為了工作而犧牲婚姻？在道德上妥協？或住在不喜歡住的地方？因為工作壓力過大危及健康？或是花太多時間工作、或泡在社會團體裡，而讓自己與家人痛苦？樞紐裡有些東西並不符合我們的最佳利益。

集體思維的陷阱

▎ 豬玀灣事件

一九五九年一月，卡斯楚的軍隊在人民的歡呼聲中進入哈瓦那，推翻人民厭恨的巴蒂斯塔（Batista）獨裁政權，宣布民主新時代來臨。四月，卡斯楚到紐約訪問，對美國民眾展開魅力攻勢。他大啖熱狗漢堡，告訴紐約客：「我不贊同共產主義，我們是民主國家，反對任何形式的獨裁者。」

但卡斯楚未能如願獲得美國的支持，總統艾森豪甚至拒絕與

他見面，卡斯楚便轉而親蘇。不久，艾森豪指示中情局策劃推翻卡斯楚。一九六一年初，甘迺迪當上總統，繼續進行入侵計畫。中情局訓練了大約一千四百名古巴難民，讓他們在豬玀灣上岸，以此做為人民叛變的訊號。美國不會提供軍隊或空中掩護，因為他們深信古巴人民自己就可完成任務，因為邁阿密的古巴流亡人士幾乎都反對卡斯楚。甘迺迪的顧問與將領一致認定這項計畫會成功，和艾森豪的顧問一樣，民主、共和兩黨很難得意見完全一致。大家都同意入侵是必要的，因為卡斯楚向蘇聯購買核子飛彈，如此危險的武器近在咫尺，美國當然不能接受。

關於蘇聯飛彈的情報是正確的，但認為卡斯楚失去民心卻是大錯特錯。當古巴難民一上岸豬玀灣，就被卡斯楚的軍隊輕鬆打敗，同時哈瓦那正大肆慶祝卡斯楚的勝利。甘迺迪為這項失敗負起責任，聲譽大損，以致他開始考慮再豪賭一把，強迫蘇聯領導人赫魯雪夫（Nikita Khrushchev）撤除飛彈。

奇怪的是，在入侵古巴之前，普林斯頓大學的國際社會研究院才剛進行過古巴的民意調查，結論是古巴人民「目前對卡斯楚的壓倒性支持不太可能改變」。調查結果不但公布了，還提供副本給美國政府；除了這項調查，並沒有人提出相反的調查結果（公開或祕密的調查都沒有）。警訊是明顯存在的，普林斯頓的報告卻完全被忽略，美國也因此付出慘痛的代價。

▌水門案

尼克森總統連任競選委員會（CREEP, the Committee to Re-Elect the President）的五名員工因闖入水門飯店（Watergate Hotel）被捕，他們的目的是在民主黨全國總部安裝竊聽器，以竊取競選文件。同樣受雇於該委員會的白宮前助理里迪（Gordon Liddy）與韓特（Howard Hunt）稍後也被捕，七人都在一九七二年九月十五日被起訴。

尼克森與親近的顧問團會大驚失色不是沒有原因的。他們從墨西哥運作大筆賄賂基金收買竊賊，當然也能用這筆錢封住他們的嘴。這些錢用於競選舞弊、政治間諜與破壞、非法監聽等。但若不是尼克森在白宮錄下了他和親信的對話，這些事都不會曝光。因為一連串的意外，這些錄音帶被公諸於世，內容顯示尼克森與主要顧問——艾利舒曼（John Ehrlichman）、霍德曼（H. R. Haldeman）、狄恩（John Dean）、米契爾（John Mitchell）——涉及龐大的非法陰謀且試圖掩蓋。

為了避免被彈劾，一九七四年八月八日尼克森宣布辭職。隔天，他成為美國史上第一位辭職的總統。

總統與其高階助理進行龐大的非法勾當兩年多，期間相關人士沒有一位跳出來反對或表現出任何不安或懊悔。每個人都徹底效忠總統，且一致認定他們的行為非常正當。就連沒有涉案的資深官員也都效忠總統與認同政府的功績，因而看不清真相。舉例來說，當尼克森的違法證據陸續出爐、到了無法辯駁的地步，備

受敬重的國務卿季辛吉（Henry Kissinger）還是預言，歷史會認定尼克森是一位了不起的總統，水門案只是微不足道的注腳。[36]

▋結論

　　豬玀灣與水門案都是「集體思維」的最佳例證，團體成員致力尋求意見一致，以致思想相近；團員將世界分割成「我們」與非我族類，且常將後者刻板化或貼標籤；團體自絕於外界的資訊、意見或資料；相信只要團體凝聚在一起，外界的批評大可不加理會。集體思維是同理心的極端形式，也是團體合作的黏著劑。

　　少了集體思維，甘迺迪的親近部屬不可能輕忽卡斯楚在古巴內部的超高人氣；尼克森的親信也不可能視法律如無物，甚至連同黨議員都看不下去。最強勢、最富聲望的團體通常都是由非常聰明的成員組成，弔詭的是他們有時候反而會做出極端愚蠢的決定。事實上，樞紐的起落常常要歸因於集體思維。

　　另外還有權威人士也會讓問題惡化。這裡我們要再回到米爾格倫教授身上，這次要看的是他在送信實驗之前所做的電擊實驗。前面說過，參與實驗者得聽從穿白袍的權威人士指揮，讓他們傳送電流去「幫助」不幸又無助的人學習。米爾格倫認為，他的實驗顯示出「當個人的特質融入更大的組織結構時，的確有讓人拋開人性的可能——應該說這是無法避免的。」[37]

　　你或許會認為這樣的結論太浮誇，但方向是正確的。在組織

裡，我們通常都是聽令行事，但事實上很多人私底下的表現恰恰相反。權威者有時會讓我們做出違背良知的事：推銷客戶無法負擔的貸款、做出老闆想要看的數字、為了參加商務會議而錯失孩子的聖誕話劇表演等等。

樞紐裡的另一股黑暗勢力是從眾心理（conformity）。心理學家艾許（Solomon Asch）在五〇年代做過這方面的實驗，實驗者被告知顯然不正確的事情，例如長短略有差異的兩條線並列，卻說較短的那條較長。實驗若是個別進行，只有一％的人會認同錯誤的說法。但若是在團體中進行，只要第一個表達意見的人提供錯誤的資訊，可能便有高達四分之三的人會跟著錯。他們一定也知道是錯的，只是不想破壞現狀。

有時候我們明知留在某個團體裡對自己不好，卻還是勉強留在裡面，心理學家梅寧傑（Jut Meininger）提出了可能的理由：

> 身處團體裡的人有時會扭曲自己，寧可承受沉重的壓力或捨棄堅守一生的原則，只為了配合團體（樞紐）、為了留在裡面或讓它保持原狀。家庭……以及企業都是如此。

我們一再看到成熟的企業人強迫自己留在有害個人健康的企業……大家之所以勉強留在不健全的企業裡，可能是因為恐懼（害怕辭職後找不到工作），或因為計畫不周（為了物質生活不輸給別人，也就不能辭職、或慢慢找別的工作），或被上一代灌輸不正確的思想（辭職是草莓的表現，忠於一份工作比追求個人的

目標更重要，沒有人會喜歡魯蛇）……這一類人通常必須面臨選擇，離開企業或留下來繼續對企業不滿。[38]

留意狂熱現象

剃刀魚（Razorfish）是一家國際網路廣告公司，一九九五年由戴奇斯（Jeff Dachis）與卡那利克（Craig Kanarick）在克難的條件下成立。一開始連辦公室都租不起，便在戴奇斯位於曼哈頓的公寓上班。剃刀魚在二○一○年時有二十多間辦公室，遍布八個國家，員工超過兩千人。二○○七年微軟花了六十億美元買下了aQuantive，那是剃刀魚與另兩家數位廣告公司的控股公司。[39] 剃刀魚聲譽卓越，光是二○○八年便贏得超過二十五項創意獎項。

該公司另一項特色是員工極度用心、士氣高昂。舊金山辦公室總經理賽勒斯（Len Sellers）承認：「有人指責我們創造出像宗教一樣的氣氛。」你預期他會反駁嗎？錯！賽勒斯說：「我以前熱愛航行，但已經一年沒有上船了。本來有女朋友，但都因為受不了無趣與無奈而一個個離開。」最要命的一件事是：「我原本有一隻貓，現在跑去鄰居家了。」他最後做了結論：「女友離去還情有可原，連貓都跑了就真的很嚴重。」[40] 真的很慘！（注：二○○九年微軟將剃刀魚以五億三千萬美元賣給法國最大的廣告集團陽獅，後來幾經合併，現為 Publicis Sapient）

說到微軟，你可以任選一天的任何時候，走在微軟修整得漂漂亮亮的廠區，都會碰到一大堆員工。一位內部人士說：「這裡二十四小時都有人工作，公司的設計就是讓你可以永遠不用回家。」

　　律師布蘭納（Andrew Brenner）不久前到雷蒙市（Redmond）的微軟總部面試。他說，他碰到的每個人似乎都認為：「微軟一定會統治全世界，這已是個確定的結論。微軟的企業文化很強大。」對布蘭納而言，實在太過強大了——應徵流程還未結束，他就退出了。

　　嘉登柏格（Michael Gartenberg）是資訊科技研究集團 Gartner 的分析師，他認為微軟的文化是：「認真工作，比爾‧蓋茲永遠是對的；同仇敵愾的心態，比爾‧蓋茲永遠是對的。」[41]

　　達拉斯浸信會大學管理學教授阿諾（Dave Arnott）說，微軟、3M、安隆（Enron）與西南航空有一個共通點：它們都形成（或曾經形成）一種企業信仰。他表示，不論企業或宗教，狂熱信仰有三項特點：要求個人完全效忠與臣屬於組織、有一個「永遠正確」並頗具個人魅力的領導者、透過這種強烈且得投入大量時間的經驗，也就會讓追隨者與外界隔離。阿諾寫到：「一開始可能只是圍繞公司餐廳的冰箱聚會，最後變成百分之百的企業狂熱信仰。」[42]

　　你是否曾經陷入某個狂熱信仰？我有過。我在貝恩策略顧問公司時——那是貝恩（Bill Bain）在波士頓創立的管理顧問公司——我們被稱為「貝恩派」（Bainies），類似當時著名的「統一

教」（Moonies）。貝恩公司當然符合阿諾的三項標準。奇怪的是，待在那裡的三年帶給我很多收穫；我的多數同事（包括過去與現在的）似乎都有同樣的感受。每次調查最佳工作場所，貝恩公司幾乎都名列前茅。所有優良的企業都有強烈的文化，且多數都很狂熱；如果外界的連結完全被忽略，或者你不認同公司的價值抑或公司經營不善，當然會有危險，尤其可能危及家庭生活。但這類深刻的經驗有時候能帶給人很大的力量，前提是當你意識到危險的存在還能明曉此地不宜久留。留意狂熱現象

小心選擇，大膽決策

那麼，我們究竟該如何看待樞紐呢？

樞紐有很多好處，但也有壞處。

好處在於它是人類合作的重要所在，因為有樞紐，人類才能擺脫大自然的暴虐，建立一個各方面都較豐富的世界。人類透過分工發揮合作的效果——所謂分工就是創造出愈來愈多元與專門化的樞紐，這些樞紐能夠達成我們的祖先始料未及的成就，且過程中運用更少的資源，就可達到事半功倍的效果。各個樞紐或各國之間的交易是進步的關鍵，有利於創造互相倚賴的世界；隨著人際連結的數量增加，也能促進多元發展與鼓勵個別差異。

結果就是我們一生中參與的樞紐、以及能選擇的樞紐種類大幅增加。有很多選擇當然很好，但錯選機會付出的代價也相對增

加。

　　選擇權與專門化都能增加個人的機會與多元發展，讓每個人成為具有獨特才能、扮演獨特角色的個體。不論是新事業還是新的朋友圈，我們不僅能夠從無限多樣的樞紐學習、獲益，還能自由地創造自己的樞紐。

　　但太多選擇也可能超乎我們能承受的範圍。人生的喜怒哀樂往往取決於少數幾項決定（包括應該加入或離開哪些團體），但當我們面臨太多選項與時間壓力時，往往忽略了應該要多花時間思考。由此可見，我們應該認清樞紐可能暗藏的陷阱。前面提到許多心理因素會聯合起來造成「樞紐的引力」，諸如集體思維、權威、從眾、恐懼、易對眼前的人產生同理心等等，這些都可能讓我們無法保持思考與行為的獨立性。強大的樞紐會讓人投入許多時間與心力，對人產生奇特的控制力，讓你深受團體與重要成員的目標牽引，不易接收或完全阻絕外界的影響，最後往往讓你留在團體的時間過久，久到弊大於利。

　　樞紐的引力與對權威／集體思維的偏見會以各種方式呈現，例如因錯誤的共識導致發射有問題的太空梭，或是支持保護主義、共產主義、種族隔離、或為擁護特定足球隊而盲目施暴、參與集體自殺的邪教等許多弊病。想想看，英美兩國怎會有那麼多大銀行將業務建立在海市蜃樓上，過程中還能獲得監管機構的充分配合、內部也幾乎毫無異議？那些最民主最開放的社會怎能將嫌疑犯不經審判便囚禁好幾年，或是隨意移送囚犯並加以刑求？

這些確實都是很嚴重的大問題，而且不能單單歸因於銀行家或政客的惡行，畢竟他們也和你我一樣只是普通人。

比較常見的情形是，樞紐的引力讓我們花很多年在不快樂或不能發揮最大潛能的地方生活或工作。在商業界，樞紐除了本來的引力，往往還加上財務的操縱，後者可能以狡詐的方式打動你，像是提供優渥的津貼或福利、選擇權、紅利等，保證你未來會有一大筆錢，但不是現在。當然，你不希望「失去」應該屬於你的東西，因此便留下來。你可能因此自絕於很好的人脈與機會，犧牲你的時間、判斷、良知與探索外在世界的自由。若說與他人連結的能力是與生俱來的，也可能正好表示我們天生不擅切斷連結，也太少嘗試斷開鎖鏈。

我們在選擇樞紐時應該更挑剔更嚴格，正如樞紐對我們的篩選標準也很高；要勇於實驗，找尋真正適合的樞紐——亦即在身心靈各方面能產生歸屬感、抱持與組織同樣的價值觀與夢想、個人特質能夠提升而不被壓制的樞紐。

前面說過，人類不斷發展出新的樞紐與新的樞紐形態。網際網路恰可證明我們正邁向多元樞紐的世界；畢竟網路讓我們能輕易地加入許多樞紐，很多人也確實花很多時間上網。有些專家說，網際網路改變了一切，甚至說網際網路是自語言發明以來人際溝通最大的改變。真的是如此嗎？這對我們有益嗎？接下來我們透過網絡的角度來探討網際網路，來了解全球資訊網真正的意義。

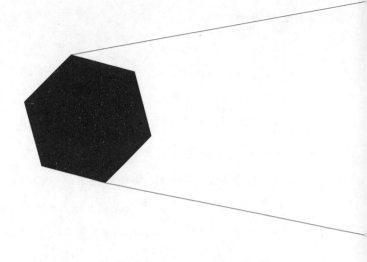

06

網路助攻

我嘗試描述不可思議的今日，而科幻小說的最佳功能就是探索當代社會⋯⋯此時地球反而像是異形星球。

──吉柏森（William Gibson）[43]

集體幻覺

吉柏森告訴越戰兵役委員會，他一生的抱負就是試遍每一種可以改變心智的藥物，之後他便逃離美國前往加拿大。一九八四年，他埋首打字機創作第一本科幻小說。也許是從那一年的事件得到靈感──或是為了實現一生的抱負──在他想像的未來世界裡，意識、現實與科技的界線模糊難辨。他創造了一個新名詞：

網路空間：一種集體的幻覺，每天……每個國家……有數十億人經歷這種體驗……從人類系統的每部電腦裡擷取圖像化的資訊。複雜到不可思議。無數光線在虛實模稜的心智空間穿梭，成串成簇的資料。就像城市的燈光，漸遠漸暗……[44]

一個對電腦一竅不通的人竟然在網際網路起飛之前十年，用古老的打字機創造出網路空間，以及上網與矩陣等概念，實在令人拍案叫絕！吉柏森的書《神經漫遊者》（*Neuromancer*）狂銷六百五十萬冊，還被《時代雜誌》列入現代百大英文小說。

網際網路有種未來主義的氛圍。也許是因為吉柏森的作品陰魂不散──靈感豐富的科幻小說有時具令人驚奇的預言效果，何況吉柏森的想像力確實很奇特。也許這正印證了「專家」的老掉牙預言：網路真的會改變了一切？抑或這只是反映出我們對新穎、快速改變的網際網路感到害怕，好比 facebook 這類巨大的樞紐突然不知從哪裡冒了出來，種種「facebook 現象」在外行人看來難以理解、甚至有點詭異。網路真的那麼特殊、那麼重要嗎？

你有沒有想過網路對你的人生有什麼影響？你是不是因此有什麼改變？一九六四年，電視開始成為媒體主流，加拿大傳播理論家麥克魯漢（Marshall McLuhan）說了一句名言：「媒體本身就是訊息。」他的意思是：一旦主要媒體對我們的思想模式產生根本的影響，當主要媒體改變時，整個社會、甚至人性也會發生深刻的改變。真的會這樣嗎？網路真的引發這種根本的改變了嗎？

　　麥克魯漢指出，過去的社會由平面媒體主導，也就是報章雜誌與書籍；但電視成了主流媒體之後，所有人都被改變了。[45] 電視時代接近尾聲時，美國家家戶戶平均一天開著電視七小時，實際看電視的時間估計每個成人大約是四個半小時。日本的數據更高，一九九二年日本人家平均看電視的時間是八小時十七分鐘。這些數字代表很大部分的休閒時間。不僅如此，電視的興起恰與消費社會的抬頭以及品牌消費商品大增同時發生，而消費商品的成長就是被高明的新行銷手法推上浪尖的，其中最主要的就是電視廣告。

　　電視是一種缺乏彈性的大眾傳播系統，將同樣的經驗同時傳送給所有的觀眾。在收視率最高的時刻既然只能傳送單一訊息，傳播業者（西方多數國家都以商業電視網為主）自然希望能滿足最大觀眾群的喜好，也就是預算最多的廣告主。試看《脫線家族》（*The Brady Bunch*）與《警網雙雄》（*Starsky and Hutch*）有多受歡迎就知道了，節目內容顯然都相當膚淺、偏於逃避、追求羶腥，不然就是肥皂劇。因為劇情通常比「現實人生」更曲折離

奇，特別能抓住觀眾的注意力。

麥克魯漢分析，電視的單向傳播，創造出立即的滿足，提供一致、被動、未經檢視的經驗。他認為電視讓人類走向回頭路，歐洲印刷文化所創造的理性、個人化的文明生活不見了，人類退到祖先的時代，人人過著部落的生活，對**神祕**的外在力量充滿恐懼。新的村落也許表面看起來很現代，「全球化」的程度高於本土化，但骨子裡都一樣──所有人在同一時間聽到同樣的消息，生動描述的災難輕易激起共同的恐懼，人類的痛苦呈現在螢幕上是如此近在眼前又無處可逃，引發觀眾情緒化而非理性的反應。現在我們不再受制於巫醫，而是受制於廣播業者及他們對事件解讀的方式。自麥克魯漢發表上述理論之後，心理學家發現，一天習慣看電視好幾小時的人往往有輕微憂鬱的傾向。

但現在似乎有了新的優勢媒體。如果你有上網的習慣，你掛在網路上的時間可能比看電視還長。美國一項完整的研究顯示，網路使用者平均一週上網將近三十三小時，比看電視多了一倍。研究人員認為：「人們上網的時間會繼續增加，相對縮短了看電視的時間，使用平面媒體的時間也受到影響，只是影響沒像電視那麼大。」[46]

當然，網路與電視以及早期的媒體有很大的不同。試以網路的無所不在為例，我們知道電視通常只有一個連結點，就是家裡。我們也可能在上班的車上聽收音機，吃早餐、搭公車火車時或在書桌前看報紙。確實，我們常一天花好幾個小時「消耗」各

種媒體；但只要連上線，網路在日常生活中的普及率高了很多。隨著各種功能強大的桌上電腦及行動裝置不斷推陳出新，我們除了在家裡、辦公室、隨時隨地都可上網，也愈來愈常這麼做。當愈來愈多人被吸引加入網路的網絡，這些網絡在我們的生活中扮演的角色也愈來愈重要。

另一項差異是網路世界裡的資訊量大增，遠超過電視的資訊力。儲存技術（記憶體）、顯示技術（xml、html）、搜尋技術（Google）、發表技術（維基、部落格、推特）、組織技術（facebook 之類的社交網絡）等不斷進步，讓我們能夠輕鬆取得大量知識。如此豐富的世界令人驚異又困惑，而這個世界仍持續進步更新。

早期的媒體不論是牧師講道、教授講課，或是書報、收音機、電影、電視，都是以單一方向傳送資訊的，亦即由少數人傳遞給許多人。網路卻是雙向的，一旦上網就可以同時接收與傳送資訊，我們都可以既是讀者又是發表者。早期的媒體本質上是存在著層級的，有利鞏固菁英階層的核心力量；這麼說來，至少理論上網路世界是比較民主的。

最後一項差異是網路提供無窮無盡的選項，而且可依據小團體至個人的需求提供量身訂製的資訊。換句話說，網路可以做到滿足指定客群的隨選服務（'narrow-cast' on demand）。

充滿互動的世界

那麼網路是否改變了我們呢？研究家兼作家泰普史考特
（Don Tapscott）認為答案是肯定的，最純粹的指標表現在年輕一
輩「數位原住民」的身上。他訪問過超過一萬名的「NET 世
代」，描繪出一幅熱情的圖像。他們會使用 MySpace 與 facebook
等網站與數百人維持關係——泰普史考特說為數七百人也不誇
張，遠超過人類學家認為我們能正常認識的人數極限。他說，年
輕網友對於網路的資訊不會照單全收，他們是真正的懷疑論者，
極富研究、驗證、徵詢、批判精神的顧客。由於現實世界的驗證
品質或可靠程度的標準在網路世界並不適用，你總不能把資訊商
品拿起來捏捏看吧，所以判斷能力至關重要。NET 世代早就懂得
判斷哪些來源可信、何時該聽聽第二意見，以及如何在未經證實
的資訊海洋裡優游自在。

泰普史考特最具革命性的論點可能是：這個世代已經習慣在
互動的世界裡思考行動。對他們而言，連線、「談話」、提供回
饋、合作等都是再自然不過的事；沉默地照單全收才是違反自
然。新世代將來無論進入哪一個領域，都會帶著這種批判與合作
的態度。泰普史考特暗示，新世代的不同期待將與教育界、商業
界以及政府目前的做法互相衝突，畢竟這些機構基本上依舊認定
知識與教誨只能從上而下、單向進行。

但並不是每個人對網路都抱持如此樂觀的態度。反面的情況

是新世代的讀寫能力都比較弱、無法長時間專注、對剽竊毫無愧疚感、熱衷把私人的生活紀錄永久公諸於世（有些人將來可能會後悔）。知名小說家魯希迪（Salman Rushdie）曾批評今日的「潑語文化」（blurt culture），網民將大量未經修飾的個資放上網路，沒品地展現自我、口無遮攔、喋喋不休。赫芬頓（Arianna Huffington）稱揚「最初的思想」就是「最好的思想」；魯希迪顯然不贊同，他擔憂將來人類不再以深思熟慮、有組織的方式思考溝通。隨著世界變得愈來愈複雜，他已預見問題的嚴重性。

然而，就連傳播理論家麥克魯漢對電視影響力的評論也有待商榷，更遑論將網路的影響力解讀為「改變一切」了。若說電視改變了社會或人性，我們可能會預期，電視這種強大、中央控制、由上而下的媒體會製造出溫馴、意見一致、沒有思想的一代，容易被操縱或欺騙、樂意遵循指示。但這樣的推測立刻就會遇上一個難題，這樣的人在哪裡？儘管有不少人提出悲觀的預言：如歐威爾的《一九八四》[47]、懷特（William Hollingsworth Whyte）的《組織人》（*The Organisation Man*）[48]以及席格（Pete Seeger）一九六三年的暢銷歌曲《小盒子》（*Little Boxes*）[49]。事實上，在電視最興盛的時期雖然可以看到布爾喬亞的從眾行為，但我們也看到了相反的情形——個人主義、多元化、心靈探索等現象百花齊放，對少數人的準則或特異行為更寬容、甚至加以鼓勵，對中央權威的排拒與對社會領導者的不信任，更是達到前所未有的高峰。

當然，如果這些社會趨勢與網路的誕生同時發生，專家一定會說是主流媒體的改變讓社會跟著改變。然而歷史的發展從來就不是那麼一清二楚。如果說網路讓年輕人變得更富批評精神、更不順從，似乎有點奇怪。我們在第 1 章已經談過，這個趨勢在五○年代就已存在，當時已有詹姆斯‧狄恩、頹廢世代以及剛剛興起的流行音樂；有史以來最大規模的青年與學生運動發生在一九六八年，當時正值電視世代（而非網路世代）。其次，泰普史考特強調的合作態度真的有那麼新奇嗎？前面說過，合作的本能其實是早期人類的基本優勢，這項特質可能隨著演化而日趨成熟。換句話說，網路固然對合作有利，但人類合作的本能已存在幾千年了。當然，網路或許對年輕人產生許多影響，但現階段還未能清楚看出，究竟是哪些影響。

　　此外，除了新的傳播方式，其實還有很多力量參與了社會的形塑。如果我們一定要挑一項十八世紀以來改變社會的科技，那應該是蒸汽引擎的發明。這項發明帶動了工業革命，導致全球人口與生活水準大幅提升。同樣的問題挪到十九世紀，答案或許應是火車與汽車的發明——兩者基本上都是拜蒸汽引擎之賜——或電氣的實用化。這些發展都與傳播媒介無關。至於二十世紀，電晶體的發明應該當之無愧（才會有後來的矽晶片）。

　　除了新發明與新科技，最能深刻改變社會的是觀念的巨變，如重視所有人的生命尊嚴、自由主義、民族主義、民主與社會主義；更實際一點，如凱恩斯的經濟學觀念、維持購買力以避免經

濟蕭條與失業率大增的概念等等。儘管近年來許多世界領袖的思想有倒退的趨勢（所幸有些人已不在世或已退休），歐美多數人都能免於被奴役的恐懼，而這在三百年前還是個無法實現的夢想。觀念與社會規範的重要性絕不下於兩者賴以散播的媒介，至少某種程度上，訊息真的就是訊息。

因此，如果你屬於伴隨電視或網路成長的世代，不妨自問，這兩者是否徹徹底底改變了你的態度、行為或思想？我認為這很值得商榷。

那麼態度與思想的巨變是什麼模樣呢？從前，人類主要的溝通媒介出現過兩次轉變，現在我們就拿這兩次轉變與電子媒體的影響來做比較（順帶一提，麥克魯漢認為這兩次轉變對人類的影響極其深遠，我們深感認同）。

上一章談到，語言的發明——傳播技術史上最根本、也最重要的改變——不僅影響人性，甚至可以說人性的本質最初就是由語言所形塑。語言確實改變了一切。你也許曾經觀察過，小孩子學語言是那麼地輕鬆快速，甚至可以同時學習兩種語言。人腦顯然有一種軟體可以快速「下載」語言程式。幾千年下來，人腦演變成奇妙的語言機器，大腦彷彿就是為了運用語言而存在。事實上，語言的媒介對人類而言實在是太重要了，我們幾乎可以這麼詮釋：人類這個物種就是為了好好發揮這個媒介而被創造出來的。

但我們不必去追溯這麼古遠的歷史，便能看見另一項劃時代的改變。

我們可以拿一四五〇年左右的一件大事與電視及網路做比較，那就是印刷術問世後產生的漸進影響。這項發展讓語言得以獨立於說話者而存在，觀念可以穿過地理與社會的距離傳播，人們不再只能有共同的看法，也可以有私密的思想。在印刷書籍問世之前，所有的書籍都必須靠人工抄寫，因此只有極少數菁英分子有機會讀到書。其他九九‧九％的人都要仰賴領導者提供資訊：國王、部落首領、領主、牧師、地主，偶爾透過商人。一般人沒有什麼機會思考、閱讀或內省；他們忙著傾聽、服從以及求生。

　　古騰堡等人發明的活版印刷術改變了這一切。知識的供需大幅增加，速度前所未見，文藝復興徹徹底底改變了觀念、藝術、醫學與科學。新的作品與知識百花齊放，蘇格蘭人類學家弗雷澤（James Frazer）在《金枝：巫術與宗教之研究》（The Golden Bough）裡指出，創新的速度隨著書籍的普及大幅加快：「文學能加速思想的進步，相較之下，口耳相傳的緩慢發展遠遠比不上。兩三代的文學薰染恐怕比兩三千年的傳統生活更能改變人們的思想。」[50]

　　牧師與羅馬教會的權威遭受致命的打擊。每個人都能閱讀聖經與各種書籍，自己決定人生、宇宙與一切的意義。各種新形式的基督教紛紛出現；懷疑論與無神論於焉誕生。自古希臘羅馬以來，這是「輿論」的首度出現，因此民族主義有了存在的空間。歐洲進入了啟蒙時代，終而導致美國與法國發生革命，現代民主

誕生。人們對工商業的態度也改變了，新教倫理抬頭、散播至所有的文明國家（不論宗教信仰為何），徹底改變了一般人的自信與權力。人們開始會思考與反省、懂得往內在探索，找尋通往遙遠目標的方向。各種發明快速增加。這一切現象雖不能直接歸功給活版印刷，但若沒有活版印刷，卻也無法想像能有這些發展。

從個人的層次來看，印刷書籍、流行刊物與個人閱讀確實改變了人類的生活，但這個過程並不容易；讀者必須在心中牢牢記住一套複雜的符號系統，學會字母與對應的發音、字母如何結合成字、如何讀寫以及用文字思考。隨著口語社會過渡到印刷文字的社會，確實讓個人生活有了巨大改變。

當人類學會這項技能，展在眼前的是一個全新世界，為人們帶來新的思想、結構化與線性組織的觀念、各自通信帶來的私密省思；接著，個別解讀與個人主義開始普及，不再局限於僧院與宮廷的智識菁英。活版印刷影響了社會地位較低的數百萬人，包括貿易批發商、工匠與公會成員、牧師與教師、藝術家與科學家。印刷文字的普及非常顯著地改變及延展了我們的思考過程，可稱為新媒體永久改變人類的生活最明顯、也最深刻的例證（語言的興起也是）。

電子媒體或許改變了人類的本質或行為，但坦白說，至少到目前為止，影響程度完全還不能與印刷術的影響相比。

網路不能稱為前所未有的發展，只不過是以非常富有彈性與極度便利的方式將各種舊的媒體加以綜合、重新包裝。網路使用

的是既有的溝通方式，我們大致上還是和以前一樣地聽說讀寫和自我投射，只是不必那麼頻繁地離開座位罷了。網路並未促使我們採用極端新穎的溝通或思考模式。網路雖促進了知識的製造與流通，但與印刷術引發文藝復興與科學革命相較，根本不能相提並論。

我們甚至可以質疑網路是否能稱作一種新的媒體，還是網路不過是所有傳統溝通媒體的奇妙轉化與升級——包括語言與書寫、信件、公共集會與演說、圖書館、市場、報紙、電報與電話、電台與電影、電視、電腦、視訊會議與互動電視等。網路讓這些早期的媒體變得更平價、更強大、也更容易取得，以更多種組合形式呈現，讓數百萬人有需要時可隨時取用；與其說是個新的媒體，不如說是一種媒體超市，貨架上包含每一種溝通方式，只是版本更新且經過改良。

這些觀點看似互相衝突，我們或許可用一句話來總結：網路改變了一切，卻又什麼都沒有改變。在我們的生活中網路無所不在，它改變了我們的溝通方式、工作模式、資訊的取得與處理、媒體的消費方式等等。就某種程度而言，泰普史考特預言在教育、政府、企業方面的改變無疑都會實現。但若從語言與文字如何徹底改變我們的思考方式（亦即大腦的實際運作）來看，至少到目前為止，網路並未改變什麼。

更容易找到弱連結

　　所以說，從傳統角度分析網路對人類的影響可能很不準確。若要了解網路的意義，你不妨嘗試採取不同的觀點，參考本書探索問題的角度。我們試以簡單的網絡模型來探討人類的關係——樞紐與連結——同樣的模型若運用在此網路上，可以帶給我們什麼啟示呢？選擇不同的樞紐與弱連結，發展的機會也不一樣，網路又如何影響這些機會呢？主宰我們生活的網絡結構是否會因此改變呢？

　　我們且先從弱連結談起。一九六九年，社會學家格蘭諾維特寫了第一篇探討弱連結的論文。從那時候到九〇年代網路崛起，通訊科技不斷突破——更平價的國內與國際電話、手機、個人電腦與數位資訊、飛航旅行，讓富裕國家的一般人能夠掌握的弱連結，是上一代人的好幾百倍，在在使人們可以更輕易地發展與維繫大量的弱連結。想想看，跟你的祖父與曾祖父的世代相比，你或你的父母在七〇年代擁有的連結是否豐富許多？小世界與神奇的弱連結大增，都不是網路時代才有的現象。

　　對於樞紐的影響也很相似。當弱連結大幅增加，我們可以預期樞紐也會大增。七〇與八〇年代確實出現了新樞紐爆增的現象，尤其在通訊與科技的領域，例如微軟（一九七五）、蘋果（一九七六）、CNN（一九八〇）、全球資訊網（一九八九）的創立。

當網路與相關科技讓人可以輕易、幾乎不費成本地建立連結與樞紐時，會發生什麼事呢？答案是：我們使用這些東西的方式與從前沒什麼太大的不同，我們同樣依循著社會與合作的本能，只是因阻力較少而使用得更加熱衷。facebook於二〇〇四年創立，註冊使用者剛超過兩億五千萬人——目前為美國第三多人造訪的網站（注：二〇一九年六月的活躍使用者超過二十四億人）。社交網站、Email、即時通訊、部落格、簡訊以及線上通訊的每一種新變化，都讓人與人的連結變得更容易、通訊量也因此大增。這一切毫無疑問非常重要也相當讓人驚嘆，但這些不也只是以更有效的方式重複人們以前做過的事嗎？（像是和熟或不熟的朋友聊天、消費、進行工作或玩樂上的合作之類的）除了極少數的例外，多數人在網路上做的，幾乎都是他們以前就已經在做（或至少想要做）的事，現在只不過是找到更簡單、更快速、通常也更好玩方法去執行罷了——且更不受限。

虛擬世界出現的「樞紐—連結」（hub-link）結構已成了現實世界很熟悉的元素。無論虛擬或現實世界都可以看到商店、市場、學校、俱樂部、派系、慈善機構、傳道者的講壇、抗議人士、流氓、酸民等。

想想你所知道的任何網站，多數都與真實世界的結構很類似，或是真實世界結構的綜合體。例如 eBay 是拍賣場或跳蚤市場、Amazon 是唱片行兼書店，現在愈來愈像是小販組成的購物商城；維基是百科全書；Google 具備圖書館與檔案館的特質，再

加上鎖定客群廣告；facebook 包含各種社群、社交地圖的資料庫、個人簡介名錄、軟體商店。這些並不是什麼新發明，而是舊發明形式上的轉換與綜合。

　　反過來說也是一樣，多數通訊媒體都已經或將有網路版。例如電話變成 Skype、電視變 YouTube。城市是增加人際連結以及讓世界變小最古老最重要的媒介之一，現在網路上也可以找到與現實世界對等的「城市」──例如在《第二人生》（*Second Life*）這個虛擬遊戲，玩家可以用真錢買賣線上財產。也有人認為網路了不起的新樞紐是「雲端城市」，大家為了社交或事業的理由聚在一起；「房產」價值以租金來表現，但不是來自房客而是廣告主。線上房租反映被吸引到該網站的網民數量與購買力，就像在「真實」的城市裡，房產租金取決於人潮與其購買力一樣。

　　若將網站視為新的城市，有一個現象值得關注：很多人待在網路城市的時間，遠比現實世界還多。試以《魔獸世界》（*WOW, World of Warcraft*）為例，這是世界上最大的多人線上遊戲，每個月使用者超過千萬人。玩家居住在艾澤拉斯（Azeroth），在那裡探險、打怪、完成任務──通常都是透過團隊合作。知識與專業能力會累增，也可獲得財產、地位和朋友。忠實玩家會花非常多的時間在上面。所以中國規定遊戲公司要加裝防上癮軟體，讓一天連續玩三小時以上的未成年者知所節制。韓國一度成為全球寬頻普及率最高的國家，可能有不少人罹患遊戲成癮症，另有一〇％近乎成癮。甚至曾傳出玩到掛的報導，通常都是因連續玩遊

戲而沒有足夠的營養或睡眠。很顯然，網路樞紐與現實世界的樞紐具有同樣危險的吸引力，這或許令人擔憂，但也更加證明了線上／離線的樞紐本質上沒有太大的差異。

線上與離線結構的相似性也可支撐一個觀點：網路並不是另一種通訊媒介，而是**現存通訊形態的另一面**。就好像突然可以在海裡或雲端生活，可以創造出有價值的新地方，大家可以聚集、社交與做生意。最神奇的是只要有好的構想，不需要投資多少金錢，幾乎便可在一夕之間創造出新的所在；且無論你在地球上哪一個角落，都可在幾秒鐘內抵達。如果開風氣之先的科幻小說作家威爾斯（H. G. Wells）可以乘著他想出來的時光機穿越到現代，他可能會問網路空間在哪？要怎麼去？對他而言，網路空間可能和他的時光機器一樣精采奧妙，以現在的形式來看更是有過之無不及。某種意義上說，我們將很難向威爾斯解釋網路空間的確切地點。他會懷疑那是資本主義的陷阱、一座海市蜃樓，只是為了讓大眾花更多錢去創造新的億萬富翁。而他說的不無道理。

我們從這個角度回頭看，或許可說電視是電子通訊的原始形式，朝著網路邁近一步，電視台也在創造虛擬城市——眾人在確切的時間聚集在一塊兒，只為了一個目的，就是觀看節目。從消費者的觀點來看，兩者是完全相容的媒體。事實上，有愈來愈多的網路使用者同時看電視；網路也提供愈來愈多的電視節目——Hulu 與其他類似的網站都已提供很多線上電視節目。Hulu 為 NBC 環球集團與福斯傳媒所有（注：Fox，現名二十一世紀福

斯公司 21 Century Fox，二〇一九年被迪士尼併購）。電視與網路有很多方面大同小異，尤其是經濟影響力的部份。兩者的商業命脈都是廣告——儘管經濟不景氣，Google 二〇〇九年第三季的廣告收入仍達到五十九億四千萬美元，較二〇〇八年第三季增加了七％。[51] 電視網站的老闆也因為創造了雲端城市而坐享廣告租金。從社會的角度來看，電視與網路也都在強化消費社會，讓人們每一天的每一刻都逃不開躲不掉；醞釀出愈來愈複雜的行銷手法以及愈來愈有價值的品牌；同時也讓市場更趨集中化，領導者拿走大部分的戰利品。

我們用網路來做什麼呢？我們在網路上開拓殖民地，方式與過去運用舊的連結科技沒有太大的差異。我們和以前一樣競相建立同樣的「樞紐—連結」的結構，以便支撐和以前一樣的活動與欲望，像是滿足與人交往、進行交易、被傾聽、獲得資訊、有歸屬感、娛樂的渴望，但這一切比以前更有彈性、更自由。

從這個角度來看，網路之所以重要，不是因為它創造了新的世界，而是因為網路是一個**舊**的世界。這個世界**強化**了網路發明之前幾十年、甚至幾百年的通訊與網絡趨勢。所以，網路並未與過去斷裂，而是**深度的延續**；網路並未創造出本質上不同的通訊方式，但速度與數量有極大的改變。我們做的事情其實差不多，但頻率與速度都增加了，耗費的心力、時間與金錢卻變少了：幾乎可說毫不費力。世界變得更小，同時我們擁有的機會與選擇卻多得驚人。

想像一下百年前住在英國鄉間小鎮的某人，他的人際圈（能夠接觸到的樞紐與連結）是什麼樣子？鎮上同齡的大概只有幾百人，適合作為結婚對象的更是少之又少。鎮上可能有二十家店、一間工廠、一兩間機構，也許有一間圖書館，藏書很少而且積滿灰塵。如果你夠幸運，這幾間小公司裡的一間可能會提供你某種專業或職業。多數人每天經歷的新奇有趣對話一定很少，要逃離這樣的生活又是多麼困難。

　　試以身處類似環境的現代人做比較。他可以在網路上探究任何書籍或構想、可以在網路上認識興趣相投的人、可以透過無數網站造訪其他地方或進入其他人的生活，從而擺脫小鎮的限制。在預算範圍內，她可以尋找並購買她喜歡的任何東西。她可以與全球各地數十個人同時進行對話，或利用家用電腦參與世界各地的事業。

　　從網絡的觀點來看，我們與他人的分隔度減少了。更深刻的意義是，我們與他人的思想、構想、言語、意象等的分隔度幾乎減少到一——人們的這些「代表性特質」都可以在網路上找到。舉例來說，在撰寫本章時，我們需要找出媒體消費的統計資料，便上 Google 查詢。我們與很多資訊的距離都只需 Google 一下就能跨越。

　　我們的社會有兩個方面因網路而增加最多，一是選擇性：包括樞紐、連結、資訊與通訊的選擇；另一個是多元性。有史以來第一次，我們面對**太多的資訊與選擇**。更多的網絡帶來更多元的

發展、更多的資訊與成功的機會，但也更容易讓人產生挫敗感。我們和以前一樣仰賴半隱藏式的樞紐與連結結構，但樞紐與連結的選擇遠比以前更複雜、更無所遁形，簡直令人眼花繚亂。而且我們愈是經常變動或是成就愈高，便會面對更多的選擇──也就讓做錯決定的可能性大增。

我們要如何因應呢？簡單的答案是體認生活可以比以前更好，努力把握新環境帶來的機會，同時盡可能避開陷阱。把握新機會也可以很簡單，首先要避免被剝奪應有的權利（即使當了奶奶也要能輕鬆學會利用 Skype 打免費視訊電話給孫子）。但要在選擇過多的世界裡有效利用新的工具，必須培養與鍛鍊篩選能力──類似個人的垃圾郵件過濾器，而且同時適用於過濾網路與實際生活的資訊。我們應該對高品質的新構想與不同的人保持開放的態度，但有些無價值的內容也應過濾掉，那只會浪費時間、排擠掉真正富創意的構想或人脈。理論上我們應該對隨機的、新的弱連結抱持開放的心態，尤其是來自不同世界的弱連結；但當你要將無論新的舊的弱連結轉變為朋友時，一定要慎加選擇。我們應檢視各種可以加入的樞紐，但必須是**你**去選擇**樞紐**，而不是顛倒過來。不加選擇或選擇不慎會讓你付出很大的代價，因為選項實在太多了。後文會談到，生活中的很多選擇可以帶來微小的好處，但真正巨大的好處則少之又少。

所幸網路提供很多幫助。過多的選項衍生出新的科技與服務，幫助我們在資訊大海中搜尋、條列、分類、比較、評量與過

濾。很多網站努力成為最受信賴的顧問或最主要的市場，書籍與CD 有 Amazon，電影評論有爛番茄網站，手工製品有 Etsy.com 等等，還有其他數以千計的網站。舉例來說，Amazon 會依據與你相似的顧客的喜好做推薦，相信多數人都會有興趣參考。

即使沒有這些篩選工具，自然有一種網絡現象讓其他人幫我們選擇。無論是哪個領域，在現有的大量網站中，使用者往往很有默契地被少數幾個吸引。這有多方便！而值得注意的是，領導者獨占大部分市場的集中化現象，在網路上比其他產業更明顯。

以任何實體的製造業或商業為例，像是汽車、出版、沙拉醬、保險、廣告公司，頂尖的前三大供應商通常占掉三分之一至三分之二的市場。例如美國三大車商占有五三％的市場；全球手機市場的六四％掌握在三大廠牌手中；冰淇淋市場也有三九％由三大製造商瓜分。考量這些產業的總供應商那麼多，集中化的程度顯然很高。

但在網路上更加嚴重。以美國的線上搜尋市場為例，Google 與 Yahoo! 合占八九％以上；全球網路博彩交易市場九五％由必發掌控；網路百科全書的搜尋市場超過九五％由維基包辦。Amazon 在美國電商市場的占比逼近五〇％，書籍類更是將近完全掌控。這些現象實在很奇特，畢竟任何人都可免費輕鬆使用網路，進入網路市場的門檻也遠低於實體市場，但網路的集中化程度卻高很多。

由於選擇實在太多、做決定太困難，多數人只好選擇最簡單

的做法：相信多數人的判斷。無論是何種類別，我們總是向最大的網路樞紐靠攏，一旦出現明顯的領導者，它的主宰地位就會愈來愈鞏固。就像電視節目《超級大富翁》(*Who Wants to Be a Millionaire?*) 裡一樣，我們也喜歡「問現場觀眾」。「群眾智慧」之所以能發揮效用，是否只是因為我們自己做決定實在太難？還是搜尋引擎決定了群眾的去向？ Google 的遞迴演算 (recursive algorithm) 以一個網站與其他熱門網站的連結數為依據，決定搜尋結果的排列順序，相當於由有權勢的名人決定誰可以繼續當有權勢的名人。

我們認為生活中最重要的決定是連結與樞紐的選擇。網路又是如何影響這些選擇的呢？

顯然，網路讓我們可以培養的弱連結與參與的樞紐多了很多。有利開拓人際關係的社會網絡與相關工具蓬勃發展，可幫助我們紀錄、組織、管理網路的人脈關係與會員資料。透過社會網絡，我們可以約略知道自己的社交圖譜（即透過直接與間接人脈構成的連結），這在尋求介紹或推薦時非常有用。社會網絡讓我們可以了解我們與朋友、以及朋友之間的連結情形。我們會知道自己的網絡是否很開放，能夠串連互不相連的世界，還是僅與相近的人密集交互連結。透過網路，我們可以建立、管理數百或數千條弱連結（與強連結）。你不必一天花好幾小時在 facebook 或 LinkedIn 上，只需將你的資料放上去，便可重新發現與追蹤久未連絡的熟識或不熟識的朋友，不用費什麼力氣。我們可以把這類

網絡當做電話簿使用，卻又不必花時間在上面。如果能衍生出更多現實生活中的團聚與交流，潛在的效益是很可觀的。

　　但即使出現最眩目的進步科技，可能也很難改變那些主宰人類互動的社會、經濟甚至生物的基本規則——那是我們的基因與文化經過千萬年演變出來的結構。語言與通訊可以壓縮成活版印刷，運用在網路上更是密集而豐富，但幾經演變，我們還是在與人面對面溝通時最能互相了解、最快樂、感覺最有生命力。人類學家說，科技並未讓我們擁有更多的生物能力去管理有意義的關係，在這樣的關係裡，我們會認為某種程度的信賴與互惠是理所當然的。

　　學者很可能是對的。你能想像在網路上與從未見過面的人談戀愛嗎？我們希望不會。相反的，在現實生活中一見鍾情往往能維持一生。你是否有過「Email 誤會」（Email cross-purposes）的經驗，無心又不帶批判的文字卻在無意間激怒了對方？面對面也可能發生這類誤解，但頻率確實低了很多，也比較容易化解。虛擬世界的範圍極廣，但深度與情感的力量弱了很多。你無法傳遞隱晦、富含個人意涵的資訊，尤其是在不熟識的人之間。反之，若能搭配傳統面對面的溝通，則可以達到很好的效果。我們需要人際連結，就像成癮者需要經常解癮，幾乎每個人都需要經常有面對面的連結——那種溫暖、複雜、無法預測、有來有往、談笑風生的人際互動，甚至是與不太認識的人也希望有這種互動。互動讓人產生動力，我們都需要與人合作，即使時間短暫。所以，

僅憑虛擬的媒介要實現許多嚴肅的目的似乎不太可能。維基也許是個例外，但即使在維基後台，那些優秀的志工似乎也顯得非常難搞又經常互鬥。反之，如果經常見面，而且看得到意見相左所造成的傷害，那麼要達成共識、發揮同理心，以及和諧共處便會容易許多。

網路世界需要大量的非網路現實來平衡，我們希望你同意這個看法。生活中真正重要的部分主要都是發生在現實世界──包括與誰在一起、從事什麼工作、個人的健康、居住的地方等等。也許我們的下一代會演變成網路空間版的史波克先生（Mr Spock）──《星艦迷航記》裡的半個外星人──擁有完整的知識，一切都那麼理性與經過精確計算。想到這種情景讓人不寒而慄，同時也不免懷疑是否有這個可能性。隨著語言的興起與印刷品的普及，人與人之間的交流變得豐富與方便許多，尤其對觀念與發明的散播更是有利。但語言與書籍並未減少人類的情感，或想要認識別人及產生豐富連結的欲望。新的媒體只會增強我們的力量，卻不會稍減人類的特質，人性不會增一分也不會減一分。

正如我們必須努力不被排除在新世界之外，但也要小心不要太執著。我們知道與人連結是與生俱來的天性，但這可能也表示我們不太擅於切斷連結。前面說過，現實世界的樞紐會產生引力，讓我們過度當真，誘使我們花太多時間在裡面。虛擬世界也可能產生同樣可怕的吸引力。不只是吸引，還會讓人上癮、深陷其中、看不到別的東西。一個人花在網路上的時間愈多，留在現

實世界的時間自然愈少。

　　如果網路讓我們能遇到原本不可能遇到的、與自己不相似的人，或重建舊的連結，或許可以改善我們的生活，但這不是主要的方法。網路讓我們能以非常方便、強大、有趣的方式獲得資訊以及與人溝通，但不能代替面對面的互動，這種自有人類以來就存在的溝通方式，能夠幫助我們做出明智的選擇，甚至讓生活產生巨大的改變，找到人生新的方向。

07

許多人對我的幫助那麼大……完全出乎我的
意料……我和他們卻不常見面……就像旋轉
名片盒，你永遠不知道轉出來的會是哪一
張。

—— 南非私募業老前輩 波爾（Antony Ball）

善用弱連結

成為核心

企業變革專家菲爾德的網絡曾經讓我在不知不覺中因偶然的弱連結受惠。菲爾德讓飛來發起死回生後，開始尋找飛來發可以收購的事業，其中之一是文具公司 Topps of England，因此菲爾德開始與 Topps 的企業財務專家協商。

過了幾年，這筆生意一直沒談妥，但那位財務專家仍與菲爾德保持連絡，還邀他到位於梅菲爾的辦公室吃午餐。參加那場飯局的還有一位連續創立新公司的企業家強森（Luke Johnson），當時是第四頻道電視（Channel 4 Television）的董事長。強森告訴菲爾德，他將離開與人合創的連鎖披薩餐廳 Pizza Express。大家都知道菲爾德對人一向很熱情，酒過三巡後，他強烈建議強森買下連鎖餐廳 Belgo（販賣淡菜與薯條，服務生打扮成修士），菲爾德補充說他剛好認識餐廳老闆（就是筆者我）。之後他們的話題轉到政治，菲爾德沒有多想餐廳的事。強森與菲爾德素未謀面，之後也沒再見過彼此；強森卻在一年後突然打電話給菲爾德，詢問我的電話號碼。幾經協商，我們以高於原先預期的價格將 Belgo 賣給強森，因為他真的很想買。

奇特的是菲爾德從未提到是他介紹的，直到最近我告訴他我在寫這本書。現在我愈來愈懷疑，自己有多少「運氣」其實歸因於似有若無的弱連結，透過點頭之交及其網絡，經由一連串的人際互動間接促成了某件事，而自己完全沒有參與。

這其實是一種「消極的人際溝通」。幾乎是網絡自己完成所有的工作，自顧自地一直向前發展，與我們有沒有努力無關。擁有好的網絡遠比積極溝通更重要。二、三十歲的朋友也許應該謹慎選擇進入少數的網絡，那可能對你的一生很有幫助，即使網絡的連結看似荒疏或暫時停擺。

對某些人而言，這類影響一生的網絡也可能更早就開始了：例如從貴族幼稚園與預科學校的同學當中培養未來的人際網；或始於長春藤大學運動隊、牛津劍橋、或其他同等地位的最高學府建立起的網絡。當然，上層階級連成一氣的現象還是很常見，尤其是在英國。費洛斯（Julian Fellowes）的小說《勢利小人》（*Snobs*）裡的敘述者就對此現象做了不太尖刻的嘲諷（說不定就是費洛斯自己的心聲）：

上層階級酷愛為彼此取小名，裡面所暗示的幼稚裝熟總讓我不自在。一堆人叫「太妃糖」、「波波」、「史努克」。他們自認這些名字帶著玩鬧的意味，暗示永恆的童年，充滿對於褓姆以及小孩房裡用火爐烘暖睡衣的甜美回憶。其實不過是再次確認他們的封閉世界，凸顯彼此的共同經歷以排除新來的人，亦即用另一個方法公開展現他們的親密關係。小名確實能構築一道圍籬。新來的人通常與某人已經有些認識，不能再以某某先生或某某小姐稱呼，但又沒有熟到可以直呼小名「香腸」；若是中規中矩呼名，則清楚讓圈內人知道他其實與他們不熟。於是新來的人只能捨棄

其他階層由生而熟建立交情的正常程序。[52]

　　然而這是把雙面刃。那些位居優勢的人或許能在同類之間順利建立網絡、排除他人，但如此一來也等於將自己劃在更廣大、更多元的人際圈之外。如果本書的立論站得住腳，這種做法恐怕會愈來愈危險。當你身處極少數上層階級無法主導的世界時，仰賴過去吃得開的人際圈是沒有用的；在這種情況下，有權有錢的封閉世界並不比窮人的封閉世界有多少優勢。當然，在我們的訪問中，沒幾個成功的人真的因為中學或大學的人脈得利（不論人脈網絡是否排他）；他們多數在工作初期便能夠在優質的工作網絡裡扮演愈來愈核心的角色，之後移動到另一個優質的工作網絡，逐步累積更廣闊更多元的連結。

　　其實我們一生中任何時候都可以建立網絡，永遠不嫌晚。

留意點頭之交

　　卡勒南（Geoff Cullinan）犯了人生最大的錯誤。他原本與朋友合創顧問公司，經營得很成功。之後他決定挪出一年半的時間進行個人投資，這時他被挖角去擔任龍頭玩具商 Hamleys 的執行長，但半年後他與公司的董事長（也是老闆之一）鬧翻，倉促辭職。在那之前他的事業一直很順利，當下卻變得一團糟。

　　但卡勒南有一個寶貴的退路。停止工作的那一年半他過得很

愉快，也很有建設性，雖然他自己還未意識到。他告訴我：「我甚至沒有辦公室。」

　　我在家裡的書房工作，只有一個名片整理盒。我和很多人、很多團體討論各種話題，也因為有機會與各式各樣的人接觸，激發我的創業精神（那可能不是我與生俱來的）。原來當我的網絡最分散的時候，反而最有價值。那段期間是很寶貴的經驗，我無需投入太多心力便能扎下穩定的根基、培養許多人際關係。

　　很多人提供工作給我，但我都婉拒了，我想另外開創事業。我認識波士頓與倫敦貝恩公司的高層，他們對我的資歷相當滿意。我對公司也很有好感，因為他們的理念很符合我的世界觀。公司非常積極地持續拉攏我加入，我原本不想回去做「一般性」的顧問工作，但在談話中我們發現了互相合作的契機——為私募基金公司提供諮商，並與他們一起投資。但我如果沒有花那麼多時間到處看看，因而對私募基金圈及其中的重要角色有一些了解，也不會看到這個機會。對我而言，最重要的轉捩點是認識一位來自加州的貝恩公司合夥人，幾年來他一直想要發展一套企業模式，為私募投資人提供諮商並一起投資。那次真的有種「靈光一閃」的感覺，我立刻看到其中的連結，以及在全球大規模推展的潛力。

　　因此我同意加入貝恩公司，希望能建立歐洲沒有的新業務。十二年後的今天，我們創立的私募顧問業務占了貝恩公司全球收

入的四分之一以上，而且我們在這個領域是世界龍頭，爭取巨額業務獨占優勢，等於是為公司與我創造雙贏的結果。

　　卡勒南在進入貝恩公司之前探索了一年半，一直抱持很放鬆的態度──這一點很重要。當然，他坦承自己處於很有利的狀況，有一些積蓄（多數人恐怕沒有這個安全網）。不過，他的故事還是給了我們一個啟示：專注在人脈、資訊蒐集、構想等等比立即找一份工作更重要。如果我們有幸一時失業而**不必**急著再找工作，都應該以他為榜樣。卡勒南的方法帶來很多機會，也因此他能夠主動選擇而不是被迫接受。他靜靜等待最適合的機會出現再大顯身手。他的人脈與接觸的資訊都很廣，機會自然比較多，加上他一向有廣結善緣的名聲，因而較容易爭取到有利的條件。

　　卡勒南是我們訪問過的數十人之一，我們挑選的都是工作上頗有成就、快樂且滿足的人，而且只要願意，都有能力賺很多錢。我們請受訪者談他們的弱連結與樞紐，得到的回應分散在書中各處。我們訪問了各式各樣的人──分屬七個國籍、十六種職業，每個人的性格、人生觀、工作觀更是各不相同，但有一個共通點讓人印象深刻：毫無例外，每個人都擁有各式各樣的點頭之交，不常見面但維持定期連繫，至少一年一次。

　　我們說弱連結擁有很大的力量，這個說法完全顛覆一般對人際關係親疏的見解，你應該也有同感。我們總認為友誼是最理想的關係，其他的多半膚淺而空泛，至少不那麼值得我們關注。

但你有沒有想過，友善的泛泛交情也可能很寶貴；與好友的情誼不同，是另一種別具價值的關係——這種具高效益、鬆散、有彈性的人脈不需耗費多少社交能量，卻可能為雙方帶來很大的益處。

　　一旦我們明白這種關係的規則——它不是友誼的三流替代品，而是完全不同的關係——點頭之交將在我們的生命中扮演重要的角色。如果你能廣泛地與許多人維持互相尊重的君子之交，必能提升你的境界、擴大你的機會，同時又不必投入太多時間、心力與情感，這些卻是經營深厚的友誼不可或缺的。

　　畢克羅夫（Adrian Beecroft）認為他的成就要歸功於兩條微薄的弱連結。他是歐洲最成功的投資專業人士之一，他將安佰深集團（Apax Partners）從三人公司經營成為極賺錢的大企業，還接管了經營不善的 Apax 美國分支。

　　但其實畢克羅夫在取得哈佛 MBA 學位後，剛開始的事業並不順利。他在盧森堡接受訪問時透露：「當時我很清楚自己想要在產業界服務，目標是有一天能成為執行長。」

　　我從哈佛畢業後，嘗試在英國的高科技業找工作，在那個年代高科技業基本上就是 Plessey 和 GEC。但奇怪的是他們對 MBA 非常不感興趣，即使像我這樣有科技背景的也不受青睞。我從來沒有想要當顧問，因為我喜歡做事情而不是提供意見。但我必須到顧問公司找份工作當做後盾。我告訴自己，最多在 BCG 待三

年，我就要轉到產業界。

但他的計畫並沒有成功。畢克羅夫在 BCG 待了八年，雖然表現不錯，還升為副總，但他並不快樂。「最後兩年特別艱難，我已經沒有職位可以再往上爬，覺得自己對公司的貢獻不多，那段日子過得很窩囊。」後來一位創投業者科恩（Ronald Cohen）找上他，他在倫敦經營小型基金 Apax。科恩會找上他是透過畢克羅夫以前的朋友貝克（John Baker），貝克是畢克羅夫讀哈佛商學院時的八十名同學之一，不算親近。

當時我並不確定是否應該加入 Apax，他們的基金規模僅一千萬英鎊，給我的薪水只有 BCG 的三分之一。我跳到區區三個人的新興事業會愉快嗎？他們找了我好久，最後我帶著百般疑慮點頭了，因為我想離開 BCG。

我知道必須自己去找業務，但完全不知道從何找起。這時兩條弱連結從天外飛來：我原本就隸屬牛津北部 Cropedy 一個板球俱樂部，一個不太熟識的球友介紹我認識他的一個朋友，那人是某連鎖小型唱片行的負責人。這就是我的第一筆生意，六個月後，我們將該連鎖店賣給英國大型連鎖店 W. H. Smith，售價是當初買價的三倍半。

這件事讓我對新工作的信心大增，也建立了不錯的聲譽。我的第二筆生意是專售電腦的連鎖店 Computacenter，經營者是休姆（Phil Hulme，曾經是 BCG 的主管）不過我並不是從他那裡爭取

到這筆訂單的。有一天我剛巧碰到柏吉斯（John Burgess）——我知道他是在你我進入 BCG 之前就離職的。他向我提起這筆生意，我打電話給休姆，然後就談成了。我們前後投入一千萬英鎊，後來拿回兩億七千萬。

當然，弱連結的作用絕對不只局限在商界，個人生活與事業同樣都受其影響。每次我們和別人談及網絡與弱連結（即使只是隨意閒談），幾乎每個人都會說起他的人生如何因某次偶遇而轉彎。

舉個例子，華麗絲（Alice Wallace）是一個藝術家，在漢普斯德畫廊舉辦不對外公開的畫展。她邀請偶然認識的朋友佩特拉去參觀。

非常偶然的機會下她買了我的一幅水彩畫。總之，她帶了我不認識的一個朋友安一起來，她們兩個都是每週末會去看畫展的那種人。

兩人都沒有買畫，但我和安聊了一下，她說那天是她的四十歲生日，邀我當天晚上去參加慶祝。安那天打扮得非常漂亮，她另外邀了一位爵士鋼琴家大衛，很優秀的伴奏家，可以讓任何女孩的歌聲像知名歌手費茲傑羅（Ella Fitzgerald）一樣好聽，現場一大堆女生搶著上去唱。

我一直很想要唱爵士與藍調，但從來沒有公開演唱過。我從小就會幫母親伴奏，我母親的歌聲很優美，她曾在喀拉蚩電台演

唱經典爵士很多年。我在她的陰影下活了二十年，累積的挫折感達到最高點，那天我做了完全不像我會做的事。眾多女人推擠著要讓大衛伴奏，我硬是擠過去搶到麥克風。我選的歌曲是《手風琴演奏者》（*Organ Grinder*），一九二〇年代的一首淫穢的藍調，不太有名，但可以讓任何一位鋼琴家彈得很出色。歌曲結尾相當淫穢，我把它唱得淋漓盡致：

「你的甜美音樂撫慰我的心

高明的不只是你的風琴（又指器官）

——還有你的彈功（又指磨功）！」

我完全意想不到，竟然就這樣一曲結下音樂與情感的緣分。其後五年，由大衛伴奏我演唱，唱遍倫敦的地下室爵士俱樂部與時尚餐廳，那是一段非常快樂的時光。我發掘了演唱這個新事業，後來更成為了作曲家。如果我沒有和那個當天才認識的新朋友聊天，她還是我不太認識的朋友帶來的，這一切都不會發生。

保持開放

最近一次網球課結束時，我那位來自捷克的教練哈沙（Stan Hasa）問我目前在忙什麼。我說在寫一本書，接著簡短解釋了一下弱連結的概念。他立刻明白我在講什麼，並分享他生命中兩件重要的事：

一九九五年，我和妻子從德國搬到開普敦，住在一對同性戀伴侶經營的民宿裡，搬走後與他們仍維持短暫的連繫。當時我在南非找工作，不太確定要做什麼，四個月後還是沒找到喜歡的，積蓄已快用光，心裡有點沮喪。那時我突然接到民宿老闆來電，說他常去的綠點球場（Green Point）健身網球俱樂部在找網球教練。我曾經是半職業的網球選手，但沒當過教練，也沒想過當教練。因此，完全是那位老闆幫我設想和牽線的。

　　面試後我被錄用，從此一教就是十二年，做得很愉快。期間結交了不少好朋友，也因為我的從中介紹，許多互不相識的人後來都成為好友。你可能會說這純粹是運氣，但我認為從某種角度來看，這正是我一直在尋找的工作——不只是教網球，也幫球友搭線，自己很樂在其中。

　　在南非豪特灣（Hout Bay）有個跳蚤市場，我們常向那裡的一個養蜂人買蜂蜜。二○○七年的某一天，他告訴我有一位國際瑜伽大師要到開普敦為人祝福。在那之前我就開始對靈修產生興趣，決定去看看，參加之後真的覺得很契合，不過我並沒有想太多。不久之後，我們決定回德國（主要是為了女兒的教育）。我發現那位瑜伽大師在離我家不到兩小時的路程有靈修中心，現在我經常去那裡向他學習。

　　我不相信意外或偶然，我認為我們總會得到自己追求的東西，雖然可能不確知自己在追求什麼。這個世界就像一個巨大的雷達，我們放射出去的訊息總會獲得回應。我們的需求在萬事萬

物都互相連結的宇宙中振動，只要保持開放的心胸接納別人的幫助，也願意幫助別人，很多時候我們都會獲得不熟識的人協助。聽起來似乎有點牽強，但這是我到目前為止的人生經驗。

在舉另一個例子，史密斯（Colin Smith）是一位受人敬重的藝術家。他曾得到一項殊榮：倫敦泰特美術館決定購買他的兩幅大型畫作，永久收藏（泰特鮮少向當代藝術家購買超過一件以上的作品）。史密斯的事業大躍進得力於幾條弱連結，其中一人史密斯從未見過，但對方卻已經認識史密斯三十幾年了：

大約十年前，我碰到以前的助教，兩人有好多年沒見過面了。他說他前陣子才在很偶然的情況下發現了一件事：二十年前（就當時而言）我差點成為劍橋某學院的榮譽駐校藝術家；我對這件事一無所知。總之，做這項決定的院長雖然對我評價很高，最後還是認為我太年輕了。起初我只是感到困惑，接著又想，不論那位院長目前在哪裡，我何不嘗試與他連絡看看？我打聽了一下，透過另一位點頭之交得知他在泰特工作。當時我正好要申請一項補助，需要兩位推薦人，便寄申請書給那位院長，問他是否願意為我擔保。他同意了，還說要到我在哈克尼（Hackney）的工作室來看看。他和另一位館長一起來，後來促成泰特購藏我的作品。

在這之後幸運之神又再度眷顧我，這次是透過偶爾見面的幾個朋友（但也是一年見不到一次）。有一次我到白教堂畫廊（Whitechapel Gallery）發表藝術評論，結束後，在西班牙銀行擔

任安全顧問的曼紐（Manuel）與妻子艾莉森（Alison）前來和我談話。我們聊了一會兒，之後又約見面。這兩人讓我很感動，因為他們決定延後裝修家裡的浴室，用那筆預算拿來收藏我的一幅畫。我們繼續保持連絡，有時我在倫敦開畫展也會看到他們。

兩年前，曼紐寄簡訊給我——說他剛在周末版的《金融時報》看到我的名字，如果不是他的提醒我一定不會看到，畢竟金融業不是我的領域。上頭寫著一位成功的企業家接受訪問時，說到他買了我的兩幅畫。我透過 Google 找到那人的 Email 和他連絡，之後他來到我的工作室，又買了幾幅作品，並贊助一項研究專案。我們後來成為很好的朋友——我在西班牙的工作室相當偏遠，但他在附近剛好有間房子。

小投資，大報酬

謝柏恩（Sir Stephen Sherbourne）不是什麼家喻戶曉的人物，但對英國政壇很熟的人而言，他扮演了兩個相當重要的角色。第一個是一九八三至一九八七年擔任柴契爾夫人的秘書，在這段關鍵時期，謝柏恩協助她成功地擊破了斯卡吉爾（Arthur Scargill）領導的礦工勢力（一九八三年選戰期間，柴契爾夫人每天早上開記者會之前都會聽他的簡報，兩人培養了絕佳默契）。第二個角色是在二〇〇三至二〇〇五年間擔任反對黨領袖霍華德（Michael Howard）的幕僚長，期間保守黨展開漫長的重回執政之

路。謝柏恩將皮卡迪利街一間漂亮的咖啡廳 Wolseley 當做辦公室，我和他約在那裡見面，他談到弱連結在他的從政生涯裡一直發揮著關鍵影響力：

你的生活中一定有一些很好的朋友，你投注很多情感在他們身上，就像植物一樣，你會去澆水、施肥。在政壇你也總會有一些很好的朋友，因為這是很特殊的工作，會帶給你深刻的經驗，而且不是那種朝九晚五的工作。另外有一些人你幾乎不大認識，只是保持淡淡的、友善的連結。雖然在很多方面我從好友身上學到很多，但在事業上他們並未帶給我什麼機會（可能因為這些友誼都是很私人的）。反倒是一些點頭之交彷彿天外飛來的禮物，介紹非常有意思的工作給我。

比方說，我之所以會成為霍華德的幕僚長就是如此。我和霍華德很不熟——我在唐寧街十號時，他是次長級的官員，彼此沒有直接的連繫。我認識一個年輕人叫希爾頓（Steve Hilton），他在上奇廣告創辦人之一薩奇（Maurice Saatchi）的公關部門工作。希爾頓的女友剛好是霍華德親近的幕僚，她告訴霍華德：「你需要一個幕僚長，何不找謝柏恩？」這份工作讓我回到政壇核心而且勝任愉快，但如果沒有那兩條弱連結，這件事絕對不可能發生。

現在我的工作是企業顧問，最重要的客戶是一家建設公司。兩年前，一位女士打電話給我，說以前和我接洽過，但我不認得

她的名字，因為她婚後隨夫姓。原來十五年前她在我的客戶英國牛乳產銷處（Milk Marketing Board）裡擔任基層員工，但現在是那間建設公司的高階主管。她告訴執行長公司需要策略顧問，並向他推薦我。

我覺得我很幸運，做過很多不同的事，建立了那麼多早已遺忘的連結，也才能有這麼多次超乎預期的「中獎」機會。

人際關係有時會帶來意想不到的收穫，其間的奧妙難以言喻。我們可能不知道為什麼要和某人談話或保持連絡，說不定九九‧九％的時間根本忘了對方，但如果**他們**有很好的弱連結網絡，**我們**可能會突然變成受益者。那麼有沒有什麼辦法可以讓這類意料之外的好事更可能發生或更常發生呢？是否只要我們多投資心力在適當的人脈上，好比小額投注所有的賭盤，就能增加成功的機率呢？

波爾認為答案是肯定的，他可能是南非最成功的創投業者，和多數殷實的商人患了同樣的職業病：忙得不可開交。但他每週都會撥出一個中午，和新認識的人或以前認識、但一段時間沒見面的點頭之交吃飯，純吃飯，沒有特定的計畫或目的。

我問他為什麼要這麼做，他笑了（或者是扮了個鬼臉）？

公司裡有些人批評我不該沒有目的地浪費時間在外人身上，認為我不過是喜歡接近我認為有意思的人。這一點倒是說對了！

順其自然往往會有意外的收穫。請想想看，投資金融家的工

作基本上就是靠布線。他們無法事先知道誰對自己有用或有什麼用；卻能因為促成偶然的連結而獲得成果。企業界的每個人都可以這麼做。

歸根究柢，最重要的還是人際關係，沒有什麼比這個更重要了。如果大家喜歡和你在一起，他們會願意幫你甚於幫別人。友善的點頭之交對我很有幫助，多數人應該也都能從中獲益，只要他們願意刻意去培養及維繫這種關係。你可以輕易在與人互動中驗證你的觀念，然後採納真正有效的做法。

一些不太熟的朋友對我真的很有幫助，派特森（Mark Paterson）就是一個例子，我們讀同一所學校，雖然就讀的時間不同，但彼此維持淡淡的關係。他人在紐約，是位超級連結者，我到紐約時花了點時間去找他。他經營危難債券非常成功，在很多方面都帶給我極大的幫助，例如他告訴我如何開價或討價，針對我們的某項美國的投資案提供十項提醒等等。

我遇過太多這樣的人，在事業上帶給我意料之外的幫助。我和他們不常見面，可能一年才四、五次。說起來有點像是在轉動輪盤——你永遠不知道會轉到哪裡。

你唯一需要做的是去接觸你認為或許能夠幫助到你的人，然後向他尋求幫助。任何相識的人若要求我幫忙，我也會幫忙。如果你抱持這種態度，尋求幫助是很自然的事。總有些事對你很容易而對別人很困難，因為那不在他們的經驗範圍內。

我相信人應該盡量付出，也要熱衷付諸實踐——你可能不會

立即得到回報，有些特殊的情況下可能根本沒有任何回報，但這一切會形成巨大的良性循環。你所認識的人以及他們的人脈環繞成一串互惠之鍊，也就是你所說的隱形連結。種瓜得瓜，種豆得豆；只要你付出，終會有收穫。

卡勒南很認同他的看法，但認為人脈的多元化很重要：

我同意很多機會來自我們沒有花太多時間共處的人，正因為他們的世界與我們不同。我每次遇到認識的人就會問：「某某人最近怎樣了？」——某某人是我們共同認識的人，但通常在另一個領域活動。人們在固定的網絡裡會變得一成不變，因此我們一定要涉獵各式各樣的網絡。如果你一定要等到有理由見某人才和他連絡，你們可能永遠不會見面，而你會因此錯失很多東西。

這種撒種子的做法似乎聽起來很漫無目的，豈不是違背了人生要「專注目標」的老生常談嗎？其實未必。

目標要專注；方法卻要隨緣。

下面是我自己的故事。我二十幾歲時成為管理顧問，立刻就想要找一兩個同事創業。我想到自己創立與領導一家公司一定有趣很多，也唯有如此才能擺脫薪水奴隸的命運，開始掌控自己的未來。但我不想要一個人做（太孤單也太冒險），而且有些事情我知道自己一定做不來，例如經營公司的日常庶務。

因此，我雖然一心想創業，卻一直沒有機會。

然後機會來了，但卻是以那樣間接、迂迴的方式出現，若不是我一直在注意，肯定會錯過。

　　我在 BCG 待了四年後，跳槽到從 BCG 分出來、當時規模還很小的貝恩公司，我也因此搬到倫敦。當時有兩個同事值得一提，一個是勞倫斯（Jim Lawrence，原本是我的上司），另一個是和我同時升為合夥人的伊文斯（Iain Evans）；這兩人我都很喜歡也滿敬重的，但只能算點頭之交稱不上朋友。

　　在貝恩的第三年發生了一件奇怪的事。某個星期六的早上，我打電話給另一位同事費雪（Ian Fisher），聊我們手上的一個案子。他突然脫口而出：「事情不妙了！」我問怎麼回事，他小心翼翼地說在波士頓看到一些情況，已發誓要守密，但承認「情況很糟糕」。我自己推敲了一番問：「是不是和勞倫斯及伊文斯有關？」他不肯說，但我已猜得出來。

　　談話一結束，我便試著打給勞倫斯和伊文斯，但兩人的電話一直占線。他們自由了嗎？是不是祕密結盟了？是不是辭職去開公司了？如果是的話，我有沒有可能摻一腳？

　　我從貝斯瓦特的住家騎車到伊文斯位於基尤的河邊公寓。他們兩人在一起，驚愕而狼狽。他們從倫敦搭機到波士頓，親自向創辦人貝恩辭職，本以為他會感受到兩人的誠意，沒想到貝恩竟找來聯邦執法官遞送強制令，令兩人不得從事與原公司競爭的事業或搶走客戶。

　　我說我願意加入——如果他們真的要創業的話。他們很驚

訝，在這最黑暗的時刻竟然還有人願意共患難。幾個月後我們便合創了勞倫斯、伊凡斯與柯克公司（Lawrence, Evans & Koch），亦即 LEK。

　　機會來敲門時可能很小聲，而且可能在你最意想不到的時候從弱連結與微弱的訊號發出，就像我的例子一樣。

　　要知道你是否擅於培養與運用弱連結，端視你的網絡是否夠開放夠多元。一個簡單的評估方法是計算過去幾個月來，你曾經和不常見面或新認識的點頭之交有過多少次社交或商務聚會——即使是簡短喝杯咖啡或喝酒也算。還有你是否能想到最近曾與誰討論過你生命中重要的事情，像是某項重大決定，需要幫忙或幫忙別人，與工作無關的某項計畫？這些人以及他們彼此之間的年齡、種族、宗教、所屬的社會／教育／職業團體、政治觀、工作場所、嗜好是否非常不同？當然，如果這群人各不相同且互不認識，你的網絡可算是開放而多樣。如果他們都彼此認識又互相近似，或者你只與親近的朋友討論重要的事情，你的網絡就是封閉而內向，新的資訊可能很難滲透進來。

　　如果這項測試你沒有通過，其實是好事一椿。我們愈是缺乏一個巨大、開放、多元的弱連結網絡，代表機會愈大。

　　我們在列出弱連結時，不應忘記過去互動過的人。有人說過去就如同另一個國度，也許吧，但過去又有種奇特的熟悉感，而且很容易喚起舊日的記憶。同樣的道理，我們多數人都有龐大的潛在網絡可以輕易重新啟動。

我和賈吉（Paul Judge）是透過華頓商學院的校友網絡認識的。他是我所知最有資格稱為超級連結者的人之一，在商業、金融、政治、教育等領域都很有成就。他是英國人，一九七三年離開華頓返英，其後因創辦了賈吉商學院（Judge Business School）而受封爵士（商學院設在劍橋大學一棟很漂亮的新建築裡）。他擁有的弱連結比我認識的任何人都還多，他永遠都在準備上下飛機到某個偏遠的地區和某人聚會，而且每次見的人似乎都不一樣。

　　他熱衷連結反映出他隨和的性格，因為賈吉喜歡和人互動，有時則是為了重溫過去的美好時光：

　　舉例來說，我最近搬家時發現了一本一九七六年的電話簿。我心想，天啊，這些人我全都記得！我請兩位秘書連繫所有的人，辦了一場盛大的派對。大家都很興奮。已經過了二十五年了，大家還是立刻就認得彼此，就像老同學一樣。我想這就是為什麼舊識是絕佳的弱連結：你可以不費成本輕易重拾舊關係。你本來就認識他們，只要你願意，馬上就可以進行深刻的對話。但我認為一定要自然而然，見面本身就是一種快樂，不要尋找見面之外的好處。意外的收穫不是不會發生，但通常都是在你意想不到的時候來臨，當然不可能照你的希望去操控。

　　我們要建立與維繫大量優質的弱連結，最主要的方法是保有廣泛的人脈圈，對新的人或新的世界保持開放的心態；同時保持

耐性，持續地默默思考這些人或世界與我們的夢想有什麼關連。有些人總是隨身帶著一本用 A4 紙紮成的「日誌」，只要遇到將來可能有幫助的人，便把彼此的對話、想法及互動的細節記下來。[53]

除了敞開心胸與期待意外的收穫，你還可以採取另外三種策略——雖然比較次要，但還是值得簡短提一下。第一是刻意鎖定某種新的領域，讓自己沉浸其中。當你去學高爾夫、加入自行車隊、學瑜伽、換新工作、做義工，都是在為你的生活增添新的社會脈絡。我們當然不可能同時做所有的事，一年增添一種新活動應是個合理的目標。

此外，我們也可以前往很容易與陌生人或點頭之交有機會隨機接觸的地方——坐在公園的椅子上讀本書或只是看看這世界；到很多人去的地方遛狗；到特定咖啡廳光顧，無論有沒有帶著筆電；成為某個俱樂部、酒吧、餐廳、書店、市場或人群匯聚地點的常客。從幾千年前開始，人們就會在特定的地方聚會，但直到一九九九年，奧登堡（Ray Oldenburg）才發明「第三地」（the third place）這個詞來代表我們經常放鬆的地方（僅次於住家與職場）。[54] 不妨經常造訪熟悉的第三地或不定期到新的地點探險，這都是更新或塑造弱連結的好方法。

第三個方法是臨機應變。假設你迫切想要換工作，你可能會運用現有的所有關係，或與舊有關係重新連繫，創造新的人脈——也許朋友的朋友剛好與你想找的工作有點關連。（這時社交

網路正可派上用場，你或許可以從中發現一連串的人脈，以及其他地方不可能發現的引介門路。）

最後一點：無論如何，別忘了幫我們所認識的人牽線，尤其是那些可能因此獲益良多的人。這是嘗試成為超級連結者的第一步。

弱連結很有趣也很有用，因為你可以預期從中獲得許多驚奇。弱連結是我們延伸到遙遠世界的橋梁，讓我們的世界更完整更有意義，並且能深化同理心與人情味，讓我們更有能力欣賞各式各樣不同的人與故事。但人們能享有精采的生活並不只是因為弱連結。

另一個關鍵元素是奇妙而危險的樞紐，亦即我們參與的團體。

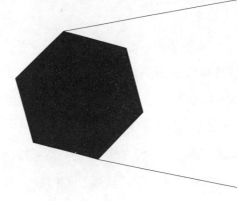

08

如何選擇樞紐？

那不是企業階梯，而是企業高空鞦韆。你從一個高空鞦韆跳到下一個，如果你夠幸運，可能會跳到正要上升的新鞦韆，然後便可愈盪愈高。

──聯合利華財務長 勞倫斯

在職場中持續成長

我在 LEK 的那六年改變了我的一生。我原本是貝恩公司的合夥人，辭職後與同事共同創立 LEK，當時公司只有三位專業顧問，六年內爆增到三百五十位員工，在全球開設新辦公室，營業額每年皆創新高。

曾經開創新事業的人應該都很熟悉那種繁忙的氣氛，尤其當公司成長非常快速、一切進展順利的時候。我因而能夠錄用一些非常優秀的年輕人才，看著他們在新公司成長茁壯，我自己也成長了許多，也更能看清楚自己的優缺點。我利用 LEK 來測試一些經營理論，尤其是一個觀念：多數企業其實都做太多，若是將銷售量減半，反而可以讓獲利大增。我為公司引進了一些極優秀的人才，加以栽培，我自認建立了一間了不起的企業。一九八九年離開時，我可以很自豪地說，這是一個獨特而且能自立的事業。

我原以為就這樣了，我生命中一個重要的段落結束了。而讓我大為驚訝的是，在我離開後，LEK 對我依舊是一大助力。首先是我的社交生活，LEK 的四位同仁成了我的好友；不僅如此，事業方面也不斷帶給我許多助益。幾年來，LEK 網絡的人脈為我帶來四筆很棒的交易。其中兩筆先前已提過：飛來發的救援與 Belgo 餐廳的銷售。第三筆是買下普利茅斯琴酒（Plymouth Gin），在很久以前這可是赫赫有名的大品牌，但我買下時已經奄奄一息。最後一筆則是網路博彩交易公司必發。這四項事業讓我

賺了不少錢；我離開 LEK 二十年後，那裡的連結依舊為我帶來極大的助益。

依據我的經驗，如果你在一個好的樞紐裡成為關鍵角色，日後它就會自動成為你的助力。你只需付出一次代價就能獲得兩段人生的收穫：一段是現在的人生；一段是之前的人生，到現在仍繼續讓你坐領情感、社會、經濟的紅利。

這讓我們對有效的網絡有了新的體悟。有效的網絡並不是特別費力與碰到的任何人建立表面的關係。我偶然得到的體會是：每隔幾年便應選擇一個新的樞紐，然後在裡面發揮創意，讓你的人生更豐富。職場上的網絡尤其有累增的效果，每一步都能建構新的網絡，讓你用於下一次的向上躍升。這類經驗帶給我很大的啟示。你的事業是由一連串的事件所構成的；每一步都可以是下一步的跳板（不論是事業或社會方面），因為你會認識更多人，也會被更多人認識。

我的這些直覺判斷似乎都可以找到實證的支持。第 3 章談到的社會學家格蘭諾維特說：「流動性似乎是自發產生的：一個人愈是穿梭在不同的社會與工作環境之間，累積的人脈愈廣……也就能透過這些人促成更高的流動性。」[55]

我們訪問過許多有成就的人，每一位都體認到過去參與過的樞紐很有價值，也都能分享從中獲益的故事。例如勞倫斯是我以前的合夥人（他是 LEK 裡的 L），他很清楚 LEK 在他離開後對他有多重要：「LEK 為我帶來財富、地位與名聲，同時也帶來重要

的人脈，而且對我的幫助愈來愈大。」很多受訪者發現自己愈來愈常使用過去的樞紐。但這裡面沒有一種普遍性的模式，過去的樞紐可能很有幫助（通常是社會與事業兩方面**兼具**），但有些完全沒有用。勞倫斯說：「有趣的是對我最有幫助的樞紐也是我幫助別人最多的。百事公司（PepsiCo）就是個很好的例子，我和那裡的很多老同事都還有連絡，只要有機會我就會介紹他們與我圈子的其他人認識。後來證明百事公司的人脈對我的幫助非常大。」我們在訪問過程中一再聽到相似的心聲，對你最有幫助的樞紐通常有一些特點：你會感覺和裡面的人很親近，可以毫不費力地保持連繫、嘗試回饋，例如為舊同事介紹生意、工作或人脈等等。

受訪者提供很多例子說明他們如何從過去的樞紐獲益。其中一人表示，以一般商業圈來說，樞紐的價值往往在你離開後益發凸顯出來，因為拉開距離後會有更寬廣清楚的視野，反而能以更富建設性的方式善用人脈。但要做到這一點必須在事業軌跡上不斷移動，套用這位受訪者的說法：「這樣才能注入動能。」

另一個共同的觀念是：如果你在一個樞紐裡表現得很不錯，將來若要再運用該網絡，你會得到更多的鼓勵與信心。舉例來說，我直接從大學招聘了一些人才進入 LEK，在 LEK 服務的經驗帶給他們很大的收穫，也因此我有事找他們時完全不需要猶豫。有些人已升到很高的職位，也很忙碌，但都會很快給我回應。

受訪者還有一個共識：最成功的樞紐對將來的網絡最有幫助。

不過並不是每個人都認同，有些人指出，即使在一個樞紐裡是**失敗**的，若能以建設性的方法善用舊的網絡，將來還是可以發揮很大的助益。OC&C 策略顧問公司的創辦人之一奧川（Chris Outram）說：「我認為成敗的最大關鍵在於是否願意承擔風險，能夠離開收入不錯的樞紐去其他地方探探。」他和另一位受訪者都說 BCG 是他們離開後最有價值的樞紐之一，雖則兩人在那裡都不太成功。奧川說：「我在 BCG 學到很多東西，認識了一些很優秀的人，也參與了很棒的工作，但我在某些領域的能力沒有其他人那麼好。我明白了我的長處是概念策略思考、建立與維繫關係。我和那裡的四、五個朋友保持連絡，在社交與事業上對我幫助不小。」

一位受訪者提了一個讓人耳目一新的觀念：即使在一家公司因表現不佳而離開，也不應視為失敗，「每個人都應該繼續往前走，往前闖，直到找到完全適合的地方。」另一位受訪者坦承：

我在維京（Virgin）工作了幾年，我真心討厭那份工作。我是被老闆以高薪挖角過來的，他賦與我重責大任，但我和他的關係很不好，讓我過得很痛苦。我幾乎一進去就明白做錯了，但為了證明自己的能力還是決定撐下去。那段經歷讓我學到很多，尤其是學會絕對不能以某些方式對待別人。只可惜我沒有足夠的信心更早離開。我只和那裡的兩個同事還有連絡，在所有工作過的地方是最少的。

那麼你應該在一家公司待多久呢？這顯然沒有一定的答案，但下面的故事可以做為警惕。一九七〇年代初，格蘭諾維特率先注意到一項有趣的趨勢，他發現有些人「隨和又聰明，一份工作做十五年以上，要再找工作卻很困難」。他舉了一位化學工程師「維多」（Victor O）為例，維多退伍後在某公司做了兩年，之後到水牛城附近的一家小公司工作：

他在那裡待了十八年半，很多同事也是待在那裡幹一輩子。公司後來被某集團收購，維多的職位被拿掉。為了找新工作，他向熟與不熟的朋友打聽，也看求職廣告。他投了一百一十五封履歷，日子一天一天過去，他的挫折感愈來愈大，他開始準備一本筆記，將求職廣告、履歷回覆的信收集在一起。

他一直沒有找到工作，感到愈來愈憤怒，也愈來愈不快樂。格蘭諾維特從維多與其他許多類似的案例得出一個結論：「長期從事同一份工作會截斷人脈的累積，也會減少流動的機會。」[56]

最近我遇到以前在殼牌國際石油公司（Shell International）的一位老同事，姑且稱之「亞當」好了。他待的時間比我長，總共八年。他拿自己和公司裡最好的朋友比較：「我應該早點離開的，詹姆斯轉到人力仲介業，史提夫與瑞克轉到創投業——他們待在公司的時間都不到我的一半，現在不但工作內容有趣得多，收入也比較高。」亞當換到一家小公司，十五年後還在那裡。「先前不景氣時，我覺得應該要離開，但公司的處境很艱難，我覺得有義

務留下來幫忙，讓公司的業務回到正軌……說得坦白與殘酷點，進這家公司是一個錯誤，留下來是更大的錯誤。」

其實亞當的收入並不差，但長達二十三年的時間只待過兩家公司，不免從快速道逐漸移到慢速道。他不像以前的舊同事培養新的人脈，也沒有因為轉移到不同樞紐而創造分散的網絡。他和那些同事一樣聰明與隨和，問題是他待在同一個人脈圈太久了。

他陪我走回接待處，我說很高興再見到他。他懊悔地說：「是很高興，但我必須承認，和你見面讓我更沮喪。我從來沒有想清楚原地不動太久會有什麼後果。」

我很能了解他的心情，因為我也有過類似的經驗。我從商學院畢業後，以為找到了完美的工作：有漂亮的辦公室、搭頭等艙旅行、同事個個聰明又和氣、工作內容也很有趣，而且有機會可以學習全新的領域。我充滿信心，和客戶互動融洽，但上司對我的印象都不是很好，認為我比較不擅長進行複雜的分析，他們說得一點都沒錯。於是我加倍努力，一週工作八、九十個小時，六日經常加班。我感覺很疲倦，開始會在辦公室過夜，隨便叫個披薩或跑出去快速吃一下漢堡薯條。當然也沒時間運動，因此體重節節上升，臉龐圓了起來，私底下的人際關係也開始受到影響。最嚴重的是我把工作當做生命，表現卻不如理想。

我待了四年，直到差點被炒魷魚才辭職。回想起來，我真不敢相信自己會蠢到待那麼久：兩年的時間幾乎已足夠學會所有的東西，工作變得不再有趣。因此，我等於是浪費了兩年；事實上

我在每個重要的領域都退步了。但我知道自己為什麼要留下來：我不願意承認失敗，我要證明我能成功。到最後我理智地跳槽到另一家公司，在那裡分析能力不是評斷成敗的唯一標準。然而在當時，因為自尊心作祟，我註定得多受兩年的苦。

我們的一位受訪者說：「不要低估惰性的力量，我知道我應該離開，也知道自己不快樂，但實在太忙了，而且以為在經濟上沒有變動的條件，不能輕舉妄動。」

另一位說：「我認為最理想的期限是四、五年，兩年感覺來去匆匆，超過五年恐怕就無法離開了。」

但反過來說，時常轉換樞紐也沒有必要。以我們的受訪者而言，經歷工作樞紐最少的是四個，最多的是九個。典型的轉換時間是四至六年，但隨著受訪者年齡增長而延長，可能是中晚年後較重視穩定性與退休金的緣故。一位受訪者說：「最好是年輕時多動，否則年紀大了根本完全動不了。」

離開的時機

不論我們在樞紐裡待多久，轉換最迫切的理由是不快樂。但就如前面所說的，「樞紐的引力」往往讓我們停留太久；弔詭的是讓我們感到最沮喪的樞紐，可能正是我們抓得最牢的。

我曾與人合開顧問公司，有一天一位很聰明的顧問約翰走進了我的辦公室，說了一句讓我大吃一驚的話：「你讓部屬那麼賣力

工作，會毀了他們的人生。」

「蛤？」我想不出更好的反應。

「你讓他們很不快樂，他們老是見不到老婆、老公或小孩。」

「你說的這些不快樂的人是誰？」

「我就是其中一個。」

我說：「我不希望失去你，但如果你不喜歡你的工作，為什麼不離開呢？」

「我不希望投入工作的一切努力白白浪費。而且我必須證明自己，證明我可以承受壓力。」

約翰又待了兩年，之後因為精神崩潰而不得不辭職。這讓我的良心不安了好久。

我有個朋友在葡萄牙某大城市擔任市長顧問，她說她一直留在那個職位是因為薪水好、離家近、可以認識有趣的人，而且可以享受「市長代言人」的地位。「但每次我想做什麼事，他們都不同意我的建議。我花了很長的時間才明白，情況永遠無法改善，勞雇之間就是存在著嚴重的代溝。」

我另一位不算熟的美國朋友安娜承認，她當會計師太久了。「可悲的是我並不喜歡會計。我可以做這份工作，對我而言相當輕鬆，而且我和老闆關係不錯。但我討厭當會計師。現在我在設計網站，做得很開心。想做的時候才做，工作時間短，反而賺更多錢。真希望當初能早幾年轉行。」

作家兼廣播人韓第（Charles Handy）自認在每一家公司都待

太久了。他直到四十五歲左右才成為自由作家，而且還是在他太太下了最後通牒之後，她說：「我不打算繼續和一個壓力沉重的走肉行屍生活在一起。」他不再仰賴正規的樞紐之後變得快樂許多，他發現除了可以自己當老闆，最棒的是可以不必再戴著假面具。但他先前既然做得不快樂，為什麼會待那麼久？他說是為了錢，另一方面是不願意冒險。[57]

有太多理由讓人陷入不適當的樞紐裡，其中很多理由與個人缺乏安全感有關：因為需要金錢與地位；因為要證明自己的能力；恐懼未知的領域；因為要符合別人的期待；缺乏時間與人脈找到新的工作；厭惡冒險等等。我們要怎麼知道何時應該向前走，怎麼判斷一個樞紐對我們有利還是不利呢？我們的訪問顯示，可以從一些簡單的地方判斷出不適當的樞紐：例如你在裡面感到不自在或勞雇雙方價值觀分歧；感到挫折或無法實現潛能；感覺薪水太低或工作太多；或是待在裡面就是會心情低落。

當你心生懷疑時就應該離開。

好同事讓你上天堂

當一個人從一個樞紐轉換到另一個樞紐，自然有機會在新舊樞紐之間創造新的、或可能很多個弱連結。因此，職場的流動就像社會或地理的流動一樣，有助於創造出最有價值的那種弱連結：亦即能夠與過去缺乏連繫的團體連結起來。樞紐之間經常流

動是開放動態的社會必備的特色，談到這樣的社會，我們難免會想到美國。每次的流動都會讓社會更緊密相連。

如果你曾深刻投入某一段過去，曾與一群人並肩奮鬥，共享成長的經驗，一起排除萬難、同甘共苦，這樣的連結必然會比新認識的人有更深一層的意義。不論這樣的經驗發生在鑽油台、網路新創事業、麥肯錫商業分析課程或英國空降特勤隊的嚴峻考驗，只要一起辛苦打拼過，共同的深刻經歷總能凝聚信任感與個人情誼。當你與過去的同事重聚——即使幾十年沒連絡——當年並肩作戰的反應便會立刻鮮明起來；你會感覺彼此之間有種自然而然的情誼，彼此的溝通暢行無阻。我們很多受訪者都表示，當他們與很久沒見、且現在生活領域風馬牛不相及的老同事見面，很快便能再次體驗當年的信賴與自在，這確實是很快樂的一件事——額外的好處是可以看看彼此幾十年來累積了什麼見解與觀念，其中有些可能會為你現在的生活填補上重要的環節。我們在第 7 章看到，賈吉為二十五年前的老同事辦派對，彼此立刻建立起和諧的關係。另有三位五十幾歲的受訪者提到他們以前從來沒參加過大學同學會，最近開始參加。其中一位說：「見到十八歲就認識的朋友真的很奇怪。他們除了看起來老了很多，和一九六八年時完全一樣。大夥兒可以全然敞開心胸暢談彼此的人生。」

我們請受訪者描述他們經歷過的樞紐，以及他們追求事業的過程，大部分人的描述都不太合邏輯，沒有一個人的過程是一帆風順、青雲直上的。這應該也不足為奇，想想看你當年是怎麼選

擇大一的課程或怎麼選擇第一份工作的，在那個年紀我們對有些事確實比較無知；我們甚至不知道哪些事是應該知道的。然而在我們的印象中，爬到最高峰的人似乎都從一開始就有很完整的事業規劃，這個印象往往因當事人公開談話時的說法而更加強化。

但我們從受訪者那裡得到的卻是相反的印象，很多人坦白承認，在追求事業的過程中，嘗試與犯錯（尤其是犯錯）是免不了的。他們說，一個人要真正了解這個世界以及自己在其中的位置，唯一的方法就是嘗試不同的經驗，過程中得經歷一番尋尋覓覓，錯誤更是不可免。我們詢問每一位受訪者：「如果你可以重新回到過去在每個樞紐的時光，你會有什麼不同的做法嗎？」沒有人提到法國著名女歌手琵雅芙（注：琵雅芙唱過一首歌叫《今生無悔》），大家都說他至少會想改變某件事。勞倫斯說：

你彷彿從一個高空鞦韆盪到另一個，如果你夠幸運，抓到一個向上的高空鞦韆，便會愈換愈高。但你也有可能換到向下的，或甚至整個人摔下去。你能怎麼辦？計畫根本沒有用，你只能不斷實驗，直到抵達你要去的地方。還記得我去航空公司工作的事嗎？結果並不符合我的期望，但那段經歷讓我能夠成為另一家航空公司的外部董事，這點我倒是滿喜歡的。又因為成為那家航空公司的財務長，代表我有機會跳槽到其他公司擔任財務長，若沒有那段經歷，後來這一切也是不可能的。當時我以為那是一場災難，但繼續走下去才發現愈走愈順利。即使當你犯了錯，最後還

是可能轉化為對你有利的情勢。

奧川則主張所謂的終極目標：

重點是確定你在一段時間後（例如十年）希望在哪種樞紐裡工作，以及你希望自己扮演何種角色。然後你就可以測試你的工作內容與參與的樞紐，看看是否能讓你更接近目標。過程中你可能必須轉換兩三種樞紐。如果你心中很清楚終極目標是什麼，自然知道何時應該往前走。

但謝柏恩不認為有必要事先計畫：

我為柴契爾夫人工作了四年半，你知道，我認為任何工作做個五年就夠了，即使是這麼有意思的工作也不例外。因此，我給自己的目標就是一九八八年復活節以前離開。我不知道接下來要做什麼，完全沒有概念。首先我向廣告大師貝爾（Tim Bell）請教，他不是我的朋友，他只是在一九八七年選戰期間擔任過我們的顧問。我對他說：「你認識很多人，可不可以告訴我應該找誰談，才能幫助我決定接下來該走的路？」他說他正要成立新形態的公司，網羅不同背景的人才──公關、廣告、管理、政治、媒體等。讓我大為驚訝的是，他提供一份工作給我！我接受了，那是一份很棒的工作。我從不去想下一步，但一件事結束時，總會有另一個機會開啟。我比較幸運嗎？沒錯。但話說回來，每當有點頭之交邀我去喝一杯，我總是欣然應允。

我和薩克絲佛斯坦（Mary Saxe-Falstein）讀同一所大學，她是一位很有魅力的數學家，在認識她之前，我從來不知道魅力與數學家可以劃上等號。本書會提到她，是因為她嘗試過各種不同的事業，過程中創造了許多新的樞紐：

　　三十六歲以前，我從事的是傳統事業，主要是行銷與廣告。我喜歡我的工作，表現也不錯，但我覺得應該試試新的事物。在那之前，我所做的一切別人也都可以做，但有沒有什麼事能讓我和別人完全不同？我決定和男友麥可去度假，他是知名的藝術家，希望能找到一些靈感。

　　有天晚上，我很高興一整天都沒有和麥可吵架，便告訴他我一直想嘗試雕刻。這句話不完全是真的，但我確實有這樣的念頭。他酸道：「我從來沒有見過妳在海邊玩過石頭，別鬧了，妳不行的。」回倫敦後，他的朋友也強化同樣的訊息：「讓麥可當藝術家就好了，妳還是繼續做行銷吧。」這樣的話激勵我成為半身銅像雕刻師，這工作太有意思了，我做得很開心，客戶也很滿意。

　　五年後，我又想嘗試新事物，便轉型去畫人物畫。我同樣做得很愉快，後來順理成章地擔任一些畫中人物的妻子的藝術老師。二〇〇〇年，一個二十年前認識的朋友創立寵物食品公司，請我負責所有的行銷調查與廣告構想，於是我又置身一個新興事業的核心舞台。有時候我一天要工作十九小時，但感覺很愉快。所有的文案都是我寫的，我自己設計包裝、撰寫廣告詞。

二〇〇五年，朋友將寵物食品公司賣給法國企業，於是我決定展開新的旅程，創立超心公司（Extraordinary Mind Company），運用催眠、指導、放鬆等技巧，一對一幫助客戶發展心智力量。現在我從事的是恢復青春（rejuvenation）的事業，幫助人們找回年輕的臉龐與身體。我把自己當做美容雕刻師，我腦中會浮現客戶可以擁有的樣貌，臉部的線條與肌肉可以如何改變，如何透過心理的重新調整來鎖住這些改變。我知道聽起來很誇張，但確實有效果；客戶都覺得很不可思議，竟然可以讓外表與感覺變得那麼年輕。對我而言，最有意思的是觀念的部分，我除了運用與改良他人的技巧，同時也創造我自己的方法。這個行業還在發展初期，但我相信我們會創造出新的回春方法。

　　自一九八七年以後，我的時間完全屬於我自己。依照你的用語，我為每一種新事業創造了新的樞紐。我想我就處於樞紐的核心，向外擴展一圈是與我共事或合作的人，再來是客戶。我只是做我想做的事，但如果我無法讓客戶滿意，我也做不下去。我好像辦了一場盛大的派對，而且賓主盡歡！

　　那麼我們是否應該像謝柏恩和薩克絲佛斯坦一樣，「相信宇宙自有一番道理」就好了？也不盡然。我們的受訪者並不是很熱衷事業規劃，但他們的確提供了一些基本原則。他們相信，多數人都是在轉移到新的工作樞紐時，才跨出提升人生層次的最重要步驟。除非我們加入的第一個樞紐剛好與自己的性格能力完美契

合、又能促進個人的成長，否則絕對有必要轉換新的工作樞紐。我們可以加入、且能從中獲得比現在更佳經驗的樞紐幾乎一定存在。但我們要怎麼樣才能找到呢？

人們常會談到企業的價值觀與氛圍。如果你想要加入一家新公司，不妨先問問自己，公司的價值觀是否與你相符？你在那裡是否感到自在？

我們的受訪者對於競爭激烈或超大型企業多半抱持著比較謹慎的看法。賈吉說：「當秘書引領我去見不同的面試官時竟然在走道裡迷路，我立刻決定不要去殼牌上班。」勞倫斯認為名牌消費產品公司的氣氛較友善，相較之下，他見過另一個產業的某家公司便表現出「野蠻的」文化，可能是因為利潤薄、需求不穩定、公司經常面臨虧損的壓力：「前者的文化友善許多，可能一部分是因為那個產業比較穩定、獲利較佳，還有就是領導者看得很遠，懂得善待員工與顧客。如果你面對民間產業的兩份工作難以抉擇，寧可選擇同事比較好相處的那份。」

一些傑出的受訪者建議，可以依據兩個標準決定是否加入一個樞紐：你認為可以從中學到多少，以及你自認能做出多少貢獻。證券服務專業人員莊士通（Alex Johnstone）說：

我認為就業初期，在選擇樞紐時應以學習為主要考量；之後再求貢獻度與學習機會兼顧。我自己初期是學習多於貢獻，現在則是貢獻很多，學習很少。我說的不是技能，而是人。你只能向

周圍的人學習，如果你不尊重他們的卓越知識或技能，便無法學習。而如果你已經無法學習，就應該轉移到另一個樞紐。我自己也是依循這個原則。

　　受訪者的另一個重要體會是：他們都是在某個樞紐裡經歷了觀點與能力的深刻改變後，事業才開始起飛。他們離開那個樞紐時已和進入時大不相同。一般都是在二十幾歲時，經歷兩三個樞紐而徹底改變。

　　對奧川而言，改變一生的第一個樞紐是一所很棒的國立六年制學院，第二個是他從二十七歲開始就讀的歐洲工商管理學院，一所巴黎附近的頂尖商學院：

　　我在那裡認識了一些人，以前我根本不知道世界上有這樣的人，可以通曉數國語言、野心勃勃、對知識充滿好奇，性格又迷人。他們就像我的鏡子，讓我學會鍛鍊許多技能，也培養了深厚的友誼。和我同學年的有十六個人，現在我們每年共聚一個長週末，出席率高達九〇％。這群人的背景各異，包含十幾種不同的國籍。

　　對另一位受訪者而言，這深刻的經驗發生在他進入 EY 顧問集團時（EY Consulting Group）：

　　我的事業是在那裡起飛的。當時我才二十八歲，他們給了我很大的自由。我可以做自己的事，同時又可以認識資深的老前

輩、向他們學習。我在企業金融部門工作，發展得很不錯。我學會將人與觀念連結起來，創造出全新的商機。那裡有很優秀的人才，天時地利人和，真的是我人生的黃金歲月，徹底改造了我。

莊士通則是在二十二歲進入高盛（Goldman Sachs）後，事業開始加速發展：

那對我而言是很重要的跳板……很棒的學習經驗。突然間，我開始明白了全球性、國際性事業是什麼。真正讓我改變的不是特定的知識，而是人。我明白了態度有多麼重要，而且與我共事的都是我見過最優秀的人，不只是聰明，而且非常認真，幾乎到損害生活中其他一切的程度。我以前不知道有這樣的人存在，這確實改變了我。以前的我是井底之蛙，現在我自認可以和全世界接軌。

但我終究明白自己並不想要讓任何組織主宰我的生活，即使能因此致富也不願意，畢竟人生還有很多更重要的事。但我還是很慶幸可以見識到頂尖投資銀行家的思考模式，可以有更廣闊的視野，這對我而言是很寶貴的體會。現在我每週只工作四十小時，但只要是我認為重要的事我都會做到，同時還能保持放鬆。

本書許多成功的受訪者都是在嘗試創業後才徹底改變。其中兩人為了「模擬當老闆」（dummy runs），先在原雇主的保護下開創新事業。勞倫斯展現創業能力的方式是在倫敦與慕尼黑創立貝

恩分公司，波爾則是創立德勤（Deloittes）內部新的策略顧問事業。兩人都是從無到有成立自己的事業之後才脫胎換骨。

勞倫斯說：「LEK 不一樣，我們是在沒有母公司支持下用自己的資金經營，一開始還在國外，所幸結果相當成功。」不過，勞倫斯認為他最早的重大改變有兩次，一次是在耶魯大學：「完全的教育大改造，社會地位提高了，也培養了世界觀」；另一次是在哈佛商學院：「那是知識的改造。」

波爾則是在南非創立新的私募事業「資本合夥公司」（Capital Partners）時經歷了重大突破：「我成立策略集團時有機會小試身手，但那是在大企業內部。資本合夥公司完全是我自己的事業，在當時的南非非同小可，就像拓荒者一樣，這段經驗徹頭徹尾改變了我的人生。」

這些人的事業通常都不是馬拉松式，而是幾段少見的衝刺，從一個樞紐突然跳躍到下一個樞紐。賈吉在吉百利食品（Cadbury Schweppes）服務了十三年，包括在食品部門擔任執行長，一九八五年已是一位成功的職業經理人（career manager），但並沒有比他商學院的同學更出色。其後，公司決定食品部門不再是「核心」業務，賈吉卻提出一個讓老闆驚訝的請求：由他負責買下股權。在他的安排下，幾乎完全運用他人的資金，比較奇特的是沒有任何創投業者參與分享潛在獲利。沒多久，賈吉回去當該部門的執行長——這時已經自吉百利食品分離出來，重新取名為第一品牌（Premier Brands）。短短四年，第一品牌又轉售給 Hillsdown

Holdings，賈吉的存款便多了好幾百萬英鎊。

不過，他自認很早期的一項工作比管理第一品牌更有助於他在事業更上一層樓，那就是擔任吉百利食品肯亞子公司的總經理：

> 那是我第一份生產管理方面的工作。當時我距離總公司六千四百公里，那個年代沒有 Email、也沒有傳真機，連打電話都很稀罕，簡直就像初次上戰場。當地的銷售稅高達五〇％，有些本地的公司會低報，但吉百利都據實以報。肯亞把我訓練得很強硬果斷，第一品牌的經驗則大不相同，安排併購時我已是該單位的總經理，面對的是同樣的人、同樣的公司。當然，現在我們要靠自己的力量，要專注控制現金與發展新產品，但真正艱難的部分是開始經營第一品牌之前那幾個月的折衝。

> 第一品牌完全改變了我的人生，那之後我開始能自由分配時間。我重新回到早期的一個樞紐——劍橋大學，出資成立後來的賈吉商學院，讓我獲得很大的滿足。但真的是第一品牌改造了我嗎？其實，應該追溯到更早的劍橋以及肯亞。

這顯示出，新的樞紐可能提供兩種不同的轉變經驗。

首先，我們可能會經歷強烈的情緒衝擊，有一群人和一些事讓我們覺得與過去不同了，在某種意義上變得**更好**、更有潛力。很多受訪者在重述讓人徹底轉變的樞紐時，會使用近乎傳福音的語言。他們體驗到某種新奇的事物，過去甚至不知道可能有這樣

的經驗。他們明白了自己要做什麼，也**知道**自己有能力做到，只是需要機會適時被啟發而已。奧川說：「我是在歐洲工商管理學院讀 MBA 時被改造的。聽起來或許有些自大，但這是真的。當時我便知道有一天我會做更大的事業，雖然我並不知道會自己開公司。」

第二種轉變，是有某種突破而創造非凡成就的實際經驗，促使我們明白了當年的轉變已埋下成功的種子。我們會運用先前習得的技能去創造獨特且專屬於自己的成就，實現我們的夢想。奧川說：「我離開歐洲工商管理學院九年後與人合創了 OC & C，但如果沒有在管理學院遇到那些人，我在創業時不會那麼有自信、那麼不畏風險。」

我自己的經驗可以為證。最早讓我經歷徹底轉變的樞紐是牛津大學與 BCG。牛津教給我一套工具去分析事情，找出有利獲致結果的少數元素，這套方法在任何領域皆適用。BCG 讓我體會到在商界高明構想的重要，只要你有創新的構想，且能夠好好溝通讓客戶接受，經營一家賺錢的顧問公司並不困難。雖然我在 BCG 並不算成功，但我深信自己有能力和一兩個人創立新的顧問公司。我知道只要時機成熟，這就是我要做的事。

仔細想想，參與樞紐的經驗通常**不是極度深刻**，就是**極度無感**。你是否已經被「改造」了呢？你目前的樞紐正在「改造」你嗎？有這個可能性嗎？如果沒有，你是否應該繼續往前走呢？

非正式樞紐

　　要轉換樞紐並不是一定得轉換組織才能做到。一間公司或一所大學裡可能就有很多樞紐。有些傑出人士與他們提攜的後進就能構成充滿力量與生命力的樞紐，那是你在任何組織圖上看不到的。身材圓胖、言辭詼諧的博拉（Maurice Bowra）擔任牛津瓦德漢學院（Wadham College）院長時，常會邀請五、六位最聰明的大學生到他的住處，進行熱烈的智性討論。我從來沒有機會參加，但那些少數菁英很清楚自己的特殊地位，我聽說在博拉幫形成的友誼往往能延續一輩子。

　　並不是只有傑出的教授才能組成這種特別的樞紐。奧川在管理顧問公司 Booz Allen 還是個菜鳥時，就創立了聽起來很有份量的史戴佛俱樂部（Stafford Club）：

　　在我那個層級能認識的人當中，只要我認為有意思且將來可能有發展的，我全都會邀請。我們兩三年舉辦一次聚會，找一個人來演講。通常我會邀請三十五個人，大約二十人會來。這樣延續了五年，我們創立 OC & C 時，這個聚會好像也跟著我過去了。多年來這已成為我很重要的社會與商業人脈來源，雖然這並非我的本意。

　　凸顯個人特質會讓樞紐變得更密切、更像俱樂部──你可以選擇公司內部與外部的人都來參加。莊士通說：

我發現，只要你有所表現，你擁有的自由永遠比一般認知的程度還要高。你在工作上的人脈就是你的樞紐，而不是任何人的；你可以選擇和哪些人在一起以及如何互動，這便成為專屬於你的獨特樞紐。每個人在同一公司裡各有其獨特樞紐，之後你可以將有用的外部人士再加入你的工作網絡。

　　較年長的受訪者通常剛開始在單一樞紐裡工作，後來轉變成同時服務於多元樞紐，且沒有一個人後悔做這樣的轉變。賈吉說：「第一品牌出售後，我的事業跟著改變。在那之前我只有一個樞紐，之後的工作一直都是多元樞紐的（只有一個工作例外）。多元樞紐比較有趣，收穫也比較多。」

　　我們問每位受訪者，他們的事業何時真正起飛。奧川答：「OC & C 之後。」我們再問他們第一次感覺自己是樞紐的核心是什麼時候，奧川答：「還是 OC & C，那是我第一次覺得能盡力做出貢獻。」幾乎每個受訪者的回答都很類似——他們都是成為樞紐的核心之後才真正成功。這麼說來，身為小組織的核心似乎比身在大組織的邊緣更有收穫。

　　大約一半的受訪者說他們的目標是賺大錢，多數人都達標了，而且是透過同樣的方式，也就是建立一個樞紐，然後掌控其中一大部分。一位受訪者說：「如果你在商業界，不如自己當老闆，這比為人工作有意思得多，好處更是以十倍百倍計。」

　　另一位說：「我從無到有創立三家事業，所有的錢都是這樣賺

來的。但這其實不是最重要的，讓我最有成就感的是和一個小團隊拼出成績，成員之間沒有任何政治鬥爭。奮鬥過程中你必須多動腦筋，這很具挑戰性，而且能帶引出人們內在最好的特質，迫使你變得足智多謀。一家公司若經營得太成功，就會開始政治鬥爭，變得很無趣。」

顯然，這些企業家獲得財富的典型方式都是去找他們喜歡並選中的夥伴，一起去做他們喜歡或想要達成的目標。一位受訪者建議：「最簡單的方法是從現有的樞紐分離出去，另外建立一個，做你在行的事，但要另外加入屬於你的特殊的神奇元素。」

菲爾德說：「人們應該以水平角度思考樞紐。」

即使你只有一份工作，還是可以一次體驗多種樞紐。我的遊艇就是一個很棒的樞紐，我透過航行與很多人建立或重新建立關係，現在都成了親近而重要的朋友。如果沒有航行，就不會有這些朋友。航行是我很喜歡的活動，對我的事業幫助很大，也是我很重要的社會樞紐。奇怪的是，我在遊艇上得到的機會比其他任何地方都多。如果你不喜歡航行，可以找其他理由邀約朋友，像是讀書會、週末出遊等等。

希斯考克斯（Ray Hiscox）是我以前讀書時的好友，他習慣集結十幾個朋友到鄉間漫步一天，一起到酒吧用餐。他說：「這樣最適合放鬆心情長談，因為和你並肩同行的通常就是你最想談話的人。」

菲爾德則提出另一個觀念：「我太太多明妮克是法國人，她將一群完全不同領域的人帶進我的生活。多明妮克對我的影響很大，幾乎我在法國的所有朋友及很多中國朋友都由她而來。有時候我們接觸的人與資訊會局限在一個圈子裡，擴展海外網絡是打破局限的好方法。」

　　波爾是非洲版《追求卓越》（*In Search of Excellence*）的作者，他指出他的著作是很棒的樞紐：「我因為這本書認識了原本不可能認識的人，各式各樣的人寫信給我，也帶來了很多業務。」

　　我們的受訪者通常大約同時參與五、六個樞紐，且多半融合了事業、社交與嗜好。

　　莊士通談到有一次參加飯局，一位客人建議「清點」大家都有參加的社會團體：

　　我們可以採取企業顧問常用的 2×2 矩陣，計算你投入某個樞紐的時間與心力，再比較看看從中獲得多少樂趣或其他報酬。高付出高回報的樞紐當然很順利；低付出低回報的樞紐可能需要多付出一些——或乾脆放棄；低付出高回報的樞紐值得多投入一些時間。最後一種問題比較大：高付出低回報型。

　　起初，我覺得用這種方式思考社交互動似乎太過冷血，但也因此讓我和夥伴聊起彼此的朋友圈。我們決定不再投注心力在一個從不邀請我們的團體，多花時間和自己最喜歡的朋友相聚。那之後我們的社交生活果然有很大的改善。

我們很容易把生活看成一連串的工作，或是家庭、社會的責任。其實我們可以採取更正面的觀點，思考過去、現在與未來有哪些團體對我們來說很重要，我們願意和哪些人一起努力，攜手投入生命中更重要或更有意思的事。

　　在現代的富裕國家裡，多數人在樞紐的選擇上有著極大的自由，在過去這可是極少數人才有的特權。現在我們可以嘗試參與各種樞紐，看看是否適合自己；可以接觸許許多多的人，發掘出自己最喜歡的個人與團體；可以慢慢找出自己最樂意做出貢獻的地方；還能學習他人有哪些技能可以和自己互補。此外，我們可以成為現有樞紐的核心人物，嘗試改變樞紐的發展方向：使其變得更優質、更實用、更強大、更豐富。我們可以像磁鐵一樣，將優秀、富活力、有才華但未能發揮潛能的人才（不論年紀）都吸引過來。我們也可以召集不同才能的夥伴互相截長補短，創造出自己的樞紐。我們與合作夥伴可以得到的報酬是金錢與時間，事實上，時間就是金錢。

　　想想看，我們可以自由選擇合作的夥伴與事業，光想到這點就讓人充滿鬥志！能活在這樣的時代真是奇妙且不可思議！我們在團體中能夠得到的成就與樂趣遠超過單打獨鬥。這是人類無心插柳的命運，我們不僅要團結合作，還要結合前所未有的角色，創造出過去想像不到的獨特目標。當我們形成新的樞紐，大步邁向前人未曾踏足的領域，人類社會也將變得更豐富、多元而精采。

人們常以為企業的根本是數字（盈虧）或是力量（市場力），或甚至是血緣關係（自己人）。錯了，企業的根本是構想，能以語言表達的創新構想。

——企管大師 錢辟（James Champy）[58]

09

創新的萬靈丹

形成樞紐

▌ 耶穌與保羅

　　古時候有位猶太傳道人與信仰治療師，一直深受愛戴。他在傳道時很聰明地結合了頂尖猶太預言家（像是以賽亞與何西阿）關於社會正義與自我修養的教誨。他說，上帝會介入人類的歷史，透過猶太人（尤其是他本人）將歷史推向一個高峰，在世間建立獨特的猶太王國。他暢談上帝對被排斥、貧窮、犯罪、道德敗壞、最低賤者的愛、同情與關心。他說，愛我們的家人與朋友很簡單，但真正的挑戰是要去愛我們平常避之惟恐不及的人，像是外邦人、娼妓、病人與罪犯。傳道人眼中的上帝很奇特，他認為上帝是慈愛的父，對罪人比對義人更關心，恩典遍及所有的子民。傳道人自己曾拯救一名通姦者免被亂石打死，讓生病畸形的人完全恢復健康，讓騙子與猶太省最被厭恨的一群人——為羅馬統治者收取嚴苛稅金的人——擁有尊嚴與目標。他說，上帝對正規的宗教或謹守猶太儀式沒興趣，祂只在乎人們是否和睦、憐憫、關懷不幸與被壓迫的人。上帝會直接與個人說話，無論那人的地位有多麼低賤、不論是男人還是女人，被人鄙視還是受人尊敬。個人既然能感受到上帝無條件的愛，便能發揮良知來解讀與追隨上帝的旨意。

　　傳道人的訊息不脫優良（雖則較極端）的猶太預言傳統，聖殿的祭司卻覺得他已偏離到危險的領域。他們嫉妒傳道人有那麼

多的追隨者，也擔心他會帶頭反叛羅馬統治者，如此一來，統治者將無情地鎮壓猶太人，甚至摧毀聖殿作為報復。因此，大祭司與聖殿的衛兵將傳道人出賣給惡名昭彰的羅馬總督。傳道人遭刑求處死，在臨死前身心飽受折磨之際，他想著上帝為何遺棄了他。他向追隨者承諾上帝的新王國；上帝卻沒有實踐諾言。

追隨的群眾逐漸散去，但他那一小撮親人與死忠支持者並未放棄，繼續由他的兄弟雅各帶領。傳道人留給人的印象太深刻，眾人無法想像沒有他的生活，也堅信他並未真的死去。眾人說，他，也就是耶穌，其實就是上帝最後也最了不起的使者，他就是彌賽亞，上帝選中的人。為了表示認可，上帝讓他從死裡復活，接引升天。不久之後，耶穌就會如但以理的預言，以「人子」的身分勝利地駕著天雲歸來，猶太人會團結一致，上帝在世間的新國度將建立起來。羅馬帝國及目前所建制的整個世界都將戛然而止。

除了信仰耶穌，這些自稱「信正道者」（followers of the Way）的人其實也是傳統虔誠的猶太人，會在耶路撒冷聖殿做禮拜，也像法利賽人一樣嚴守古老的儀式，生活簡樸、努力行善。一些信正道者離開耶路撒冷後，成為小亞細亞、北非、羅馬等地的猶太團體。講希臘語的猶太人因大流散（Diaspora）落腳各個港口，其中少部分也是信正道者，稱為「希利尼人」（Hellenists）。耶穌死後一、二十年，這些人從撒馬利亞的濱海凱撒利亞（Caesarea Maritima）、亞歷山大港、羅馬等地冒出（這些

地方大部分是非猶太居住地）。

耶路撒冷之外，追隨耶穌的最大團體聚集在敘利亞的安提阿（Antioch），西元四十六年左右他們開始自稱為「基督徒」（彌賽亞的追隨者）。他們雖接觸到希臘文化，可能也會向「敬畏上帝者」（注：God-fearers，意指非猶太人但受到猶太教的簡樸或一神論所吸引的人）傳福音，不過「正道」（the Way）並未吸引到很多非猶太信徒。一個外邦人（希臘人或羅馬人）若要加入任何猶太團體，必須先成為猶太教徒，遵循可怕的割禮以及所有的猶太教律法與儀式，包括禁食多數肉類。就像所有的猶太人一樣，信正道者傲然拒絕敬拜羅馬的神明，也不遵守羅馬的民間與宗教儀式。這種形式的猶太教聽在任何非猶太人耳中，當然是非常極端且難以接受。對一般羅馬人而言，最刺耳的莫過於聲稱一個被釘十字架的叛徒因上帝之力從死裡復活，且將回來建立上帝的國度，解救猶太人擺脫羅馬的統治。這些說法或許可以斥之為無稽之談，卻也衝撞了羅馬人信奉的一切價值。

追隨耶穌的運動在地理上與心理上一直局限在猶太人的範圍。例如在羅馬，信正道者住在猶太貧民窟，西元四十九年多名猶太人被逐出城，似乎便是這些人反羅馬暴動起的因。一年一年過去，那位傳道者並未重返榮耀，他的信徒人數還是很少，在整個帝國至多只有幾百人，而且幾乎都是猶太人。

眼看「正道」似乎最多只能局限在猶太教的少數派系，更大的可能是完全消失，後來卻出現非常奇特且意想不到的發

展。在西元四〇年代中期到末期，冒出一個新的傳道者傳播新的訊息（地點可能在安提阿）。此人原名掃羅（Saul），出生在基利家（Cilicia，現位於土耳其）的大都市大數（Tarsus）富有的猶太家庭。家族事業專門提供大小帳篷給羅馬軍隊，掃羅也就成了羅馬公民。就像安提阿一樣，大數住了很多希臘化的猶太人，他們可能很熟悉亞歷山大港的斐洛（Philo of Alexandria）這類思想家的觀點（斐洛致力將猶太神學與希臘哲學融合在一起）。掃羅相當虔誠，剛開始還是傳統的法利賽人，可能還曾經追捕信正道者。[59] 但到了某個階段（可能是西元三十三年或更晚一些），掃羅在一次神祕經驗中看見耶穌的異象，耶穌命令他「向外邦人傳福音」。[60] 從此，掃羅改名為保羅，大約在西元四十五年開始宣揚新的信仰。

不同於雅各與其他使徒，保羅幾乎可以確定從來不曾認識耶穌本人，他似乎也不太在乎耶穌一生中說過什麼、做過什麼。保羅是第一個透過文字介紹耶穌的人，寫下極具影響力的長信給各鄉鎮的家庭宗教團體，其中最早的信大約寫於西元五〇至五一年，比最早的福音書還早了一、二十年。但在保存下來的書信中，有提到耶穌生平或言語的大約只有五、六處。保羅聲稱直接傳承自復活的耶穌，將「正道」轉化為完全不同的信仰。他將少數的猶太教派系轉變為第一個跨族群的普及宗教運動。保羅與耶穌或認識耶穌本人的那些人完全不同，他傳教的主要對象是希臘人與羅馬人。

不僅如此，他傳遞的訊息極富原創性。他明顯改以希臘的語彙重新定位耶穌運動（Jesus movement）。希臘哲學家認為，宇宙就像一個超意識，大自然有它的邏輯，當人類愈來愈了解這世界，也就能更接近神。正如古希臘哲學家色諾芬尼（Xenophanes）所言：「眾神並未在一開始就對我們顯露一切，而是人類透過追尋找到更好的答案。」保羅採取非常大膽的方式，將耶穌基督提升到幾乎與上帝平起平坐的地位，這麼做違背了猶太教的一神論與「正道」，歷經了兩、三百年才廣為基督徒接受。保羅感興趣的不是歷史上的耶穌，而是做為神話象徵的基督，透過基督讓個人得以與上帝連結，接受上帝的慈愛、恩典與大能。保羅說，活著的基督意義重大，現在人人都能運用基督的全能來改善自己的生命，可以活在基督裡，上帝也可以活在他們裡面。

　　這是很令人振奮的全新世界觀，耶穌與猶太先知呼籲眾人要自我修養，希臘人相信人亦有神性，新世界觀則是將兩者融合在一起。為了讓民眾有更強的信仰動機，保羅又添加了最吸引人的概念，基督徒（甚至包括在耶穌榮耀歸來以前去世的人）將在天上和主永遠同在。[61] 隨著時間的流逝，天國並未在世間出現，永生的承諾以及避免永劫不復的審判愈來愈具吸引力。

　　保羅還發明了一個特殊的概念：上帝必須讓基督死在十字架上才能赦免世人的罪，一樁可怕的意外因而轉變成上帝最崇高的計畫，透過意義重大的方式表現出上帝對人類的愛。不是只有義

人才能獲救；相反的，只有上帝的恩典可以拯救世人，而只有透過基督被釘十字架才能讓世人得到這份恩典。這種奇特的「十架論」（Crosstianity）完全是保羅所獨創，與耶穌自己抱持的傳統猶太教觀點相衝突，傳統觀點認為耶和華是慈愛的神，早在耶穌生與死之前就願意、也能夠赦免世人的罪。[62]

但保羅提出了崇高的願景，最了不起的就是指出耶穌建立起新形式的人道精神，讓所有信仰基督的人得到和解，為世界帶來和諧，為所有的信徒帶來自由。保羅寫道：「並不分猶太人、希利尼人、自主的、為奴的、或男或女。因為你們在基督耶穌裡都成為一了。」[63] 保羅率先提出普遍的信仰，融合不同國籍，透過共同信仰與行為將所有人連結起來。我們不應假定他的目的是創造更好的文明，因為他和其他使徒一樣，相信基督隨時會重返榮耀，終結人類的帝國乃至地球上所有的生命。但保羅確實在無意間創造了網絡效應，隨著基督的歸來一再被「延遲」，基督徒的人數不斷增加，在羅馬以及後來的西方社會愈來愈具影響力，這個效應也日趨強大。最後，隨著基督教在歐洲普及起來（幾乎每個人都加入基督教的網絡），基督教的道德觀廣泛散播，整個社會也跟著向上提升。當然，依照現代的標準，中古世紀的基督教有很多明顯的道德瑕疵。但若與羅馬文明相比確實有一些進步，畢竟羅馬公民是獨占優勢的少數、臣民與奴隸遭到嚴苛對待、釘十字架是司空見慣的刑罰。

耶穌的追隨者一直嚴守所有傳統的猶太儀典，像是割禮、符

合律法的飲食、會堂禮拜等等。但保羅主張的是新的跨族群信仰，因此堅持這些都必須義無反顧地摒棄。此外，他利用羅馬的運輸與通訊網絡來傳播宗教，創建新的基督教樞紐，每個城鎮都有信徒會到彼此的家裡聚會，成為保羅所謂「基督的教會」（church of Christ）。羅馬的統治勢力仰賴著環地中海的陸路與海路，所有的大城鎮都彼此相連，也都通往羅馬。保羅經常穿梭其間忙得不可開交，就像輪轉盤子的特技一樣，到處演講、糾正錯誤、譴責罪行（他發現新基督徒有很多地方有待改進），新建或重建教會，期間也發生過多次船難與牢獄之災。據我們所知，這樣狂熱的傳道直到西元六〇年代初他在羅馬被處決才結束。

他憑著超強的性格、極具原創性的訊息、鼓舞人心的演講與寫作、充分利用羅馬現有的網絡，所達到的成就遠超過直接追隨耶穌的人。他提倡的那套對羅馬與雅典都很友善的基督教快速成長風行。在他之前只有數百人追隨耶穌，到他去世時已增加到數千人。到西元二〇〇年，大約有二十萬基督徒；再過一百年，增加到六百萬人，占羅馬總人口十分之一。[64] 西元三一二年，君士坦丁大帝改信基督教，並將基督教訂為羅馬的國教。現在全世界的基督徒超過二十億人，超過其他任何宗教。

保羅採納高明的猶太教觀念，融合最好的希臘哲學，再加上他自己將基督之死解釋為震撼世界的重大事件，從而改變且大幅擴大了目標市場，在整個地中海地區建立了許多基督徒團體，善用羅馬的網絡讓基督教如野火般傳播開來。也許這一切只是無心

插柳，保羅預期耶穌不久將歸來，理論上不會覺得有必要建立一套制度。但非猶太基督教會的興起確實要歸功於他，也是因為他所宣揚的訊息，教會才能蓬勃發展。

綜觀這一切發展，我們若稱保羅為史上最具影響力的超級連結者一點也不為過。

▌馬克思與列寧

馬克思一八一八年生於特里爾（Trier，現為德國的一部分）。他人生的前三十年扮演過多種角色：哲學系學生，撰寫博士論文〈德謨克利特與伊比鳩魯自然哲學觀的差異〉（*The Difference between the Democritean and Epicurean Philosophy of Nature*）、波昂大學飲酒社社長、激進的記者、革命的醞釀者。一八四八年，他與朋友兼金主恩格斯（Friedrich Engels）合作，撰寫發表了《共產黨宣言》（*The Communist Manifesto*）──這可能是史上最具創新價值、寫得最好的政治宣言。同年，在新掌權的法國革命派邀請之下，他匆匆從比利時趕赴巴黎。

只可惜革命很快就失敗了。他在科隆短暫停留，創辦了一份激進報紙並自己寫文章，但該報只維持了很短的時間，然後他又再度被逐出巴黎，最後他與家人定居在倫敦中心狄恩街上簡陋的三房屋子。他的生活僅夠糊口，偏偏又經常酗酒，有時還揚言要在全歐洲組織革命勢力，但基本上他的餘生大半都泡在大英博物館裡讀書寫作。他的文章愈來愈艱深複雜，很難讀也很少人讀；

他與合作夥伴及革命同志的爭執日趨惡化，健康狀況也逐漸走下坡。到了晚年，他那位厲害的妻子燕妮（Jenny Marx）據說曾怨嘆：「如果他能賺點資本而不只在討論資本，那該有多好。」一八六七年，《資本論》（Das Kapital）第一冊在德國出版，得到的反應是驚人的沉默。他的妻子說：

> 很少書籍的寫作環境比這一本更艱難……我可以寫一本祕史，內容必然充滿……無人知曉的困難、焦慮與痛苦。如果那些勞工階級對於他為撰寫本書所做的犧牲有些微了解……也許他們會比較有興趣。[65]

　　一八八三年馬克思去世時，沒有國籍也未留遺囑，只有忠心的恩格斯和另外十個人參加葬禮。很少人相信他是重要的思想家；他去世時沒沒無名，壯志未酬。就像拿撒勒人耶穌，他大概也沒有想到身後會留名千古。

　　馬克思相信，他這一代見證了重大的時代變遷，原本是由地主宰制農民的封建主義，轉變為同樣依階級劃分但活絡許多的系統，資本所有者、中產階級工業家與金融家宰制新的被剝削階級——工廠的勞工。他發明了「資本主義」一詞來形容這個系統。從很多方面來看這都比封建主義進步很多，財富與文明都有驚人的成長，但這套系統還是有嚴重的瑕疵。馬克思說，資本主義很不公平地將世界區分成少數的富人與大多數的窮人，無疑是在自掘墳墓：「布爾喬亞製造出自取滅亡的武器；而且還召喚出一群人

來使用這些武器。也就是現代的勞工階級。」[66]

馬克思相信資本主義無法持久，因為它會將愈來愈多的勞工聚集在工廠與城市裡，資本則是愈來愈集中在規模日益坐大的組織，這些組織必須壓榨勞工的生活水平才能生存。勞工將無法忍受，起而發動流血革命。首先可能會在世界工業經濟的龍頭英國爆發，接著會出現共產政府，實施「無產階級專政」，廢除資本。但共產政府會在個人普獲自由的世界「萎縮」，有史以來第一次人們將能充分發揮自己的才能，造福自己與社會。

放個馬後砲，我們發現，馬克思對於封建主義過渡到資本主義的判斷極其獨到、高明且大致正確。我們的確看到大量的勞工階級集中在愈來愈大的城市，且勞工的勢力日益坐大。[67] 但馬克思關於全歐洲將爆發革命的預言卻失準了，十九世紀後半愈來愈少看到革命，即使有也很難成功。主要原因有二：革命分子無法集結忠誠的追隨者建立起一個網絡；更重要的是，資本主義讓勞工的生活水準逐漸提高（這一點恰與馬克思的論點衝突），勞工一面倒支持社會主義或社會民主議會改革，而非街頭的共產革命。

但我們都知道這還不是故事的結局。正如信仰耶穌的運動若沒有保羅的努力，可能早就煙消雲散；同樣地，「馬克思主義」也是經歷類似的轉變才得以傳世，且與一人習習相關。

烏里揚諾夫（Vladimir Ilyich Ulyanov）生於俄羅斯帝國靠近窩瓦河的地方，父親是很稱職的小學老師。烏里揚諾夫十七歲

時，他的哥哥亞歷山大因圖謀推翻沙皇亞歷山大三世（Tsar Alexander III）而被捕遭絞死。烏里揚諾夫是一流的學生與成功的律師，但逐漸對馬克思的作品產生了興趣，二十五歲因革命運動被捕，被囚禁十四個月。

烏里揚諾夫後來改名為列寧，身為革命家的他有兩大優點。第一，他將馬克思主義以及整個革命運動的地理重心重新定位。他同意馬克思對於革命的必然性與資本主義之道德與實務弱點的分析，但他將革命的地點從西歐移到俄國。正如保羅將希臘人與羅馬人（而非猶太人）當做主要的目標，列寧也不屈不撓地努力找出農民（而不只是工廠勞工）的革命動機。勞工無法獨力行動，因此必須把農民拉進來，當時俄國是個落後的農業國，工業並不發達。列寧透過扭曲的邏輯推演出「發展不均法則」，指出資本主義將在「最弱的環節」崩解，而那剛好就是發展不足的俄國。俄國的革命將象徵全歐洲的勞工革命。

列寧第二項了不起的長處是組織能力。一九〇三年，他成立布爾什維克革命黨（Bolshevik revolutionary party），完全由專業革命家組成（不只是對革命同情的人），分組成地區基層組織的網絡，很類似保羅早期成立的基督徒家庭團體。一九〇五年，俄國爆發革命，列寧與其布爾什維克同志擔任領導者。革命失敗後，列寧逃至瑞士。

但到了一九一七年初，沙皇尼古拉二世的俄羅斯帝國因對德苦戰三年，元氣大傷。革命之火再度燃起，這一次政權被推翻

了。還在瑞士的列寧急忙返國，搭火車抵達俄國主要工業城彼得格勒（Petrograd）的芬蘭車站，獲得熱烈的歡迎。列寧立刻著手顛覆新的社會民主政權。他創造了「和平、土地、麵包」的口號，請注意！「土地」二字對農民極具吸引力，而農民占了絕大部分的人口。一九一七年十一月七、八日晚上，列寧與布爾什維克派發動政變：衝入冬宮，推翻政府。列寧掌控政權後，將反對派領袖關入監獄。短短一個月，他便成立了祕密警察「契卡」（Cheka，意指肅反委員會），以恐怖手段來實踐列寧的意志。

正如馬克思所預測的，無產階級專政發生了。但接下來實際的發展開始與理論悖離，蘇維埃政府不但沒有萎縮，反而成為舉世所見最大最強勢的樞紐。其後七十年，它掌控了將近全部的商業（除了最小規模者），以及半個歐洲的教育體系、報紙、電台、電視、軍警與民間機構，甚至殺害了數千萬名同胞。蘇維埃政府激勵了希特勒與毛澤東，他們表面上各有不同的意識形態，其實是依循同樣的路線建立起引發仇恨的超大樞紐，同樣成功地實施經濟與軍事的擴充計畫以及野蠻的奴隸制。

前面談過「樞紐的引力」，從很多方面來說，蘇維埃、納粹與紅色中國都是引力最強的樞紐。

簡化才能直擊人心

這些故事告訴我們，即使是極其新穎與吸引人的觀念——諸

如愛你的仇敵、勞工終究戰勝資本主義——都不是因本身的優缺點而興起或衰落。若沒有保羅，基督教不太可能重新塑造這個世界。若沒有列寧，馬克思的雕像絕不會在俄國、東歐、中國、南美部分地區四處聳立，也不可能出現蘇俄共產政權或內戰、或饑荒、或勞改營管理機構古拉格，或冷戰時期互相耗損元氣的對峙。[68]

保羅與列寧為前輩失敗的觀念注入新的生命，此外，他們還做了一件更重要的事，那是耶穌與馬克思一直無法成功做到的，就是形成樞紐。保羅將改信基督教的人組織成每個港口的家庭團體，這些教會又讓更多的本地人改信基督教。列寧則是建立革命基層組織，建立布爾什維克黨直到能夠成功掌權，然後便不准其他團體組黨。保羅與列寧只是因為建立了極強大的重要樞紐，便能夠進行可長可久的超級連結，遠超過耶穌或馬克思所能及。全世界最具影響力的超級連結者所留下的樞紐往往在身後還能一直延續下去；反過來說，觀察世界上最了不起的樞紐會發現，創始者都是偉大的超級連結者。

任何理念要發揮影響力都需要一個樞紐，也就是一個支持者的組織。好的經營理念需要企業來落實，反過來說，任何企業都不能沒有經營理念。宗教需要教會，政治理念需要政黨，革命理念需要恐怖行動組織。理念永遠供過於求，有些好的理念無疾而終，有些卻能廣為傳播，甚至發揮超級連結的效果。光有理念還不夠，更需要一群協調一致的熱心支持者廣布宣傳，找出「顧客

群」給與支持，才能與競爭的理念互相抗衡。

這也是為什麼像是地獄、宗教迫害的必要、共產主義，與法西斯主義等可怕的觀念可以廣為流傳，這些都有強大的樞紐支撐，有一群執迷權力與教條的提倡者。

理念需要透過網絡來散播，即專屬的「廣播媒體」。那可以是書籍、電台、電視、集會、教會活動、搖滾音樂會、網路、廣告或銷售團隊。在傳播訊息時，理念必須爭奪注意力，以免被其他的資訊與雜音淹沒。成功的理念必須讓人們相信，採納該理念的好處遠超過費心去了解的成本。

試以新電影或延伸品牌（如健怡可樂）為例。如果電影很有娛樂價值或健怡可樂的熱量近乎零，這些好處雖可測量但其實並不大。因此，唯有當消費者可以花更小的力氣去了解這些效益，產品的理念才可能散播開來。要了解健怡可樂或最新熱門電影的好處並不難，品牌的目的就是要讓大家容易了解產品的內容及其帶來的好處。

再舉光譜另一端的新科技為例，諸如鐵路、汽車、個人電腦、網際網路等。我們現在知道這些東西能帶來極大的益處，也改變了我們日常工作與通訊的方式。但就像所有的新科技，這些東西的發明、設計、生產與銷售都要耗費很多時間與心力，新的使用者也必須投入相當的心力去了解使用方法。也因此不論好處有多大，新科技一開始的傳播都很緩慢，例如網際網路經過十幾年才成為主流。

要傳播一種理念，應該兩頭並進，兩頭指的是新理念的益處與了解該益處所要花的力氣。一方面要致力增加效益而且要讓效益顯而易見，同時要盡可能讓人們可以花更少的心力去了解新理念；力求簡化，最好能濃縮成簡潔有力的一句話。

何謂簡潔有力，登山寶訓（The Sermon on the Mount）當然不是，「如今常存的有信，有望，有愛；這三樣，其中最大的是愛」才是。

《資本論》也稱不上簡潔有力，「和平、土地、麵包」才是。

▌不同理念的異花授粉者

使徒保羅與列寧還做了另一項努力，他們分別採納耶穌與馬克思的原創理念，再與另一種優越但不相干的理念結合。保羅的例子是採納耶穌提倡的每個人心中慈愛的上帝，再與希臘的觀念結合，將宇宙視為人類可以分享的超意識，因此人類也可以成為上帝的一部分。列寧則是將革命必定勝利的信念與馬克思主義完整的「科學」體系，套用到落後的蘇俄。

商業人士同樣可以將兩種很好的理念連結起來，或將一種好的理念運用在新的環境，自然可以提高成功的機率。

創投業者畢克羅夫自認他的成功來自模仿一個簡單的理念：

我最重要的事業理念是在 BCG 時期建立的。BCG 的哲學是從最頂尖的商學院網羅最優秀的人才，這樣可確保公司的顧問比

客戶聰明，這正是 BCG 賴以生存的唯一理由。BCG 與麥肯錫能夠席捲全球，是因為他們聘用最優秀的人才，將他們組成網絡。這些頂尖人才互相學習，自然會有優異的表現。每一家公司都自以為在聘用人才，但全世界幾乎沒有一家公司只聘用頂尖人才。這會增加人力招募的困難，耗時費錢。但這是 BCG 的理念，我已體驗過它的效果。

這也是我們在歐洲 Apax 的做法。我非常堅持這一點，絲毫沒有妥協的空間。因此我們的規模能超越美國的 Apax，到後來甚至接管那邊，將我們的理念推廣到最大效果。當人們問我成功的祕訣時，總預期著我會大談投資哲學、或與這個行業直接相關的事，而當他們聽到我談起這個簡單的理念與其至高的重要性，總是非常驚訝。但這是事實。

規模效益

我的朋友艾克曼（Raymond Ackerman）是南非商界最有名的人之一。他受到當地許多百姓的愛戴，因為他們常到他的商店安心購（Pick n Pay）購物，他很樂意和任何人溝通。他特別指示秘書珠恩，不論顧客有什麼意見，務必直接帶去找他。此外，他與妻子兼合夥人溫蒂都是慷慨又實際的慈善家。

但他們是如何致富的呢？一九五〇年代初期，他們觀察到大型超市與量販店在美國大量興起，背後的理念其實極為簡單：只

要你能在一區或一國成為最大的連鎖超市，你就能以低於任何對手的價格進貨；你若能將節省的成本轉移給顧客，自然會門庭若市。同樣的原則適用於任何零售業，DIY、電腦、地毯、鞋子、服飾等等，關鍵是搶在別人之前把規模拓展到最大。

艾克曼原本是南非零售商 Greatermans 的主管，他說服老闆開設連鎖超市 Checkers，並且讓年僅二十四歲的他負責管理。至一九六六年，他管理的商店已達八十五家。之後他被裁員，拿著資遣費（加上銀行大筆存款）買下開普敦四家安心購超市。然後他將賺得的錢全部用來以對手趕不上的速度開立新的超市，創造南非最大的連鎖店。到一九七〇年代，他變成很有名的人物（在政府眼中則是惡名昭彰），因為他拒絕實施種族隔離，對黑人的促銷與提供的付款方式與白人完全一樣。由於他很受歡迎，政府也拿他沒輒。

從模仿到創新

▌紅牛能量飲料

奧地利高階主管馬特希茨（Dietrich Mateschitz）到泰國行銷牙膏，某個熱氣瀰漫的日子，他在曼谷搭乘嘟嘟車。他注意到每個司機都在喝一種特別的飲料保持體力，他問那是什麼，司機回叫 Krating Daeng ——依舊不明所以；飯店的人告訴他譯成英文是紅牛。後來他在西方市場申請品牌專利，開始販售類似的飲

料，但甜度減低。他想起曼谷辛苦勞動的司機，決定稱之為「能量飲料」，在酒吧與夜店販售。現在紅牛的年銷售量超過六十億罐，馬特希茨成為全世界最富有的奧地利人，《富比士》估計他有兩百三十億美元的身價。

▎美體小舖

　　我一九六九年到了舊金山，雖還是個青少年，但已來不及參加一九六七年的「夏日之愛」（summer of love）活動。那邊有那麼多開著福斯露營車的嗑藥嬉皮讓我很驚訝，他們逢人就喊「兄弟，和平！」，其他的不太說。與我來自的英國完全是兩個世界。翌年一對年輕的英國夫婦安妮塔與高登・羅迪克（Anita and Gordon Roddick）前往加州，可能也有類似的體驗。但讓安妮塔印象最深刻的是柏克萊電報街上的美體小舖商店（Body Shop），那裡當然不是賣身體，而是時尚的乳液、化妝水與洗髮精。

　　兩人回到布萊頓（Brighton）後開過餐廳和飯店，但都沒有成功。高登回到美國，安妮塔留在英國，而她一直忘不了柏克萊那家充滿浪漫情趣的化妝品店。一九七六年，她在布萊頓開了一家類似的化妝品店，她也不求創新，直接取名 Body Shop，甚至開在兩家殯儀館中間，博君一笑。[69] 後來安妮塔的事業拓展成兩千四百家店的全球王國，二〇〇六年以六億五千兩百萬英鎊的高價售出。

▎ 移植成功經驗

　　另外還有無數的例子顯示，一個好的構想可以衍生出另一個更大更好的構想，這讓我們對構想與網絡有了重要的體悟。安妮塔並不只是模仿柏克萊商店的構想與名稱，而是將它移植到九千六百公里外。那裡沒有人會說：「啊，不過是在仿電報街那家店嘛！」反而會覺得「她的」構想新穎有趣。當馬特希茨在歐美推出紅牛，被譽為世界上**第一種**能量飲料，沒有人會說那不過是將嘟嘟車司機最喜歡的酒精飲料稍做變化。

　　距離讓人產生敬意；模仿變得很像創新。我曾經支持兩個失業的年輕人開創 Belgo，一家販售比利時啤酒與淡菜薯條的餐廳，結果被視為倫敦最酷的新餐廳概念。誰會知道在巴黎與布魯賽爾早就有一家歷史悠久的同類餐廳 Leon 經營得很成功，或是在紐約格林威治村也有類似的餐廳。

　　這就是弱連結的精髓：遠方的某個人可能擁有很實用的資訊。光是和那個人談話或觀察他的作為，你可能會發現那是很吸引人的高明構想，或是很有成長與獲利潛能的事業。接下來要問的是這個構想能否運用在不同的地方、不同的市場或改變運用的方式。若能在遙遠的地方發現特殊的見解與新穎的構想並與之形成弱連結，便可能醞釀出新的事業。

　　前文談過，與遙遠的點頭之交形成弱連結具有不容忽視的潛在價值，本章則是談到以另一種方法豐富我們的人生——連結上遙遠的**構想**，重新改造後運用在另一個地方或環境。

舉例來說，安妮塔並沒有雇用電報街美體小舖的老闆，也沒有花什麼時間去認識她；安妮塔欣賞那個構想，直接就去開店了。我和合夥人創立 Belgo 之前，我們仔細研究過 Leon 餐廳。首先我們要知道那家連鎖餐廳是否賺很多錢，答案是肯定的，Leon 最特別的地方是它的菜單以及它呈現食物與啤酒的方式；但我的合夥人又加入很多新的構想，讓餐廳看起來像修道院的食堂，有長長的餐桌，服務生都穿著僧侶裝。我們沒有花很多時間和 Leon 的人談，也沒有請他們入股我們的新事業，而是採納那個概念後，重新改造放入我們的市場。當你連結到一個遙遠的構想，調整後移植到鄰近的地方，可能就會創造出新的事業，例如開在布萊頓（而非柏克萊）的 Body Shop，或是在倫敦喬克農場地區的比利時啤酒餐廳。

　　如果某個構想在另一個地方或環境已證明可行，與之形成弱連結可讓你的新事業失敗的機率大幅降低。構想是會傳承的，有其歷史軌跡。你甚至可以從基因的角度來思考：好的構想有好的基因，許多元素加在一起形成它的特質與吸引力。好的基因很難得，也是事業成功的關鍵。孩子不是父母的複製品，但通常有強烈的相似度。因此，強壯的父母通常會生出強壯的子女。同樣的道理，好的構想最可能衍生出另一個好的、甚至非常高明的構想。

　　在商業界，賺錢的構想通常能促成另一家賺錢的公司。多數新創公司都以失敗收場，但我相信，新公司若小心建立在與遙遠

優越構想的弱連結上，成功的機率會大很多。遺憾的是我們沒有統計數字可以支持這項說法——目前為止還沒有人依據創業構想過去的成敗紀錄，針對以成功構想為基礎的事業和以其他方式建立的事業做比較。但根據我自己的經驗，我曾協助創立五種新事業，全部是改造先前賺錢的構想，結果全部都成功了，回收率是投入資金的好幾倍。另外我也協助創立過四種非依據成功構想的事業，其中三種失敗，一種微幅獲利。

本章介紹幾個超級成功的事業案例，對於目標市場而言似乎不是那麼具有原創性。愛因斯坦說得很含蓄：「原創的祕訣就是知道如何隱藏來源。」沃爾瑪百貨（Wal-Mart）的傳奇創始人華頓（Sam Walton）也說過類似的話：「我所做的多數事情都是模仿別人。」

如果說依據遙遠的成功範例創業較容易成功，那麼依據**兩種**成功的構想當然更好。方法是找出互不相涉的兩個世界裡兩種遙遠的構想，在其間形成弱連結，然後融合兩種原創概念創造出新的事業。安妮塔便是做到這一點，她從柏克萊那家店採納 Body Shop 的概念，再結合最棒的經營構想之一：加盟。

在零售業，加盟者可取得創始人的品牌與經營方法，銷售母公司提供的產品，但必須出資建立新據點，並按照銷售額繳交權利金給母公司。如果安妮塔只能用自己的資金開店，事業版圖絕不可能成長如此快速，她不可能在頭一年就超過五〇％，也不可能擴充到六十一個國家。加盟制的另一個好處是加盟者比較清楚

所在國家的習性與陷阱。

　　當年，原始美體小舖的經營者也可以這麼做，但有時候距離才能讓人體會某種東西的價值。通常我們在不同的世界碰到好的構想時會比較容易欣賞，相較之下，我們很容易忽略自家後院創造出來的東西，其實具有很高的普遍價值。舉例來說，迪克與麥克·麥當勞（Dick and Mac McDonald）在一九四八至一九五四年間建立了非常成功的事業：在加州開了八家餐廳，只賣漢堡、起士堡、薯條和飲料。他們的餐廳與傳統的咖啡廳不同：沒有服務生，顧客必須排隊訂餐，付錢後把餐帶走。由於菜色有限又採用自助式，麥當勞能夠以低價賣出大量的漢堡。結果大為成功，但兩兄弟卻看不出這項創新的潛力。一九六一年，原本是旅行銷售員的克羅克（Ray Kroc）出價兩百七十萬美元要買下他們的事業，兄弟倆毫不猶豫便接受了。如今麥當勞的市值約為一千六百三十億美元，大約是當初售價的六萬多倍。其後，克羅克將漢堡餐廳的構想與加盟結合起來。

　　將別人的構想拿來進行根本的改良也比較容易。延伸一種已證實可行的構想，或將兩種構想結合起來，是否就比原先的構想不夠有創意呢？也許吧，但可能更有價值。創業家並不需要會發明，重要的是要有眼光看出某種構想以及發揮的空間，然後創立事業來充分發揮其潛能。

觸發更多好構想

一九六三年之前「策略顧問」這個詞還不存在，意指為大企業提供諮商，協助他們找出優於對手的領域，專注發展該領域來增加獲利。同年由韓德森創造出這個概念（第4章介紹過他），他改變了全球企業的做法，創造出講求智識重於經驗的全新的顧問公司形態。但韓德森與同僚並不覺得這有什麼困難，他們只是將兩大業務，也就是行銷與金融結合起來，從這個充滿爆發力的組合中釋放出精采的創意火花。

將兩種好的構想結合起來的企業家不勝枚舉。例如必發公司將個人之間的賭博與電子市場結合；機車將自行車與內燃引擎結合；正向心理學之所以能蓬勃發展，是因為將過去用於治療精神疾病的臨床心理學與主流的自我治療運動結合；SONY隨身聽品牌Walkman結合了錄音機與手提收音機；iPod則是將隨身聽與網路下載的功能合併。

其他還有很多構想結合起來之後非常成功，重點是要有人看得到，並將它們結合起來。

前面說過，高明的構想就和寶貴的機會一樣，多半來自弱連結。構想只能透過其專屬的樞紐擴散，而且必須有周全的組織，並盡可能以最簡單的方法宣揚構想的好處。

這麼說來，一個構想若是遵循網絡規則，而且能將弱連結與樞紐串連起來，成功的機會就會很大。富創意的構想就像弱連結

與樞紐一樣（這兩者的數量都在快速增加），能讓世界變得更小更豐富。當兩種以上的構想被連結起來，或是運用在新的環境，人與人的距離自然會拉得更近。但高明的構想雖然會將我們凝聚在一起，卻也會凸顯人與人的差異。好的構想會帶動更多構想、進步的做法與替代方案。好的構想是解決問題的**一種**答案，但絕不是**唯一**的答案。法國思想家伏爾泰曾說，過度追求完美反而不易有好的表現（best is the enemy of the good）。《從 A 到 A ＋》（*Good to Great*）[70] 的作者柯林斯（Jim Collins）將這句話倒轉過來，認為滿足於「好」便不易達到「最好」的成就（the good is the enemy of the great）。但談到發展新構想，便完全沒有這些問題。好的構想會指引你找到更好的構想，更好的構想又會指引你找到極度高明的構想。你唯一無法掌控的是完美的構想，因為所有的構想都可以再改進（這倒是值得慶幸）。

　　無論在大自然、圖書館還是網際網路，資訊被發現的方法有一定的結構。這結構是內建的、普遍性的，且遵循著一定的數學規則。但高明的構想被發現與散播的方法則是遵循網絡結構。只要能掌握這個道理，任何人都可以信心滿滿地去追求創新。

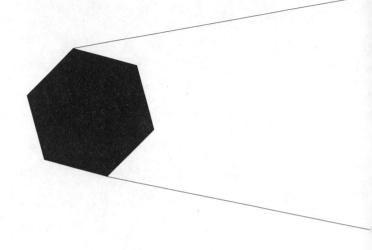

10
最有競爭力的
組織型態

未來已經在這裡，只是還沒平均分配。

——科幻小說作家 吉柏森

共贏的形式

我和本書共同作者洛克伍德的初識是在一場殘酷的殊死戰上。我們各自投資不同的博彩交易公司並加入董事會。洛克伍德支持的是美國人經營的英國公司 Flutter，我投資的是英國企業必發。兩家公司都嘗試著做以前沒人做過的事，也就是提供個人對個人的博彩網站，且都選擇同樣的方式。兩家公司創立的時間也僅相隔數月，必發規模較大、成長快速，在賭馬方面掌握先機。但 Flutter 緊追在後，透過穩定的軟體與較多的資金奪取三分之一的市占。兩家公司的每個人都知道最後只會有一個贏家，且輸家將一無所有。

傳統的市場觀認為市場可以讓好幾個競爭者同時生存且都有利可圖，但我們的情況因產業較特殊而不太一樣。博彩交易業的產品是提供不同觀點的人對賭的機制，每當公司多增加一位新顧客，它的產品就會變得更好。最重要的競爭優勢、也就是對顧客的吸引力，在於比任何其他公司提供更多對賭的客人。這種系統本質上就很不穩定，不可避免地最後會有一家公司幾乎掌控全部的市場，迫使另一家倒閉。共存共榮根本不可能，這就像俄羅斯輪盤，一定要拼個你死我活，機率大約是五五波，這當然不是賭徒喜歡的狀況。

於是，兩家公司的董事會經過激烈辯論與深刻思考，最後得出一個解決方案：兩家合併。如此將創造出規模更大、流動性更

高的市場，不但能讓顧客滿意，也可大幅擴充業務版圖，只要市場夠大，就會有更多人願意拿出更多錢來一搏。這將是一個規模大很多且成長更快速的樞紐，雙方可共享其利；產品將因市場變大而強化；其他競爭對手只能黯然退場。

後來的發展確實如此。原本兩家公司每個月各成長五％，合併後的新公司（保留必發的名稱）連續十八個月每月成長一五％。博彩交易市場跟著起飛。我們改變了博彩的面貌，一開始在英國，繼而擴及所有容許這類博彩交易業務的國家。到了二○○六年，開業僅僅六年的必發市值已超過十五億英鎊。後文會談到，不論是創業還是受雇於人，必發都是最理想的事業典範——網絡本身就能將市場擴大，同時又能賦與業者壓倒性的市占。我們認為這是新的商業趨勢，也是新的經營思維，與一九七○年代的另一項觀念突破很能相提並論。

明星業務

我二十五歲時有過一次「頓悟」的體驗。當時我在費城華頓商學院讀MBA，即將畢業，正在找工作。那個年代最熱門的是策略顧問業——協助大企業打敗對手，建立高價值的業務。策略顧問是BCG在一九六○年代中後期發明的。BCG似乎是新鮮人的絕佳選擇，薪水不錯，有機會服務大企業，且那些企業通常對新手顧問也毫不吝嗇。

我到 BCG 面試時，天真地問應徵的人事副總，大企業已經有那麼多優秀的人才，為什麼還支付那麼高的薪水給年輕顧問呢？他說：「我們有一套模式。」

　　我們將企業分成四類。最好的稱為「明星事業」，意指在高成長的市場裡市占第一，股市與整體經濟的價值幾乎都來自這些明星事業。一家大企業如果有幾項或甚至只有一項明星業務，就算很不錯了。很多企業根本一項都沒有，也不了解這些業務有多重要。我們會幫助客戶專注發展這些業務，盡可能擴大規模與重要性。此外，我們會幫助客戶把握機會創造其他明星業務，這是很簡單但很有用的策略。這就是我們的客戶能夠成功，以及我們能付給你超高報酬的原因。你的工作是依據我們的模式分析企業的業務，加以分類再決定可以怎麼做。這不需要產業經驗，只需要基本智力。

　　我因此開始認識著名的 BCG 矩陣，這套理論將事業分成金牛（cash cows）、問號（question-marks）、狗（dogs）和明星（stars）四類。金牛指一家公司是領導龍頭，但市場的成長速度緩慢——如烤豆與湯類市場的 Heinz。金牛是很穩定優質的業務，獲利佳，通常不需要再投入多少資金，這類業務能賺錢，但成長潛力不大。狗就不太好了，代表在低成長市場裡市占不佳，且通常不太賺錢（在同一市場裡利潤低於金牛，因為無法達到同樣的規模經濟），無法帶來多少收益。問號型業務也不是市場裡的龍

頭，但在所屬市場裡享有高成長。舉例來說，一九九〇年代許多公司競相成為網路服務供應商，但每個國家只有一家公司能成為龍頭。唯有當問號型能夠從市場裡的明星業務奪得領導地位，才可能凸顯其價值。但這需要投入龐大的資金，投入後還未必成功。如果問號型未能成為明星，市場又停止成長，最後將變成狗，耗費大筆資金卻血本無歸。此所以這類業務會被稱為問號型：公司應致力投資、期待能取代領導者（如果能成功的話），要不然就應該把問號型業務賣掉，即使無法賺錢也可能吸引買方，因買方看中的通常是它的成長潛力。

我從此變成明星事業的信徒，甚至成了基本教義派，將這個觀念簡化為一個事實：**明星業務的價值遠超過常人的理解**。不久，BCG 改採取更精密的新模組。但我還是堅守明星事業的原則，最後並創立屬於我自己的明星事業，也鼓勵每個人都這麼做。

明星事業為何如此重要？ BCG 從成本開始解釋——著眼於規模經濟與經驗累積的益處。任何產品或服務的最大業者一定有較大的業務量可以分攤固定成本，單位成本自然會低於小型競爭對手。接著「經驗曲線」開始發揮作用，最大業者的經驗既然比對手豐富，通常可以找到更聰明、更低成本的營運方式。

成本的優勢來自市場龍頭的地位，這個原則也適用於金牛——亦即低成長市場裡的領導者。舉例來說，Heinz 可以用低於任何公司的成本生產烤豆，因為 Heinz 的規模比其他業者都還

大，而且自一八六九年就開始生產烤豆了。那麼，身為領導者**而且**處於高成長市場有什麼特別之處？BCG 說，高成長市場讓領導者增加營收以及累積經驗的速度比所有的對手更快，也就能以更快的速度壓低單位成本。營收增加，而單位成本又下降，獲利自然大增。其他公司若身處較不蓬勃的市場裡，絕對無法有這種成績。總而言之，明星事業可以比任何競爭對手享有**低很多**的成本與**高很多**的獲利。龍頭與追隨者之間的能力與成本差異會持續擴大，也就會讓明星事業的價值更加提高、地位也更穩固。舉例來說，一九八〇年代手機產業成長極為快速，芬蘭的 Nokia 公司捨棄其他業務，一心一意要成為手機業龍頭。Nokia 大力投資，努力做到成長速度比其他業者更快、單位成本比別人更低，後來囊括全球手機八〇％的市場——二〇〇九年公司的市值高達八百億美元。

但在八〇年代初，誰也看不出 Nokia 會成為贏家。當市場還不成熟且成長非常快速時，市占率的變化很大，代表還有很多努力的空間。只要能取得明確的領導地位並成功保住這個位子，最後便能成為優越的明星事業。但如果在市場高成長的初期階段被競爭對手趕上，早期的領導者也可能失去明星位子（以及附帶的大部分價值）。舉例來說，一九五〇年代大型電腦處於初期高成長階段，市場領導者是 Remington Rand，最後卻輸給 IBM。同樣的，一九五九年，全錄發明普通紙影印機，在一九六〇年代中已掌握優越的明星業務；但到了一九八〇年代初，Canon 取代全錄，

成為全球影印機龍頭。又如早期搜尋引擎的領導者是 AltaVista，一九九五年推出時立即展現明星之姿；其後卻被三年後成立的 Google 徹底打敗，而 Google 現在大概是全球最有價值的明星事業了。

在明星事業裡工作與學習都是很棒的經驗，能幫助你擴大視野，而且公司有能力給你優渥的報酬。不僅如此，員工的股票選擇權或投資人的持股可能會大幅增值，甚至改變你的人生。不過，BCG 對明星事業的描述雖然都很正確，卻還未能涵蓋全貌。明星事業的價值未必都一樣，有些星星就是比別的星星更閃亮。我依據 BCG 的思考邏輯做了重要的延伸，領悟到理想的事業應該是**網絡明星**，即是具有強烈網絡特質的明星事業。

集中化

一九九九年，聖母大學（University of Notre Dame）物理學家巴拉巴希和他的學生艾伯特合作，在《科學》期刊發表了一篇非常重要的論文。他們原本是研究網際網路的結構，後來卻在網絡的世界裡看到了一種讓他們大為訝異的模式。[71]

這兩位物理學者首先繪製網路地圖，以每個網站為點，以線條代表網站與樞紐以及網站與使用者之間的連結。熱門的樞紐如 Yahoo! 會有很多線條聚集，一般人的網站則很少。畫出來的圖顯示某些地方很密集，有些則很空曠或只有幾條線而已。看起來有

些像美國的人口分布圖：有些樞紐有大量的線條連到網絡裡的其他樞紐或個人；相對的，任何系統裡的多數樞紐都只有少數的連結。

接著，兩位科學家計算出至少有兩個連結的樞紐，然後再計算四個、十六個……一直到數百萬個。他們發現，每個小區域都可以看到一個固定的模式：每當連結的數目增加一倍，擁有那麼多連結的樞紐數目大約會減少五倍。換句話說，有兩個連結的樞紐也許有五千個，有四個連結的就只有大約一千個，擁有八個連結的減少為二百個，以此類推。

這叫做冪次律分布（power-law distribution），少數的樞紐幾乎囊括全部的連結。冪次律分布通常遵循八〇／二〇法則，亦即八〇％的現象或結果屬於二〇％的人或原因。例如我們可以假定社會上八〇％的財富屬於二〇％的公民，實際數字也確實很貼近這個比例：美國前二〇％的富人擁有全美八六％的財富；全世界前二〇％的富人擁有全球八五％的資金。在網路上，與 Google 相連的網址與網頁幾乎比所有網站的「長尾」多出幾百萬倍。相較之下，其他網站的連結真的是少得可憐。

換句話說，網絡有**集中化**的傾向，少數樞紐非常重要，多數樞紐則可有可無。巴拉巴希與艾伯特指出，網絡裡的連結既不隨機也不民主，不是四處分散或廣泛分享，而是壟斷式的。

網絡的不對稱分布與所謂「正常」的「鐘形曲線」分布截然不同，亦即多數觀察結果都很接近平均值。例如人類的身高便是

呈現正常分布，多數人都比平均身高（一百七十三公分左右）高一點或矮一些，沒有所謂的極端身高。在人類身高這種正常分布的領域，你絕對不會看到一個三百公分高的巨人，但如果身高的分布和多數樞紐一樣就有可能。

在冪次律分布的情況下，典型的模式可能呈現極端的差異，某些例子比平均值高出數百、數千甚至數百萬倍。例如比爾・蓋茲便比一般美國人富有好幾百萬倍。

占優勢的少數可能大到足以改變整個系統的樣貌。當適用冪次律分布的情況下，頂尖少數所占的比重太大，相較之下絕大多數都在平均值，所謂的「算術平均數」之下。以財富的分布為例，「平均」淨值因少數億萬或百萬富翁而嚴重扭曲，以致平均值遠高於中位數（亦即多數人的水準）。試想像十個人平均銀行存款五萬英鎊，總值五十萬。但如果其中兩人擁有總數的八〇％，也就是四十萬，便只剩下十萬由其他八人來分——每人只分得一萬兩千五百英鎊。因此，儘管平均財富是五萬，十人中卻有八人（八〇％）遠低於平均值。在這種情況下，**平均值**不再具有一般人直覺判斷的意義。金錢是如此，網絡也是如此。

巴拉巴希與艾伯特驚訝地發現，人的世界與自然界有太多網絡的樞紐連結呈現同樣的冪次律分布。少數樞紐幾乎囊括所有的連結，「一般的」樞紐簡直乏人問津。這不只適用於網際網路的樞紐，幾乎所有連結成網絡的樞紐都是如此，像是美國的電力設施、蠕蟲腦部的神經元、IBM 電腦晶片、書籍銷售分布、人們擁

有的性伴侶人數、乃至演員從影生涯中與其他演員的連結等。

例如好萊塢就是一個緊密連結的網絡。藍登（Tom London）可能與史戴格（Rod Steiger）合演過某部電影，後者之前與李（Christopher Lee）合作過，如此便會將藍登與李連結。但有些演員的連結可能比別人多。平均而言，好萊塢每位演員與其他演員有二十七條連結。但這也是一個適用冪次律的網絡，平均數沒有太大的意義。舉例來說，勞勃‧米契（Robert Mitchum）的連結不是二十七條，而是兩千九百零五條，代表他與那麼多不同的同僚合演過。卡拉定（John Carradine）有四千條。但超過四成的演員只有十條以下，米契與卡拉定堪稱超級連結者（今日也有一些演員扮演超級連結者的角色）。少了這些人，好萊塢便不能稱為小世界。通常會有一兩個超級連結的樞紐讓所有的樞紐相形失色，贏家拿走大部分，甚至全拿。

但並不是所有的樞紐都遵循這套模式。舉例來說，機場並不一定愈大愈好；大到一個程度，好處便會被進出機場所需耗費的時間抵消。但人類社會與其他領域的大多數網絡都與網際網路的模式相仿──由少數超大樞紐與大量的小樞紐組成。

當然，這些大型樞紐都是超級連結者：負責連結「顧客」的艱難任務，所謂顧客就是那些與超級連結者連結，因而也與其他所有人連結的人。不論是基於何種理由──因為簡單或方便、省時或省力、資訊或經驗較豐富──多數人或其他節點就是會與優勢樞紐連結。我們不會去細想有幾千種搜尋引擎**可以**連結，往往

不假思索便先選擇 Google 或 Yahoo!。強大的樞紐具有大者恆大、富者愈富的強烈傾向,而且隨著時間的流逝日趨集中。今日連結度最高的樞紐明日可能會更高。舉例來說,必發在博彩交易市場位居領導地位後,市占率更是持續攀升。網絡科學家探究過這個現象的理論基礎,包括富人明明沒有特別過人的能力,財富為何愈來愈集中在他們身上。我們並不需要透過電腦模擬來了解,理由很簡單。在一個網絡裡,每個人都想要連結到所有人都在連結的樞紐,因為愈大的網絡愈有價值。不論是哪一種網絡,餐廳、市場、社交網絡、真實或虛擬的運動比賽、電腦系統、手機網絡、商業名錄、電子交易,受歡迎的就會愈來愈受歡迎。

還有另一個理由可以解釋市場的集中,尤其是在網絡事業。一九七三年,韓德森做了一項權威的宣示:「每一個產業的主要生產者都應該穩定增加其市占率。」他的邏輯是:市場領導者的成本比較低,「此一優勢至少應該有一部分以物美或價廉的方式轉移給顧客」。這樣便會形成良性循環,因為既然對顧客較有利,便會有更多人被吸引成為領導者的顧客,業務量會增加,也就能進一步降低成本,進而提供更物美價廉的產品給顧客。韓德森說:「一個產業若無法集中,便無法競爭。」意思是當領導者的市占無法繼續提高,就等於判定管理階層無能。[72]

網絡產業或許能為韓德森的理論提供最佳的辯護。在網絡產業裡,不只是領導者的成本優勢愈來愈大,產品本身也會愈來愈具有優勢,因為會有更多的顧客被吸引到這個網絡裡。即使領導

者沒有特別的創新做法，至少還是應繼續改良產品。小型競爭對手能吸引到的新顧客比較少，甚至還可能流失舊顧客；改良產品的速度會比領導者慢，甚至可能隨著所屬的網絡逐漸流失客戶而品質愈來愈差。因此，我們可以預期最後會出現類似韓德森所謂的「良性壟斷」（benign monopoly）。如果網絡產業的領導者未能穩定增加市占，代表該公司的經營方式有問題。

虛擬樞紐

▌語言

　　所以，依據我們對網絡的了解，多數產品或服務類別可能都會看到愈來愈集中化的現象。企業界似乎便是如此，網絡產業（包括多數網路事業）的領導者通常都能享有比非網絡產業（如多數製造業）更高的市占率。但日常生活是否也是如此呢？我們且檢視其中一些較熟悉的領域——語言、金錢與城市——探究集中的現象有多明顯，以及集中的程度究竟會隨著時間提高還是降低。首先我們談談語言。語言是人與人連結最基本的方法。我們不難想像語言最初是怎麼分化的，又如何隨著不同族群的遷徙流傳到世界各地。人們因山川阻隔而過著相對孤立的生活，長期下來遂繁衍出多種語言。

　　試想像一八○○年代，路易士（Meriwether Lewis）與克拉克（William Clark）展開漫長而艱辛的發現之旅，踏上地圖上尚未標

示、人煙稀少的美國西部時，聽到各種不同的語言與方言時有多麼困惑。他們是最早沿著密蘇里河尋找通往太平洋路徑的白人，一路上遇到許多部落與語言（包括 Mandan、Cheyenne、Hidatsas、Sioux、Pawnees、Lakotas、Nez Perce、Cayuse、Blackfoot、Piegan、Wishram、Yakima、Wananpam、Shoshones、Salish 等）。

當人與人之間的接觸快速增加，能夠透過語言與更多人連結變成一種優勢時，想想看，這類孤立的語言會如何呢？克羅斯博士（Dr. Michael Krauss）是最早研究「語言之死」的學者，他估計一萬年前人類大約有一萬五千種語言，現在只剩六千種。他預測再過一百年全世界將只剩下六百種語言——九成會消失，相當於每週死掉一種語言！

克羅斯說，語言的集中化是以幾何速度增長的。為什麼會這樣呢？語言的最初發展動機是促進親子之間的溝通，因此我們可能會預期所有的語言都能保存下來。但當人們學會其他語言而能透過翻譯互相溝通，透過旅行、貿易、電訊而互相連結時又會如何？一個人若希望自己在國外能被旁人理解，很可能會學習已有很多人使用的語言，這自然對於英語這類很普及的第二外語較有利。以英語為母語的人大約三億七千五百萬人，在全球排名遠落後第一名的中文（八億八千五百萬人）及印地語（六億人），只比第四名的西班牙語（三億五千萬人）多一點點。但以英語為第二或第三語言的人是以英語為母語者的三倍，其他語言卻是外國

的使用者遠少於作為母語者。英語普遍被當做廣泛連結的國際共通語言，也是科學、航空、海運以及許多國際組織的官方語言。這些需求使得英語在各國人士聚集時成為優勢語言：全球大約有十五億人能夠以英語溝通；相較之下，其他語言都遠遠不到十億人。你應該都知道，教英語在全世界都是很有成長性的事業。隨著人口成長，西班牙語可能很快就會超越英語，成為第三多人使用的母語，但我們仍可預期英語的整體領導地位還是會持續鞏固。語言學教授克里斯托（David Crystal）預測，全球的英語發展趨勢是既**分歧又整合**：各地區的差異性會增大，因而會出現一種標準的國際英語，讓所有說英語的人能互相了解。[73] 簡單的國際英語的發音與拼字規則較容易，可能會進一步提高英語的廣泛連結價值，更強化其全球領導地位。當與網絡裡最大的樞紐（此處指語言）相連結變得愈來愈容易，也愈來愈有益時，學校與成人學習者也會順應這個趨勢。

但不論說英語或其他語言的人數如何變化，我們可以將語言視為「虛擬」樞紐，連結地球上的每個人；首先從使用同母語的人開始連結，然後透過諳外語者的連結擴散出去。如果每個人都會說一種（任何一種）周遭的人能了解的語言，人類將以新的方法連結。這樣看來，溝通的欲望自然對已經很普及的語言有利，少有人懂的語言則會被摒棄。假想世界上所有的人都以連接到樞紐的線條來表示他們使用的語言，畫出來的圖可能很像巴拉巴希與艾伯特的網路圖。而且這個圖可能會隨著時間愈來愈不對稱，

一些廣泛連結的地方特別密集。

▎金錢

　　金錢是另一項促進連結的重要發明（也是另一個虛擬樞紐）。金錢提供交易的媒介與價值的儲存方式，因而能將商業與貿易提升到以物易物的限制之上。就像語言一樣，某種通貨若只有少數使用者，當然不太好使；但若是普遍被接受，則會非常有用。可以理解這是一種數大即是美的法則，顯示世界的通貨可能隨著時間愈來愈集中——一些廣泛連結的通貨變得更重要，尤其是用於貿易與國際儲備，有些通貨會完全消失，多數的通貨重要性會減低。

　　這同樣可以從最近的歷史得到印證。儘管每個國家都在推廣與保護自己的貨幣，美元仍是目前為止最廣泛被持有的外匯儲備，約占全世界外匯存底的三分之二。事實上，已發行的美元有超過一半都在美國境外，很多國家視美元為實質通貨。

　　世界第二大重要貨幣歐元的崛起，反映出更戲劇化、更快速的集中趨勢。二○○二年以前，西歐十二大國各有自己的貨幣。但全都在二○○二年一月一日突然消失，現在恐怕只有貨幣學家以及一些農民收藏著。世界上一些最有歷史、最光榮的貨幣都已消失，包括德國、西班牙、義大利、法國、荷蘭、希臘、芬蘭與葡萄牙的貨幣，目前歐元還在吸引更多的貨幣加入。二○○七年，斯洛維尼亞托拉爾壽終正寢；隔年，塞普勒斯與馬爾他放棄

數百年的貨幣；二〇〇九年，斯洛伐克克朗跟著進入貨幣的墳場。歐元目前也是蒙特內哥羅、科索沃、安道爾、梵蒂岡、摩納哥、聖馬利諾以及五個非歐洲國的唯一貨幣。一九九五年，美元與（現在已不再使用的）德國馬克占了全球儲備貨幣的四分之三，其餘數百種貨幣合計占四分之一。這是多麼高度集中啊！但到了二〇〇八年，歐元與美元共占全球儲備貨幣的九一％，只剩九％讓其餘的貨幣瓜分。我們再次看到高度集中化會導致更高度集中化，幾乎由兩種貨幣完全壟斷外匯儲備。如果再加上英鎊（占四％外匯儲備）與日圓（三％），數百種流通的貨幣當中，僅僅四種便構成九八％的外匯儲備——這些數字與我們在網路上看到的集中化模式很類似：例如搜尋引擎的 Google 與 Yahoo!，書籍零售的 Amazon，百科全書的維基，拍賣網站 eBay 等等。

▍城市

日常生活中還有最後一個例子，顯示出連結度與集中化程度很高，而且還在持續不斷提高，那就是城市。

城市一向是人類最了不起的超級連結機器，不僅讓人有機會與陌生人接觸，更成為貿易、金融、政府、生產、學習、購物甚至休閒的重要中心。一五〇〇年，全球大約只有一％的人住在城市裡，到了一八〇〇年增加到三％，一百年後再增為十四％。如今，住在城市裡的人已超過了城市外的人。

但都會集中化不只在過去五百年裡不斷提高，同時也表現在

特定規模的城市。城市並沒有如同上一代評論家所預測的逐漸相對分散，反而變得愈來愈大，且一貫呈現大者恆大的模式。昔日的大城市——紐約、倫敦、東京、北平、孟買（Bombay）——現在更大了，雖則最後兩個已更名為北京與 Mumbai（中文仍是孟買）。東京都會圈現有三千五百萬居民，比整個加拿大還多。

大城市簡直堅不可摧。倫敦在一六六五年遭黑死病肆虐，隔年八萬居民中七萬人的住家毀於倫敦大火。希特勒在一九四〇至一九四一年的倫敦大轟炸試圖摧毀倫敦，導致一百多萬戶住家遭破壞或全毀。但幾百年來倫敦反而愈來愈大，只有環市的綠帶限制進一步擴充，幾十年來人口增加不多，但房價節節飆升。

與一些城市相比，倫敦的情況還算比較好。想想廣島的悲劇，一九四二年，廣島人口約有四十二萬。一九四五年八月，美國 B–29 轟炸機投下了「小男孩原子彈」，這項核子武器立刻殺死將近五分之一的民眾，夷平七〇％的建物，留下致命的幅射污染。到了年底，廣島的居民只剩下原來的三分之一。但十年後，廣島重建起來，人口回復戰前水準，現在更擴充至當時的三倍。

城市、貨幣（尤其是儲備貨幣）及語言都是溝通工具，也都是網絡。三者同樣都具有網絡的三項特色，第一點是集中化，少數成為最大的超級連結者，其餘大多數都不重要。第二，**愈來愈**集中化，大城市變得更大，較普及的貨幣與語言變得更普及。最後，受到人類渴望連結與交流的本能驅使，或者更基本的，受到網絡特質的驅使，這三者在沒有任何主要計畫或刻意鼓勵的情況

下，都會自然擴充。

競爭優勢的聖盃

企業界是否也同樣展現這種擴充與集中化的特性呢？很多產業確實如此，但有些事業顯然又比其他的更甚──那就是網絡事業。

洛克伍德很幸運地在就業初期就碰到這樣的網絡明星，所以強烈相信有些企業特別有機會脫穎而出，並因這個信念而投資Flutter以及支持後來與必發的合併。洛克伍德解釋這段來龍去脈：

二十出頭時我住在多倫多，剛從商學院畢業，對於如何開創事業完全沒有概念，只想賣力投入工作，就算很辛苦也沒關係。我從幾位有影響力的教授和父親身上看到「認真做事」及積極進取的可貴──我父親是職業律師，後來覺得商業比法律更有趣而轉行。我加入一間很成功、富開創精神的商業不動產公司（創辦者和我同一所商學院畢業，成績很優異）。看起來這是很實在的中產階級選擇，大家都很贊成；然而，我自己打從心底厭惡。我只待了半年便離開，且立刻做了一件出乎眾人意料的事：投入二手車事業。

法蘭西斯（Bill Francis）是我朋友的父親，經營《汽車買賣》連鎖事業──那是一份附照片的分類廣告雜誌，專門幫助消費者買賣二手車與其他車輛。我第一次造訪便留下深刻印象。公司位

於多倫多輕工業區的一間舊皮帶工廠裡，法蘭西斯坐在正中央一間圓形的大辦公室，那是用切除鐵皮筒倉的邊邊建成的，算是那棟建物過去的產業遺跡。他的桌子最前方擺著剪刀、膠帶和一疊舊的週刊和月刊。他的心情很不錯，點了一根雪茄，忙著剪舊雜誌拼貼成新雜誌的版型──《休閒車買賣》（*Recreational Vehicle Trader*）、《古董進口車買賣》（*Older Imported Car Trader*）、《雪地機車買賣》（*Snowmobile Trader*）、《工程車買賣》（*Heavy Equipment Trader*）等。這些實驗性的封面將貼在圓形辦公室的牆上（上面已貼了幾十張），供他在煙霧瀰漫中沉思。

公司同仁在他四周忙碌工作。電話區就在聽得見的不遠處，客服人員專門處理顧客的抱怨，攝影師連絡安排待售汽車的拍照時間。後面在進行印刷前的準備，報紙型的印刷機連同裝訂機轟隆作響。另外還有備貨區，在此分裝後依循固定路線運送到四千家店，共有四十位駕駛，多半都是巡迴表演的音樂家，他們很珍惜這每週一天的固定兼差，這樣可以多賺幾百美元。

法蘭西斯要找個人幫他發行新雜誌以及改善現有的業務，那個人就是我。我這位老闆算是白手起家，公司自二十年前創立以來連年獲利成長。公司裡散發出某種難以解釋的活力與自信，我在那裡工作了整整五年才明白，那是間多麼特別的公司。

我在職的期間，《汽車買賣》雜誌在汽車分類廣告界的市占從大約三〇％增加了一倍。我離開後，這項優勢仍持續下去，後來公司成了地區壟斷勢力，甚至打敗了強大的日報，搶走他們最

賺錢的營收來源。此外，不只一家新雜誌仿效它的模式低價競爭，也都不敵而敗走。

《汽車買賣》是怎麼做到的呢？

關鍵在於它掌握了競爭優勢的聖盃。一開始《汽車買賣》相對於較昂貴的報紙文字廣告便具備產品的優勢——不但附照片，廣告詞也較多，而豐富的資訊當然有助汽車的銷售。另外一個優勢是成本——不同於報紙，《汽車買賣》只有一種目標讀者，就是想要買賣汽車的人，因此沒必要多負擔其他廣告的業務成本。然後，隨著雜誌銷售量增加，愈來愈多人付費讓雜誌社去拍照，寄送雜誌及四處去拍照的成本都可發揮規模經濟的效益。

但《汽車買賣》真正的優勢其實只有一個：隨著雜誌吸引更多顧客（包括買方與賣方），產品的品質會跟著提高。買方要的是最多的選擇，也就是廣告最多的刊物；賣方要的則是最多買方會看的雜誌。《汽車買賣》的照片分類廣告形式很容易模仿，但對手很難達到其產品的實用性，因為你無法一開始就有那麼多的買方與賣方。而且你也無法從無到有吸引顧客，即使是提供免費服務也辦不到，因為他們已經知道哪裡是買賣二手車的最佳平台。當然，顧客不會輕易放棄原有的平台，轉移到因為量少而難以流動的市場。

《汽車買賣》是個很棒的網絡，顧客互相吸引，甚至到了幾近壟斷的程度。這樣的網絡一旦創造出來，對經營者是很大的資產，除非出現新的科技顛覆一切。《汽車買賣》也是網絡效應的

重要例子，使用者的集體行動變成產品或服務本身的優點。這等於是由顧客播下種子，網絡的所有者收成。

　　法蘭西斯擁有報紙與品牌產品的背景，經營這類事業再適合不過。但仔細檢視《汽車買賣》在各領域的成績，會發現管理方式對成敗的影響出奇地小。法蘭西斯握有多倫多的經銷權，但這項事業並不是他發明的。原始構想是一九七〇年代阿諾德（Stuart W. Arnold）在佛羅里達提出的。二手車市場具有地區性，通常都是在較大的地區或大都會區較盛行。阿諾德可不希望走遍北美洲，到每個大城市重新創立當地的《汽車買賣》，因此他招募了將近三十個加盟主，加盟金為兩萬五千美元。阿諾德不在乎誰來加盟，只要付得出錢都行。除了殷實商人，他的外甥、叔叔伯伯、會計師、牙醫、記者、油漆工等等都來參與加盟。事實上多數加盟者都沒有接受過經營訓練，有些人明顯根本不適合經營任何事業。

　　你可能會預期加盟者的成績參差不齊。

　　錯了，不論加盟者有多不符合資格，沒有一個失敗，全數成功，身價至少達到數百萬甚至數億美元（法蘭西斯就是其中一例）。網絡的力量極大，每當加盟者在任何地區開業，其他對手都不可能超越。管理上的缺失或許會讓加盟者稍微少賺一些，但仍無損地區性市場領導者的地位。

　　一九七五年，一位到佛羅里達度假的英國人也看到了《汽車買賣》的潛力。馬迪捷斯基（John Madejski）回國後便創立了

《泰晤士河谷買賣雜誌》（*Thames Valley Trader*），銷售房屋、汽車還有其他許多產品。但汽車賣得最好，不久馬迪捷斯基就將雜誌改名為《汽車買賣》，專賣汽車。一九九八年，他以一億七千四百萬英鎊的價格賣掉雜誌。之後他捐了很多善款，也因熱衷行善在二○○九年受封爵位，但依據《星期日泰晤士報》估計，他仍是英國第兩百二十二名有錢的人。[74] 就像安妮塔與 Body Shop 一樣，馬迪捷斯基也是引用遠在美國、已證明成功的構想。

《汽車買賣》以不同形式成功經營了三十年，期間創造了龐大的財富。直到有一天競爭環境終於改變，網際網路終結了照片分類廣告形式的主導地位，讓其他競爭者（如 eBay Motors）有機會進入市場。《汽車買賣》線上版依舊具影響力，但已不再能保證在每個地區市場都還是龍頭。

網絡明星究竟有何特別之處，能夠比一般明星的表現好那麼多呢？

前面談到巴拉巴希與艾伯特觀察到網絡無法阻擋的集中化現象，網絡明星是這種現象的受益者。他們之所以能超越一般的明星，都是得利於「網絡效應」，意指一種產品對個別使用者的價值與使用者的總數成正比；愈多人使用、產品愈好，最後自然演變成「贏家拿走大部分」或「贏者全拿」的結果。這是因為領導者的產品優勢難以超越，網絡明星因此可以大幅成長，成為市場的主要勢力並維持豐厚的利潤。成長、高獲利、優勢地位、永續性，這些因素加在一起，自然能造就極具吸引力的事業，例如必

發。

　　這個邏輯與傳統對於明星事業為何具有優勢的解釋很不一樣。BCG 的觀點建立在成本與規模經濟的基礎上。當然，成本低於對手者勝算一定較大；但意志堅定的挑戰者若能掌握較低的資金成本，或是願意大力投資以爭取市占，只要能接受較低的獲利便可能與龍頭一較高下。成本的優勢無法保證勝利，因為理性的競爭對手可以購買市占，推翻領導者在成本與經驗上的優勢。只要願意砸錢解決問題或追求更快速的成長，成本優勢是可以被抵消的。當艾克曼在開普敦開立四家安心購超市時，Checkers 的規模大很多；但艾克曼知道，他必須成為南非最大的連鎖超市，才能以低於對手的成本進貨，因此他將賺得的錢全部又投入，力求展店速度超越 Checkers。

　　但網絡優勢並不是那麼容易受到削價或大力投資擴充所影響，成本優勢無法解釋《汽車買賣》、必發、Google、微軟、facebook 為何獨占優勢。驚人的市場集中化與後續的財富累積並非受到規模經濟驅使，而是因為網絡創造的產品優勢讓對手極難複製。如果 Checkers 處於強大的網絡市場，例如開的店愈多，商品愈好吃，那麼艾克曼便毫無機會。但超市的商品當然不是這樣的。

　　一個網絡的使用者愈多，網絡及其提供的產品或服務的價值就愈高。使用《汽車買賣》的買賣雙方愈多，雙方的選擇愈多，你的汽車愈有機會賣出去。同樣的道理，若有愈多人齊聚網路來

透過必發下注，賭注愈大，讓分愈小，對所有的賭客愈有價值。你可以嘗試與網絡明星競爭，但除非你能讓所有的人都轉而選擇你，否則你便無法擁有最好的產品。既然你沒有最好的產品，大家為何要選擇你？你可以砸大錢去嘗試，但不會有任何成果。

「數大即是美」現象適用於所有的網絡。

由於使用網絡的價值不斷提高，使用人數會隨著參與者的使用程度而增加。也就是說，愈有人使用，就愈多人願意跟進使用。套用網絡科學家的術語，這裡面有一種「正面循環」的效果。以博彩交易為例，每加入一個新的賭客，都會讓所有參與交易的人得到更多利益；另外還有「正向網絡外部性」，意指我們都能夠因網絡的成長受惠，卻都不必負擔成本。

因此，當一個網絡開始快速成長，它就會繼續快速成長，這對網絡所有者是一大福音。好處還不只是如此，網絡通常對單一標準、單一語言、單一供應商、單一系統有利。在正常的情況下，較小的網絡供應者多半會被淘汰，最大的供應者則會蠶食鯨吞。由於主要網絡擁有最多使用者，價值也就最高，縱使它的產品或服務可能有些部分不及競爭對手。擁有最多使用者這個價值就會讓它在吸引新使用者時就是比別人更占優勢。

結果就是：贏者全拿，或至少吃掉大半。

以主流的線上社交網絡為例，諸多對手面對 facebook 的攻勢，全成了小蝦米。其他的例子如微軟、eBay、Google、維基、Yahoo!、必發也都是如此。誠然，這些巨人都有競爭對手，但全

是小巫見大巫。網絡自然而然對領導者有利，使其地位更加鞏固……除非新科技或某種意料之外的改變破壞了原本的遊戲規則。

相較於較不倚賴網絡效應的市場（如超市），重度網絡化的市場（如線上服務）較可能出現占優勢的明星。弔詭的是，在這個日趨網絡化的世界，要創造一個具網絡特質、非常有價值的明星事業，比創造一個價值低很多的非網絡明星還要更容易。

現在你已經知道，網絡明星為何如此吸引人。它們融合了高成長、高獲利、優勢地位與永續發展等特性，造就非常優越的企業。網絡明星的現象不僅能幫助我們了解個別企業，對產業、經濟與整體社會也具有不容忽視的意義。如果你認同連結的增加會導致集中化的趨勢，也認為我們的社會與產業在科技的助長下變得愈來愈完美連結，這又會將我們帶引到何方呢？

商業界的發展似乎能看到比較清楚的答案。當一個產業的網絡化程度愈高，其競爭架構便愈集中在幾家超級連結的大企業。**市場將變得更趨於壟斷**，於是你會發現有愈來愈多的市場與利基由單一網絡明星支配。聽起來有種蓋棺論定的鄭重意味，但請看看 Google 的前執行長施密特（Eric Schmidt）是怎麼說的：

我很希望能告訴各位，網際網路創造了一個公平的競爭環境，長尾效應蘊藏著寶貴的商機，網路的世界充滿差異性、多元性與各種新的聲音。但很遺憾的是，這並非事實。

實際上我們看到的是冪次律分布，少數產品高度集中化，其餘多數產品的銷售量相對很小；幾乎所有的新興網絡市場都遵循這項法則。所以說，曲線尾部的商品雖然很值得重視，絕大多數的營收還是留在頭部。這是企業應該認清的道理。你可以採取長尾策略，但你最好成為企業的龍頭，因為所有的營收都在那裡。

　　事實上，網路可能會帶引出重量級的暢銷產品以及品牌的集中化。這同樣讓很多人感到費解，網路作為銷售媒介不是規模更大嗎？但當所有的人都聚在這裡時，大家還是希望有一個超級巨星出現，且不只是美國的超級巨星，而是全球的超級巨星；意思是全球的品牌、全球的企業、全球的運動明星、全球的名人、全球的醜聞、全球的政客等。[75]

　　這便引發了一些發人深省的問題。如果網絡市場總是向單一超大贏家傾斜，這樣還能稱為「自由」嗎？尤其當成長與獲利的主要趨力來自網絡本身而非業者時。如果一個系統最後將自然而然、不可避免地走向壟斷，談反托拉斯還有意義嗎？然而網絡效應對顧客還是有利的，可能超過壟斷帶來的壞處。[76]正如《連線》（Wired）雜誌前主編凱利（Kevin Kelly）所言：「在網絡經濟裡，單一賣方其實是好事……一個大的集中資源總是優於許許多多小資源。」[77]

　　世界真的如知名記者佛里曼（Thomas Friedman）所說的，變得愈來愈「扁平」嗎？[78]佛里曼說，中國、印度等地的低成本供

應商帶來很大的挑戰，意謂著競爭趨於白熱化，這是一個全球公平競爭的市場，沒有任何人能置身事外。很多市場確實都有這個現象：產品同質性高，低價者勝出。網絡市場裡的明星事業卻不是如此，在網絡市場裡，業者面對的最大威脅不是廉價勞工，而是新的科技、更嚴苛的法令或其他重大的改變。競爭場域或許有很多地方是平的，但巍峨高山還是存在，而這正是賺大錢的良機。

　　眼見愈來愈少的業者拿走愈來愈大的市場，這樣的前景是否讓你感到沮喪呢？從這個角度來看，網絡是否意謂著機會減少？答案既是肯定也是否定的。網絡通常呈現「分散式集中化」的現象（decentralised concentration）——意指利基市場可能很集中，但高度專門化；網絡的擴充方式通常是將現有的市場分裂為二，之後再行分化，產生新的賺錢方式與新的顧客。例如以前賭博業多半是政府獨據，或是由少數大型業者寡占。後來，網路賭博開啟新的利基，與傳統業者有別的新業者在網路上成為領導者。再之後又發展出價差賭注（spread betting）、博彩交易（betting exchanges），每一種都來自特別的創新者。每當一個新利基開始擴張時，常會製造出壟斷的局面，但通常這代表新的機會、新的壟斷者。依佛里曼的說法，世界一開始是平的，然後有人建了一座高山（如 Google）；或是利用原有的高山，在旁邊立起新的山丘（如必發）。

　　但這並沒有解決與網絡相關的所有問題，尤其是財富分配的

問題。當網絡市場日趨集中化，造成財富分配極不平均勢必不可避免，政府與社會要怎麼因應呢？更不必提那些剛好把握天時地利的高階主管坐享幾百萬美元的高酬勞了。如果一個事業在結構上已註定會成功，我們認為管理者應獲得怎麼樣的對待與報酬呢？這類事業的成功應歸功給哪一個人或哪一件事嗎？事實則是網絡本身創造了大部分的價值，遠遠超過個人的貢獻。但往往由少數個人（當然是有能力又精明，但同時也很幸運的人）拿走龐大的財富，以歷史上少見的速度大賺特賺。

惠特曼（Meg Whitman）掌管 eBay 時曾說過一句名言：「就連一隻猴子都可以駕駛這部列車。」有些事業的驚人成長與其管理方式沒有太大的關係，反而與最初的構想、設計與執行比較有關，《汽車買賣》與必發都是如此。然後，網絡效應開始發酵。這並不是說這些公司在管理上都不會遇到任何挑戰，當然還是有。但股東與董事應該明白，網絡明星受惠於其他事業所沒有的力量，網絡的順風向自會推動企業前進。網絡提供成長的力道，管理者只是負責掌舵。

管理者與董事會必須決定企業要進入與投資的市場，以及要避開哪些市場。如果我們以網絡來解讀市場的觀點能獲得大家的認可，金融機構是否還會爭先恐後大舉投資網絡效應特別強的那些領域呢？這類領域最後終究只會有少數贏家，其餘大部分都是輸家。當然，很多人即使明知困難重重，還是相信有機會成功，這是人性使然。但若能充分了解網絡的本質，相信很多金融業者

會明白自己的成功機率有多微小。

網絡明星對個人又有什麼啟示呢？如果我和洛克伍德剛出社會就知道現在已知道的事，兩個人都不會到別種公司上班。

所以並不是所有的企業都具有同樣的吸引力。也許九五％有價值的新產品與新服務是由五％的企業提供，新增的價值裡甚至可能有更高的比例都歸給這五％的企業主。這些非常高明的企業都是燦爛的明星，亦即在快速成長多年的市場裡占居領導位置，而且很可能遙遙領先對手。

但明星也有分等級，有些當然是極強大又極富吸引力。新的事業若能善用網絡的爆發力，就可能快速成長，超越原本的利基市場。有一種事業可以讓你有長遠的發展，樂在其中，並有餘裕拓展視野，那就是在**強大網絡**裡因占居領導地位而獲益的明星事業。必發與《汽車買賣》不只是明星事業，更是**網絡明星**，意思是網絡本身就能帶動事業的成長，製造出強勢領導者。

因為在網絡市場裡，往往是由少數樞紐（通常就是一個樞紐）掌握主導地位。

除非你不工作，否則最好的選擇就是在成立不久的網絡明星事業裡工作。這些事業創造的成長與收入讓早期參與的人有很好的發財機會。若能自己**創造**新的網絡明星，獲得的報酬當然更大。如果你能找出並建立網絡明星事業，成功的機率就會很高。你可能聽過很多新創事業最後都以失敗收場（這是事實），但請暫時忘記這件事。只要經過周密考量，網絡明星失敗的機率其實

低很多。如果你的構想夠高明，如果你的新事業真的能發揮網絡的爆發能量，失敗的機率並不高。

這正是樞紐型事業的精髓。

但這還不是故事的全部，接下來我們要介紹弱連結事業。

11

網絡式的社會結構是高度動態的開放系統，
有利於創新而又不致於威脅系統的平衡。

—— 卡斯提爾（Manuel Castells）[79]

透過弱連結所架設的橋梁，創新活動才能跨
越社會的藩籬。

—— 格蘭諾維特 [80]

弱連結事業

創新者的難題

你有沒有住過孤立的小鎮？裡面每個人都互相認識、或甚至互相有親戚關係，不可能隱姓埋名。在這種環境裡，人與人之間的情誼很有可能堅不可摧，但也可能有幾世難解的血海深仇。不只是個人，有時甚至讓家族或更大的群體陷入分裂。維洛那（Verona）就是個最典型的例子，那是《羅密歐與茱莉葉》發生的背景。一個小鎮如果沒有新血加入，人們可能變得過度親近、心胸狹隘，無法寬容異己。即使這些問題都能夠避免，恐怕也會變得非常無趣，至少對於有心擴展領域的人是如此。

一個人口穩定的小鎮有一個根本的問題：強連結太多，弱連結太少。人與人的關係以家族與朋友為主，幾乎排除任何偶發的、新的弱連結，也就很難產生新的資訊與做法。

大城市則恰恰相反；城市是弱連結的巨大溫床，很容易成為創新活動的精采核心。

我們是否能用同樣的觀點來探討工作與企業呢？職場上的弱連結、強連結與創新有什麼關連呢？哪些因素是創新的助力與阻力呢？

依據我們對網絡的認識，應該只有一種情況最有利促進創新與市場的成長，那就是大量的弱連結同時存在，串連著不同的世界（也就是弱連結的數量超過強連結時）。

新公司很符合這些敘述，因為多數新公司都非常倚賴外在的

弱連結。新公司通常總有一部分的重要構想來自外界；員工在公司的資歷當然都很淺，因此與舊公司還保有一些連結。成熟的公司通常已發展出較固定的聘雇模式（不論聘雇對象是機構還是個人），相較之下，新事業的員工比較多元（來自不同公司與背景）。在新事業裡，很多關係還沒有時間形式化、僵固成強連結，固定的企業階層也還未成型。基於這些理由，新事業擁有的弱連結比例通常高於成熟的企業。當然，新公司也可能因其他條件展現很高的創新力，創業者本來就必須要有能力開創新的領域，才能起步生存。但我們還是認為，大量的弱連結有相當大的助益。

我們認為小公司的弱連結也相對比大企業多。小公司將部分業務外包的機率較高，而非仰賴公司內部統籌一切。小公司的階層通常比較少，較容易受到外在隨機出現的因素影響。此外，小公司的業務量較少，工作性質不是那麼專門或特殊，而一般性或涵蓋範圍較廣的工作比大企業的工作更可能產生弱連結；相對地，大企業會運用分工與自動化來壓低單位成本。試想汽車裝配線上的作業員擁有的弱連結一定很少，相較之下小型修車廠的經理便多很多，他除了要修車，還得與顧客及供應商互動、記帳等等。正在成長的小公司會遭遇各種起伏變化，內部職位常需重新界定與輪替，整個環境較有彈性，也因此人際關係比較不會僵化。

還有一種情況對弱連結的發展較有利：同一個城市或地區裡

有很多公司（有些屬於不同的產業），大家常常換工作，不同公司的員工之間交流得較頻繁。在這種情況下，知識與技能的交互激盪有利促進創新與市場的成長。同樣的道理，當大學與企業之間、企業與促進創新及知識移轉的非學術來源（如顧問）之間，要是存在著頻繁的非正式連結，那麼創新活動便會更加蓬勃發展。

反之，依據前文關於強連結的解釋，當企業將重心放在內部、且作風比較神祕（像是一切只仰賴自己人，不願與外界分享或向外界學習），創新活動將難以發揮。我們可以合理推斷，這類企業的規模通常較大，對自己的能力很有信心，因此很弔詭地有過一段輝煌的歷史。

但我們是否能找到有力的證據支持這些假說呢？其次，強連結與弱連結的表現模式是否有讓人驚訝之處、或違背直覺判斷的呢？

想想看哪一種城市的創新活動最蓬勃：是多種產業與公司共存共榮的城市呢？還是大部分公司都屬同個產業的城市呢？長期以來經濟學家一直針對這個問題爭論不休。[81] 潔珂斯是研究城市發展的優秀專家，她大力支持第一種觀點，認為在一個城市裡若有許多產業共存，比較容易產生交互激盪，也有利激發創新。[82] 她舉一九二〇年代曼哈頓的胸罩發明為例。羅森莎（Ida Rosenthal）專門為貴婦製作精緻的洋裝，但發現客人穿起來總不夠挺；她認為問題出在內衣設計不良，因此就發明了胸罩。之後

她捨棄製衣，成為企業家，專門製造銷售胸罩。但一個沒有經營經驗的人是怎麼做到的呢？答案是外包，她在當地找到所有的供應商；在紐約，她與縫紉機與紡織品供應商、製盒業者、貨運業者、批發商與金融業者打交道。若不是在周遭可以輕易地找到這麼多種弱連結，羅森莎和她的內衣事業恐怕無法成功。

哈佛教授波特（Michael Porter）則持不同看法。[83] 他認為，最富創新力的城市應該要有同產業許許多多的公司，大家可以互相學習，且本地就有很豐富的專業經驗可以汲取。他舉釀酒、醫藥器材、裁縫業為例，這些產業通常在城市或地區裡非常集中，只要一家公司做了微小的改進，所有的業者很快就會看到並開始模仿。

儘管兩人的意見相反，但他們都體認到弱連結對觀念的傳播與創新非常重要。潔珂斯強調的是不同產業間進行觀念與做法的相互交流激盪；波特則是把重點放在同產業的公司互相散播各種細微的改良。這兩種情況下，公司內部的強連結都無法發揮創新的魔力。但潔珂斯的觀點比較符合小世界觀，認為橫跨多元產業的弱連結有利促進更快速的創新與成長。

那麼這兩人誰比較正確呢？由葛雷瑟（Ed Glaeser）領導的一群科學家決定找出答案，著手檢視美國一百七十個城市長達三十年的資料。[84] 證據明顯支持潔珂斯的觀點——擁有許多產業的城市成長較快，仰賴單一產業的城市容易萎縮。

一個城市若已經有許多產業，新的產業似乎比較容易進入，

且城市可隨著不同產業的興衰而調整發展重心。想想看，在美國之外，資訊科技的創新與生產多半發生在最大最古老的城市，如巴黎、莫斯科與聖彼得堡、東京與橫濱、上海與北京、聖保羅與坎皮納斯、布宜諾斯艾利斯、墨西哥城等。美國之外的科技創新中心只有英國與德國不符合這個模式，但仔細探究，這種現象其實也沒那麼怪異。英國的主要中心是劍橋與 M4「走廊」（緊鄰 M4 公路的區域），起點距倫敦西方不過三十幾公里；這兩個地方距離首都皆不遠，也都仰賴首都的人才。再談德國，一九四五年以前柏林一直是德國的科技重鎮，後來遭到美俄軍隊攻入摧殘，西門子才搬到相對安全的慕尼黑。

這麼看來，似乎愈多元化的地方愈有利創新，在這樣的地方弱連結通常比強連結來得多。葛雷瑟的研究也發現，一個城市裡互相競爭的公司愈多，產業發展愈快，且小公司的創新力比大企業更活躍。該研究的另一項發現是：外來人口比例高的城市（如洛杉磯與紐約）最成功，工資增加最快。這個現象適用於所有的居民，不論是否在美國出生。研究團隊的結論是：只要做到多元化，便能透過創新致富。

這些研究結果告訴我們，當同一地區存在多個網絡（而非單一公司）時，最容易激發創意。創造力真正的來源不是個別公司，甚至也不是敵對公司與其供應商形成的網絡，而是一系列互相重疊的網絡。真正重要的是一個地方的總體商業網絡。一個城市如果只有少數大企業（如底特律），可能會因缺乏多元資源的

投入與新的弱連結而逐漸萎縮。反之,「混合城市」(sundry city)有大型、多元、易受外在因素影響、易產生弱連結等特點,永遠能夠自我更新。網絡會不斷增生與交互激盪;個人、企業與整個城市都能因此受惠。

但波特的觀點也有他的道理——他認為創新來自同一產業裡緊密共存的企業。他會提出這個觀點,是因為他觀察到有些地區與企業顯然因同一產業的專業化而受惠。例如聖塔克拉拉郡(Santa Clara County)——位於北加州一個半鄉村的飛地,較眾所皆知的名稱是矽谷——便是將全世界電子業的創新重鎮濃縮在一個很小的地區。同樣的情況也表現在其他行業:如時裝剪裁(紐約與倫敦)、醫藥器材與服務(波士頓)、高端時尚(巴黎)、潮鞋(米蘭)、皮件(義大利北部)、醫藥(紐澤西)、金融(紐約、倫敦、法蘭克福)、鑽石加工(安特衛普)、出版(紐約、倫敦、法蘭克福)、伊斯蘭金融(巴林)、航太(土魯斯)、清境技術(哥本哈根)、博弈(拉斯維加斯、倫敦、澳門)、賽馬訓練(新市 Newmarket)、精品錶(瑞士南部)。這些地區都有奇特的集中化現象,企業的表現也通常比其他地區優異。

所以說波特的分析站得住腳,但為什麼多元化的城市表現得更好呢?答案與觀察的角度有關。從產業的角度來看,集中特定地區是好的;但從城市的角度來看,產業多元化更佳。但無論是哪一種情況,我們看到的都是由面對面的弱連結所驅動的網絡。

我們都聽過所謂的「地球零距離」(death of distance),但有

些非常賺錢的產業至今依舊集中在很小的飛地裡,這的確是個很奇特的現象。在矽谷,成功的故事具有**本地、實體、個別、具感染性**等特色。全世界金融業五分之四的收入與獲利來自曼哈頓、法蘭克福、倫敦等城市方圓幾英里的地方。美國製藥業的重大進展大多在紐澤西發生,但那裡的人口只占全美三%。在英國,絕大多數的精緻珠寶業者都集中在倫敦哈頓花園(Hatton Garden)短短幾條街上。

為什麼有這樣的現象?早在一八九〇年,英國經濟學家馬歇爾(Alfred Marshall)就已經提出解釋了,至今聽起來仍非常有道理:

> 從事同一技術行業的人若位處鄰近,彼此都可獲得很大的益處。同業的秘密不再是祕密,而得以四處傳播……若是表現良好,必能得到應得的讚賞,任何的發明與改良……也會立刻引發討論:如果某人提出新的構想,其他人很快就會採納、加入自己的想法,然後又成為其他新構想的源頭。[85]

請注意:創新的做法會立刻被「討論」。儘管現在有傳真、Email、電話、視訊會議,優異的新構想仍然必須透過**面對面討論**才能被傳播、擴充、調整,就像一百年前一樣。知識很容易「四處傳播」,這裡指的不是網際網路,而是實際上在一個地區裡傳播。凡是在矽谷工作過的人都知道馬歇爾的描述有多麼貼切。人們從碰到的人身上學到的最多,多數時候都是無意識、自然而

然、幾乎無可避免地，可能平日裡就在健身房、火車上、酒吧裡、自家後院、無數次的偶遇與交談中發生。通常都是透過弱連結、機緣巧遇、與其他公司新認識的人見面等，因為本地的社區就是互相學習與激勵的最佳環境。正如卡斯提爾所說的：「矽谷不斷有新的公司出現，透過轉換工作與成立子公司進行交互激盪與知識的散布。談到科技創新的散播，晚上在山景城的酒館 Walker's Wagon Wheel 聊聊天，比史丹佛多數的座談會更有影響力。」[86]

不過，美國高科技發展的原始核心並不是矽谷，而是在波士頓外沿著 128 號公路那一帶——迪吉多（Digital Equipment）、阿波羅電腦、Prime Computer、王安電腦都是在那裡成立的。只不過那邊很多公司後來不是被併購、就是倒閉，隨著英特爾、惠普、昇陽（Sun Microsystems）、3Com、矽谷圖形（Silicon Graphics）、思科（Cisco）在矽谷興起，128 號公路在電腦設計與製造上也漸失優勢。

哈佛大學研究人員薩克瑟妮安（Anna-Lee Saxenian）探究這個現象的原因，發現矽谷已發展出一套去中央化、重實驗的模式，特點是專門化的公司與工程師形成一個網絡，互相合作與集體學習。反之，128 號公路則是以一些自給自足的公司為主，各自保有自己的專業技術，不利跳槽或公司間的合作。矽谷的競爭優勢不在個別公司，而是在整個地區，那裡經常看得到新成立的公司以及專業技術的交流、宛如萬花筒般不斷改化的聯盟與實

驗，那裡的主力是眾多小公司而不是少數大企業。這與百年前馬歇爾描述的情形很類似——產品的改良、創新、新的構想都不會局限在一家公司，各種創新會不斷透過討論而愈來愈順利，這個過程得力於各方的協助——包括人力仲介、創投業者、大學等等。[87]

128號公路的發展由強連結與大企業主導，最重要的單位是公司；矽谷則是弱連結與小公司齊聚，個人的創意與網絡最為重要。矽谷可能是全世界最能展現弱連結力量的例子，那裡的人平均一份工作只維持兩年。

網絡效應不只讓矽谷享有全球領導地位，也讓投資人（主要是本地的投資人）以及許多工程師賺了不少錢。除了產業模式之外，我們更看到報酬與權力結構的徹底轉變。這是資本主義的新階段，甚至可能催生出全新的體系：由網絡社會取代統合主義（corporatism）。

哈佛大學的伽斯柏教授（Henry Chesbrough）研究過二十世紀美國的創新活動。他說，整個二十世紀，美國在研究與科技方面都居世界領導地位，但在八〇年代，產業創新的模式開始出現巨變。內部研發的黃金時代是一九四〇至一九八五年，期間研究支出從三十億美元大增至一千零二十億美元。這四十五年間，企業採取「閉門創新」的模式，新構想在企業高牆背後祕密發展，勞工流動率低，創投不普及，大學的角色並不吃重，強大的新興事業也很少見。

伽斯柏說，到了一九八〇年代，這個模式開始出現問題。當時的〈美國軍人權利法案〉（GI Bill）協助退役軍人接受大學或技職教育，加上大學的擴充，訓練出大批的工程師，這些人有意願也有能力從一家公司跳到另一家公司。新的公司不需要大量投資在基礎研究上，他們可以透過聘雇人才來學習。創投業在一九八〇年代以前還不怎麼受重視，到了二〇〇一年卻成長了五十一倍，讓沒有資金的人也有機會創業。外部的研究與供應商愈來愈容易取得，讓小公司也可以創造新的產品與市場。一九七〇年，個人與小公司申請的專利僅占五％，到了一九九二年，大增至二〇％。一九八一年，七一％的研究支出由大企業（員工超過兩萬五千人者）包辦，至一九九九年，比例降低至四一％。[88]

　　許多規模或大或小的新公司，從設在自家車庫的小公司到舉足輕重的大企業，如安進（Amgen）、Genetech、健贊（Genzyme）、英特爾、微軟、甲骨文（Oracle）、昇陽，他們的基礎研究做得並不多，業者寧可採納新的構想再加以調整（不論構想從何而來），因而能在研發預算不高的情況下創造出很棒的新產品。過去三十年來，我們進入一個創新速度愈來愈快的時代，能夠找到高明的構想並加以商業化的個人、小公司與創投業者最容易出頭。像全錄與 IBM 這類企業巨人曾經是創新與科學進步的典範，在講求開放創新的新世界反而必須辛苦地適應求生。他們可能會繼續進行優異（與昂貴）的深度研究，但很容易錯失下一個「重要新趨勢」。全錄發明了個人電腦、視窗式的軟體、

滑鼠、雷射印表機、無紙辦公室與乙太網路（Ethernet），卻未能將任何一項推向市場。

下一個重要的創新幾乎都是由非主流公司所提供的。[89] 美國三大電器設備公司：通用電器（GE）、RCA 與西屋（Westinghouse），並未成為美國的電子業龍頭，反而被從未生產過真空管的新公司如快捷半導體（Fairchild Semiconductor）與英特爾打敗。

一九五〇年代末，IBM 成為大型電腦的領導者後，遭遇規模更大的對手挑戰，像是通用、全錄、RCA、Motorola，這些企業的研發預算都非常大手筆。IBM 一一將他們打敗，後來反而無法擊退一些專精各種電腦創新的小公司，例如製造迷你電腦的迪吉多、家用個人電腦的蘋果、3D 工作站的矽谷圖形、手提商業電腦的康柏（Compaq）、直售個人電腦的 Dell 等等。一九七〇年代末電腦界的每一項重要創新都不是來自產業龍頭，而是來自小公司。

這些經營完善的龍頭企業為何難有創新？克里斯汀生教授（Clayton Christensen）提出了很有趣的解釋，他稱之為「創新者的難題」：每當有破壞性的創新技術出現時，在現有的市場表現得無懈可擊的企業**特別**容易受傷。他研究了幾種創新產業，包括磁碟機、汽車、電腦、醫藥、零售、鋼鐵等，發現突破性的創新技術剛出現時，通常會遭到最賺錢的大客戶抗拒。因此，破壞性創新技術被迫只能尋找新的顧客與供應商網絡，通常都是新公

司，創立者是靈敏的企業家，能夠搭上產業擴張的新浪潮。[90] 即使當創新風潮已經擺在眼前，每個人都看得到、也都在抄襲，那些大企業往往就是行動不夠快，彷彿被綁住手腳一般。從低技術到高科技，各種產業一再重複出現同樣的模式。

要論經營能力、連結力與財力，很少企業能與可口可樂相提並論。可口可樂至今依舊是世界上最有價值的品牌，在全球的銷售能力以及對消費者的影響幾乎已成一則傳奇。但該公司在二十世紀唯一成功的新飲料是芬達——那是在納粹德國意外調製出來的——以及軟性飲料 Tab 和健怡可樂。同時卻有許多新公司在其他領域有創新的表現：如 Mountain Dew 的橘子汽水、Snapple 的天然飲料、紅牛能量飲料、Gatorade 的運動飲料等。可口可樂試圖模仿對手的創新品牌，但結果不是徹底失敗（Mellow Yellow、Fruitopia），就是變成無競爭力的追隨者（KMX、Power-Ade）。

麥當勞是世界第八大品牌，在速食漢堡餐廳的創新成績有目共睹。麥當勞建立了全球第一個也是最好的速食系統與網絡，在房地產、加盟、品管等方面享有獨特的優勢。但儘管有這些優勢，麥當勞卻未能創造出新的速食類別或速食品牌。這個空缺便由新的業者填補，像是肯德基、Arby's、Wienerschnitzel、Baskin-Robbins、必勝客、Mrs Fields、Subway、星巴克只是其中幾個例子。麥當勞的強項「漢堡」卻也成了追求創新的最大弱點。

產業龍頭開創新的挑戰為何會如此不堪？克里斯汀生從很有趣的角度解析這個問題：

簡單地說，這些頂尖企業之所以能成功，是因為他們仔細聆聽顧客的心聲，大力投資發展科技、產品、製造能力，以滿足顧客未來的需求。矛盾的是，這些企業後來會失敗也正是因為同樣的原因——因為他們仔細聆聽顧客的心聲，大力投資發展科技、產品、製造能力，以滿足顧客未來的需求。[91]

　　我們看到了這種產業關係裡有種奇特的現象：成也蕭何，敗也蕭何。這表示我們必須與時俱變。

適應市場變化

　　我們來檢視這些關係在產業生命週期中的演變。

　　一開始，市場通常都很分化，沒有一家公司有很高的市占，相關技術還未高度發展但相當穩定，看不到多少破壞性的創新，市場的成長幅度與資金報酬率都很有限；網絡尚未發展，不論是強連結還弱連結都不多。接著出現了一些變化，也許現有的某家公司、某一位新的企業家或創新者有能力讓市場朝集中化發展——透過購併競爭對手、提供新的產品、降低成本或價格來擴充市占。隨著創新者的成功，市場形態跟著改變。市場開始成長，與顧客的連結變多了（但主要都是與那家創新的公司連結）。於是市場形成一個比任何競爭對手還大的樞紐，開始享受大量生產的益處：單位成本降低，利潤更豐厚、獲利更高。

但新的領導者也蒙受規模變大的副作用，變得較官僚、自信且僵化。為了支撐自動化、重複的大量生產，不得不倚重專門化、僵硬的強連結，以及專門化且資本密集的資產。無論是內部還是與主要顧客及供應商之間，或是與管理單位、地方與中央政府的關係，都會形成愈來愈多的強連結。公司內部的規模以及相對於外界的重要性愈來愈大，又由於公司對本身的科技與市場掌控得很好，外在的威脅與機會逐漸減少。相較於強連結，弱連結被視為沒那麼重要，甚至可能荒廢。公司內部的人愈來愈相似，企業文化更加強大一致；到最後企業不再反映當初每位創業元老的特質，反而比較像支訓練有素的軍隊。

那些龍頭企業原本都是產業的創新者，如福特、IBM、全錄、德州儀器、美國鋼鐵、德意志銀行、飛利浦、聯合利華、聖戈班（Saint Gobain）、Gestetner、大英百科全書、快捷半導體、柯達、王安電腦等。但之後的發展就未必是如此了。他們之所以成功正是因為有嚴謹的強連結：與主要顧客維持緊密的關係；生產效率很高；整套銷售系統完美協調；精通既有的科技；公司上下被灌輸一種信心滿滿、眾志成城的心態，而這一切也確保他們能享有今日的高獲利。但明天呢？明天也許還沒有問題，但後天呢……

然後突然之間出現了破壞性的創新科技，或是另一種經營模式，某位企業家提出很高明的構想，某種新的方法可以讓目前一部分或所有的顧客得到更高的價值，或是市場的某個角落突然冒

出一家與眾不同的公司，看似很遙遠卻突然近在咫尺，開始從某個意料之外且毫無防備的方向，侵入龍頭的領域。

　　產業龍頭通常很有條件可以採納新的構想並付諸實踐，因為它擁有必要的資源、市場資訊、銷售系統、戰鬥力與專業技術。但他們幾乎總是放棄機會，即使當獨立的觀察家都能清楚看到新構想的重要性。這是因為龍頭很難打破或重整現有的強連結，或讓專用設備的龐大固定投資減低價值，或削低產品售價，或放棄固有的市場與最大的顧客，或嘗試新的事物。

　　創新的力量通常來自非主流的個人或公司。可能會出現一個綜合型的小樞紐，由個人、公司、新顧客之間多元的弱連結組成。新的構想與人才從邊緣冒出（彷如一支雜牌軍，且通常都沒有該產業的相關經驗），從零開始集結形成創新的工具。他們帶來新的觀點，更重要的是，他們沒有舊觀點的包袱。這表示一切問題都是依據最基本的原則解決，因此通常很容易陷入混亂。但沒關係，只要新的科技或構想夠好，最後還是會勝出，創新的工具終究會愈來愈順暢。有時候新公司會直接挑戰已有基礎的業者，但更可能的情況是開闢新的市場──一部分與既有的市場重疊、一部分主要由新顧客組成。

　　我們且假設新市場快速發展，占有舉足輕重的地位。這時會出現許多競爭對手挑戰新公司，但沒有明顯的領導者，市占互有消長。然而不可避免地，龍頭終會出現──可能是原來的創新者，也可能是他的競爭對手之一。如果市場有強勁的規模經濟或

明顯的網絡效應，市場會出現集中化的趨勢。營業額成長、專門化程度提高、商業關係日趨鞏固，強連結就此形成。這樣便出現了一家占據優勢的公司，一個大型樞紐、一個成功的故事，從而形成更多強連結，就像先前一樣——如此便完成一整個循環。

然後，一切遲早又會重新開始一輪。

從這樣的循環可以看出，一家公司若擁有較均衡的弱連結（而非強連結），通常就比較擅於創新（如蘋果）；有很多強連結的企業（如 IBM）則是生產效率較高。當外在世界像是市場或技術出現變化時，成功的公司也可能失敗。當環境改變時，通常會有另一家公司率先適應新變局，可能規模較小但較富創新精神，更能透過多元的弱連結與外界接軌。當然，一家公司對於強弱連結的平衡與影響或多或少有一些掌控力，未必完全取決於公司的成熟度或營運成績。但要改變強弱連結的組合，通常必須先改變人的組成，也就是必須豐富公司的基因組，但這幾乎必與公司最本能的判斷與傾向相違。

我們發現有三個組織特別能掌握這個道理。

▌貝恩策略顧問公司：引進外部人才

貝恩策略顧問公司的合夥人知道公司有一個問題，而且不是個一般的問題，這個問題是因為公司太成功而生。其中一位合夥人解釋公司的困境：

我們自認擁有強大又實際的企業文化，對公司的特質與價值觀有高度的認同感。必要時，任何一位合夥人都可以為了幫助另一位合夥人遠走天涯海角（這不是形容詞）。但我們很清楚自己的弱點。沒錯，我們對彼此都很熟悉，對客戶的需求與背景了解得也很透澈，但我們擔心對外在世界的許多事情都不夠清楚。因此我們決定嘗試不一樣的做法。過去我們一貫的政策是從內部升遷，這也確實是公司的一大優點。但自從公司創立不久之後，我們便很少從外面聘雇資深人才。我們決定要試試這麼做，但不是從另一家顧問公司挖角任何優秀的合夥人，我們要的是和我們不一樣的人，必須在產業界有豐富的工作經驗，最好是創業家，擁有很多我們沒有的外部人脈。

　　進一步思考後，我們明白了一件事，新的一兩位合夥人若只是併入原本的業務，只會被我們同化。因此我們希望新人可以建立新的事業單位，擁有一定的自主權並保有外部人脈，不會太干預我們的文化或被我們的文化干擾；之後再漸進地讓新的合夥人完全融入我們的做法。

　　我們聘用的第一位外部合夥人不久前還在擔任某產業公司的執行長；再之前他自己開公司，經營得很不錯；而且他不是美國人。我們請他帶領一個新的專業單位（不屬於我們正常的顧問業務），結果非常順利，他帶來了許多獲利不錯的業務，那個單位後來快速成長，規模變得很大。之後我們又聘用了更多像他這樣的人，都很優秀，不合的比例很低。

聽起來似乎好得太不真實了，因此我們去追蹤那名首位「持不同意見」的外來合夥人。一切真的有如受訪者所描述的那　順利嗎？這位新合夥人講的故事有點不同：

貝恩公司確實有很棒的企業文化與合作精神，也的確經營得很成功，但剛開始共事時還是遇到了不少困難。是這樣的，貝恩的政策是不為競爭對手提供諮商，如果貝恩為 Hertz 服務，就不能為 Avis 服務，絕對不行。但我的單位有不同的需求。

在我管理的業務領域只有幾家全球性的大客戶，這些客戶多半有共同合作的案子。我們不會取得客戶的機密，只是就案子提供協助，因此貝恩的那個政策對我們而言並不適用。但當公司裡負責傳統顧問業務的合夥人發現我們同時為「競爭對手」服務時，態度非常敵意。

我花了三年的時間才說服那些合夥人接受多方投標（multi-bidder）的政策。後來他們確實接受了，讓我對貝恩非常佩服。我認為貝恩是全世界最好的顧問公司，遙遙領先對手。

貝恩的很多合夥人都不喜歡從外部聘用有頭有臉的新人。但這讓公司得以進入強大的弱連結網絡，也唯有如此才能充分運用這些資源。當然，現在多數「外部」合夥人都已完全被同化。所以說，若要與外部連結，聘用外部人才是必須付出的代價。

▌情報公司：開放性與異質性

有一家全球的企業專門為商業公司蒐集合法的情報，你預期這會是怎樣的公司呢？很有紀律、內部人員同質性高、謹慎而神祕，類似民間的 FBI ／軍情五處（MI5）？

實情可能會讓你大吃一驚。倫敦有一家非常成功的「商業情報」公司，專門提供機密客觀的資訊，給企業做為決策依據及交易前嚴謹的調查研究。洛克伍德最近訪問了該公司的資深合夥人。第一個讓人驚訝之處是辦公室裡的員工背景各異：當然有前諜報員，但也有資深工業家、金融家、外交官和政客。在倫敦約有四十位固定員工，另外還有「數百名密探」分散全球各地，薪水不高，另有三千位連絡人則是採特約制。那位合夥人解釋：

金錢從來不是我們爭取與留住人才的關鍵，他們都有點年紀了，做這份工作是因為喜歡其中的刺激感。他們希望工作的方式可以展現他們的判斷力、知識與人脈。我們蒐集資訊的原則是小心謹慎但對內完全開放，所有的資訊都力求周延完整，避免被一些不可靠的資料誤導。公司沒有任何「不可不知」的政策，唯一罪不可赦的過失是有人囤積資訊，金融人員尤其需要一段時間才能適應這點。公司的政策是，與密探或外部連絡人的所有 Email 來往都會自動以密件副本的方式傳給管理幹部。很少 Email 會被完整閱讀，很多 Email 根本看都不看，但這項政策讓公司裡的所有私人對話都變成公共對話。

一家情報公司會如此相信開放性與異質性似乎非常奇特，但效果奇佳，也再次證明跨越不同領域的弱連結往往能帶來更優質的資訊。

訪問結束前，那位合夥人就他與公司其他同仁的運作方式提供更深入的分析：

舉例來說，我要與某大企業的併購部門面談。我會先和客戶就一項主題談十五分鐘，不收費，盡情討論，然後才展開正式工作。我會很仔細傾聽，客戶通常會覺得我在幫他們的忙，其實我從他們身上得到的資訊遠超過我提供的。

▌布朗克斯兒童中心：削弱小團體

布朗克斯兒童中心（Bronx Children's Center）專門收容精神不健全的兒童，社會學家布勞（Judith Blau）曾到那裡進行研究。這類醫院的員工通常士氣低迷、流動率高；但這家醫院的士氣似乎相當高昂。布勞發現，公司刻意培養兩百位員工的弱連結，讓大家都能以名字互相稱呼。醫院裡沒有派系，不同的科別（如心理學與護理）與不同的部門（住院部門、臨床團隊、藝術與娛樂部門）都能互相分享資訊。

在這家醫院裡弱連結能占據絕對優勢，布勞分析這應歸功於兩項政策：第一是利用來自不同部門的少數員工組成專案團隊；其次是規定「親戚或情侶」不能有兩位以上同時在醫院任職。聽

起來似乎有些太嚴苛，但布勞認為：「在複雜的結構裡……唯有禁止親密的關連才能維持廣泛的弱連結網絡。」正因不存在密切的友誼與親緣關係、或是對所屬部門的忠誠，才能削弱「團體內部的小團體」，全體員工也才可能互相分享資訊。[92]

有效減低失敗風險

成功企業的管理者若希望盡可能增加弱連結，以及減少強連結帶來的僵化，應該可以從貝恩公司及布朗克斯兒童中心的故事得到一些啟發。若要激發弱連結的功效，扁平的結構與專案小組很重要，同樣重要的還有：讓鮮少見面的人能透過非正式的機會認識與交往；聘雇多元人才；讓員工輪調到不同的部門、職務與地點；與其他組織進行半結構化的合作，包括互相交流；鼓勵員工與公司以外的人培養關係。若能延攬超級連結者為公司服務當然很好，那就和身處產業界的「全球重鎮」一樣重要。

一個組織若經營得太成功或有太多的強連結，可能就會有失敗的風險，預防之道在於對這兩種問題隨時保持警覺；對新出現的競爭對手（不論規模多小）寧可過度緊張；請一位資深主管扮演「烏鴉」的角色，專門與公司的策略唱反調，每當嗅到一絲潛在的風險，立刻重新檢討策略；如果有低成本的科技或營運方式可以運用，或是潛在對手已開始運用，必須願意進行政策大轉彎或減少最賺錢產品的銷售量；找出新類型的顧客，開拓新市場

（至少作為實驗）；將具備不同心態的「異議型」主管帶進最高層級。

這些對策可能聽起來很簡單，事實上也並不困難，但真要付諸實行，需要具備遠見、決心與理性的悲觀——因為這違背了一般追求成功的法則、大量生產的需求以及企業文化。也因此上述處方看似淺顯易懂，卻很少有人嘗試。

弱連結與強連結並進

這就是網絡的矛盾，也是強弱連結之間的矛盾，有時你會覺得強連結較妥善，有時又覺得弱連結較有用，難以取捨。弱連結能幫助你找出更適合做的事；強連結則是能夠找出更好的做事方法。弱連結最適合**創造**新價值、開創新市場；強連結則是有利於**把握**既有的價值，將之發揮到極致（把握價值與創造價值不同。偉大的科學家如達爾文與愛因斯坦都創造了極大的價值，但並未充分把握，維基的創辦人也是。比爾・蓋茲則顯然不一樣，他不僅創造許多價值，也把握住其中很大的部分）。

對於大小企業裡的個人而言，強連結與弱連結絕對無法相提並論，弱連結才是通往創新甚至成功之路。

進入二十一世紀之後，弱連結的重要性更加凸顯。樞紐與強連結固然增加了，但弱連結增加更多、影響力也相對較大。世界愈變愈小，當地球上六、七十億人愈來愈頻繁地互相連結，排列

組合的方式與弱連結的數量都會繼續增加。權力與財富的累積正是遵循這個方向發展。少數的超級連結者或超級創新者因此致富，並開始挑戰企業與政府，挑戰他們早期對權力與慈善近乎壟斷的局面。權力與財富或許集中在少數人身上，但這種集中的情形分散四處，分散到過去很可能不存在的狹小利基。勝利者的地位並不穩固，可能過了一兩個世代便會全盤翻轉。

　　網絡世界並非一無可取，因為它有人性化的一面，因為它不可預測，即使是最稠密的網絡終究還是對個人較有利──簡單地說，就是因為有弱連結，才能有一股力量，與穩固可靠、秩序井然、有時讓人感到壓迫的強樞紐與強連結保持平衡。弱連結將我們與看似不可能合作的對象或奇特的觀念拉在一塊兒，讓自由意志與創造力得以發揮。正如接下來我們要探討的，倘若人類無法形成弱連結，人生將變得醜陋、殘酷且短暫。

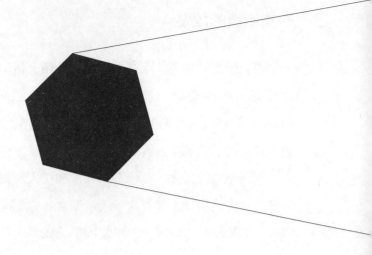

12

消滅貧窮

一個人所處的階層愈低，周圍強連結的比例愈高。

——格蘭諾維特

一支手機的故事

　　夾帶污泥的灰色冰水自喜馬拉亞山傾入恆河的支流。隨著河道變寬，水流變慢，最後在一個巨大的三角洲與賈木納河（Jamuna）以及梅格納河（Meghna）匯合。沉積物形成豐饒的沖積平原，占了孟加拉很大的部分。這裡住了一億四千萬人，半數人每天花不到一美元。三分之二的孟加拉人務農，在鄉間的小農地辛苦耕作。儘管土地肥沃、人民勤奮，這個國家還是無法自給自足。孟加拉的人口過多，經常因季風成災，基礎建設與公共設施都相當不足。

　　距離首都達卡兩個小時，在賈吉普鎮的一間藥房後面，歪斜的架子上堆滿藥品、香皂、保險套和家用品，尼莎（Jamirun Nesa）就坐在架子後方。她是村子裡的超級連結者。她向孟加拉鄉村銀行貸款，建立了一個簡單的連結事業，讓賈吉普鎮能夠與世界其他地方接觸，同時也讓她自己站上繁忙的十字路口。她以相當於當地平均年收入的價格買了一支手機，在一根竹子頂端裝上類似電視天線的東西來改善收訊，另外還有汽車電池作為備用電力（電力不足時使用），就這樣經營起鄉村電話站。

　　村民排隊來和親友說話，透過手機進行簡單的費用收付，撥打重要的簡訊與電話（可能會影響一整年的經濟狀況）。在還沒有尼莎的電話以前，農民完全不知道作物的市場在哪裡，往往在不知道價格（或是否有人要出價）的情況下，必須將作物運送到

遙遠的地方。暴風雨來襲時，根本沒有時間保護作物或準備遮蔽。此外，他們很難知道種什麼作物最好，或者當收成不佳、發生病蟲害時該怎麼辦。於是，很多的時間與食物都被浪費掉了，直到從藥房後面散播出來的弱連結改變了這一切。[93]

薩克斯（Jeffrey Sachs）是哥倫比亞大學經濟學教授，也是地球研究所的所長，他在二〇〇五年的著作《終結貧窮》（*The End of Poverty*）裡預言：極端的貧窮將在二〇二五年以前消失。[94] 資訊科技讓人們在市場與社會網絡裡連結起來，彼此分享知識，合作解決問題。尼莎對這一點必然是深信不疑。二〇〇二年，她憑著經營連結事業賺了將近一千美元，大約是孟加拉人均 GDP 的三倍。而與遙遠世界的連結為她的家鄉帶來的經濟效益更是比這多了好幾倍，包括節省生產流程的時間、作物的售價提高、引進高經濟價值的經濟作物、減少農損與氣候災損等。尼莎的地位也跟著大幅提升。她說：「以前，村民不和我說話，但現在會了。我也贏得了老公與家族的尊重。」這個生氣蓬勃的小事業不會永遠存續，因為手機已愈來愈普遍，但在派對結束之前，尼莎將擁有新的房子和養雞場。

七年後，每三位孟加拉人就有一位擁有手機。在其他的開發中國家，手機的市場滲透率也差不多。十五年前，全球的頂尖電信分析師幾乎無人預見這個趨勢，雖然當時在已開發國家手機公司的發展正生機蓬勃。手機的價格並不便宜（相當於半年的薪水），能有多少人買得起？但手機技術能創造弱連結，所帶來的

經濟效益對開發中國家非同小可，這卻是富國無法了解與預期的。

孟加拉在正大步邁向糧食自給自足的目標。

網絡的脫貧方法

窮人是否能靠著自己的力量找到脫貧的道路，還是一定得仰賴外在的指引？不論靠自己或藉助外力，真的有一個普遍性的方法可以解決貧窮的問題嗎？有些保守的作家認為，富裕社會裡的「低下階層」幾乎沒有多少機會可以改善處境，除非透過道德改革，像是革除吸毒惡習、擁抱雙親家庭、學習為自己負責等。吉爾德（George Gilder）一九八一年出版的《財富與貧窮》（*Wealth and Poverty*）邏輯嚴謹，獲得高度讚賞，書中寫道：

> 若要擺脫貧窮，唯一可憑藉是工作、家庭與信仰……婚姻的作用……是讓男人加倍努力工作……維持家庭顯然是消除貧窮的關鍵因素……當代美國社會低下階層的一個特點是，無血緣關係的人（單身者）……太多又太醒目，整個社會的基調變成由這些人來設定。而且他們群居特定種族區（ghettos），更強化對貧窮黑人的影響……貧窮問題無法有長遠的解決方法，主要是因為父親對家庭的責任崩解。窮人的生活往往在緊繃與放鬆之間擺盪，而這正是單身年輕男子性生活的特徵。[95]

反之，自由派評論家則是指責社會或社福系統讓窮人陷入生活的牢籠、沒希望逃脫。一九七〇年代，社會學家史黛克（Carol Stack）開風氣之先，到美國中西部最貧窮的社區進行實地調查，多數時間她都與當地居民一起待在他們家裡或街上。她認為擺脫貧窮幾乎不可能：「光靠現有的社會福利絕對無法消除美國的貧窮階級。採行這些社福計畫的結果就是讓一大群聽話的貧窮階級⋯⋯繼續存在。」[96]

　　看來貧窮是很複雜的問題，有太多解釋與原因，解決方法卻太少。這是一場無休止、無結論、讓人沮喪的辯論。吉爾德與史黛克只有對一件事有共識：貧窮難以根除。吉爾德淡淡地說：「美國永遠會有窮人，再過幾百年也是一樣。」[97]

　　但我們可不可能透過強連結、弱連結與樞紐的網絡觀點，為西方與開發中國家找出一個解決貧窮問題的方案呢？

▌不得以的選擇

　　波士頓北區與西區的兩個勞工社區，各自面臨「都更」的威脅。北區居民成功地反抗開發計畫，保住了自己的家園。在另一邊的西區，更新計畫格外讓人反感，該計畫將強迫收購七千人的房屋，改建成兩千四百棟豪華公寓，售價遠超過當地居民所能負擔的程度。更可惡的是開發商與市長上下交相賊，市長可從中獲得豐厚利益，犧牲的是被驅逐居民的權益，這種事落在記者筆下自是火藥味十足。

這麼不公不義的案子怎麼可能得逞？然而西區居民的抗議完全無效。一九五八年，市政府取得土地所有權，震驚的西區居民雖仍無法相信這是自己的命運，但也只得開始搬家。

為什麼會發生這樣的事？美國社會學家甘斯（Herbert J. Gans）為西區居民的抗議失敗寫了一篇同情的文章，指出當時有成立一個抗議委員會，但是……

委員會並未獲得其他居民的明確支持，抗議行動也未能明顯干擾市府的計畫……居民對作業流程不太清楚，也無法致電市府官員取得資訊（他們深信市府不會執行計畫）……居民無法靠著自己的力量組織起來……領導者又欠缺相關資訊……且西區並不具備其他可展現力量的條件，不像鄰近的北區能夠成功抗拒都更計畫。北區的商業社區大很多，其中部分人士在政治圈頗具影響力。[98]

西區居民欠缺情報與支持；反之，北區居民掌握資訊，與中產階級的商業擁護者又有連結，其中有些人就在北區生活或工作。西區居民的網絡主要是內部的，他們沒有多少弱連結可以從外界爭取更多有知識又有影響力的人。相對來說，北區居民的網絡更多元、更有力。

格蘭諾維特說：「一個人所處的階層愈低，擁有強連結的機率愈高。」[99] 換句話說，一個人愈貧窮、愈覺得沒有安全感，也就愈可能從家族、鄰居、有權有勢的雇主那裡尋求強連結的保護。

這可以從費城的一份研究得到印證：教育程度低的年輕黑人比同社區其他人更仰賴強連結。[100] 當年輕勞動階級心生不滿、想要脫離，可能會發現要逃離所屬社區簡直難如登天。他們既缺乏弱連結可以通往機會更多的世界，有時候還會落入鄰近的幫派文化裡（或基本教義信仰），在他們狹隘的世界裡，這可能是滿足社會與經濟需求的「最佳選擇」。

二〇〇八年，社會學家凡卡德希（Sudhir Venkatesh）出版了《我當黑幫老大的一天》（*Gang Leader for a Day*）這本書，述說一九九〇年代與二〇〇〇年代毒品最盛時期芝加哥毒販的精采故事。[101] 他大膽的研究發現，多數毒販就住在自己成長的社區，很多人甚至還跟媽媽住在一起。

作者敘述一位幫派副首領丁骨（T-Bone）與他約私下碰面，交付筆記本給他，裡面紀錄著幫派四年來的收支明細：

> 丁骨的帳簿裡最讓人驚訝的，或許就是幫派小弟的薪水低得嚇人，他們做的卻是最骯髒最危險的工作：在街頭販毒。根據丁骨的紀錄，他們幾乎賺不到最低基本工資……現在我知道為什麼有些年輕的……幫派分子會兼職合法的工作（如麥當勞或洗車）來貼補收入。[102]

那些小嘍囉的平均時薪只有三·三美元。這麼低薪，還得忍受糟糕的工作條件，他們得站在街頭和瘋狂的毒販交易、冒著被抓去關的風險，且還有四分之一的機率可能被槍殺身亡，但為什

麼還有人要做？原因之一是他們無法逃離那個地區。一位毒販告訴凡卡德希：「外面就像戰場，我的意思是大家每天努力求生，我們不過就在是做我們能做的事。我們沒有選擇，如果販毒會被殺，去他的，這裡的黑人都靠這個養家。」[103]

格蘭諾維特認為，仰賴強連結很容易落入陷阱。他的研究顯示，透過強連結找工作的人失業期比透過弱連結的人來得長；「社會能量若重度集中在強連結，會讓窮人的社群分散成封閉的小單位，彼此之間的連結不佳……也因此貧窮往往一直無法根除。」[104]

▍避免倚賴強連結

史黛克的研究發現，窮人自然而然會倚賴強連結，而排除其他任何關係。一九七〇年代，她研究中西部某特定種族區的居民，她偽稱之為傑克森港的平地區，其實是芝加哥連接深南部（Deep South）主要鐵路線上的一個城市。她發揮了人類學家的精神：她多數時間都待在那裡，與當地人（尤其是女人）做朋友。

她說，那裡的居民有困難時多半會依靠親戚朋友。他們有一些方式可擴大親戚圈，例如將配偶那一邊的親戚也納入，這麼一來就有更多人可以互相照應。他們擁有的一切，像是食物、食物券、電視、帽子、牛奶、玉米粉、幾根菸、幾塊銅板等等，都會一起分享。社會津貼光是應付吃住都不太夠，工資或額外收入也會依據需要與親族分享。

這樣的強連結雖能幫助窮人一天過一天，但從史黛克的敘述會發現，仰賴強連結會阻礙兩條可能脫貧的路。其一是結婚後搬離，這樣就有希望在其他地方找到工作，不必承擔社區的責任，以小家庭的方式慢慢努力脫貧。但這種努力往往在社區裡遭遇阻力：

　　婚姻以及伴隨而來對買房、工作、對小家庭的期待代表個人渴望脫貧的心聲，暗示著想要擺脫對親族網絡的義務⋯⋯而你不可能同時滿足親族與配偶的期待。[105]

　　史黛克描述班克絲（Ruby Banks）的故事：

　　如果有一天我結婚，我才不管別人怎麼說，我只會在乎我老公怎麼說。你必須按照你所知道最好的方式生活，忘記那些親戚。一旦我結婚了，他們一定意見一堆，就像現在一樣：「那個人不優，整天鬼鬼祟祟的。我以前早就勸妳不要嫁，到頭來妳還不是回去領救濟金。」將來要是我結婚，我一定要離開這裡！[106]

　　脫貧的另一個方法是存錢或繼承遺產，買間房子或其他具有市場價值的財產。在史黛克的敘述裡，儲蓄是很值得注意的觀念，因為這個觀念根本不存在；對受訪者而言這很不可思議，因為他們完全沒有多餘的錢可以存。她描述了一則故事很能反映這個問題，故事主角是麥格隆妮與凱文・華特斯（Magnolia and Calvin Waters）。麥格隆妮住在密西西比的舅舅去世後，留給他們一千五百美元（相當於今天的兩萬美元）的遺產。這是他們第

一筆儲蓄，他們計畫拿來當頭期款買房子。但他們的親族另有打算。他們兩個拿到支票三天後，消息便傳開來了。一位外甥因為電話線快被切斷而借了二十五美元。南部的一位叔叔生了重病，麥格隆妮為自己和妹妹買了來回車票去探望。接著，一位年邁的「父執輩」去世，沒人付得出喪葬費。再來是另一位「妹妹」需要籌到兩個月的房租，否則會被趕出去。冬天很冷，麥格隆妮為全家人買了像樣的外套和鞋子。更糟的是，社福單位取消了麥格隆妮一家的補助。

史黛克說：「短短一個半月，錢全都用光了。錢都流向那些平時互相幫忙家務的人手中，只是麥格隆妮的付出遠超過以前所接受的幫助。每一個需要錢的人都有必要、迫切的理由，因此錢很快就用完了。」[107]

▎超級連結者的王國

前面談的是完全仰賴強連結的可怕結果，下面我們則要介紹另一種相反的情形，而且是在經濟情勢更險峻的大蕭條時期。一九三二年，一位很有領袖魅力的黑人牧師搬到了哈林區，他自稱聖父（Father Divine），真正的名字是貝克（George Baker）。他鼓勵幾千名信徒創立小事業或至少到小公司裡工作。聖父的網絡裡有數百種事業，是他用信徒的錢出資經營的，包括平價飯店與民宿（他成為哈林區最大的地主）、便宜的餐廳與服飾店、百貨行、乾洗店、運煤業（往返賓州與紐約）、蔬果魚類的攤販等。

需要工作的人由聖父指派去上述事業任職。他的幹部還設立了就業站，介紹黑人褓姆與廚子（稱為「天使」）給白人家庭，辦理救濟廚房，免費供餐給幾乎要餓死的黑人。聖父的一個幹部，虔誠的瑪麗（Faithful Mary）在紐華克（Newark）設立免費廚房，光是在一年裡就餵飽了九萬六千位饑民。一九四〇年代與一九五〇年代初，聖父的王國進一步跨足建築與裝潢、皮草、裁縫、照相館與修車廠。

聖父是一個很奇特的人物，他身兼宗教大師、社區領導者、企業家、性愛冒險家與騙子等身分。然而他幫助了幾千人獲得經濟上的獨立、更多人因他找到工作與自尊。任何人都可以成為聖父的追隨者或出來創業，他旗下許多事業都是透過龐大多元的弱連結創立與經營的，這個網絡包括志工與支薪員工、政治人物與記者，範圍涵蓋好幾個地區：紐約、巴爾的摩、橋港、紐華克、澤西市、費城等。最重要的是，聖父能夠爭取到來自黑人與白人的捐款，後來又有金融業的支持，因為他的小事業有能力獲利，而且他有資產可以抵押。

▌微型創業家

與貧窮社區之外的資金提供者建立連結非常重要，在近年來極成功的一項脫貧計畫裡，這個連結扮演著關鍵的角色。一九七六年，吉大港大學經濟學系主任尤努斯博士（Dr. Muhammad Yunus）開始走訪鄰近的村莊，觀察窮人的生活以及他們如何努

力克服貧窮。前面提到的史黛克是專業社會學家，探究社會如何壓迫窮人，並且在社福體系的不公不義裡找到證據。尤努斯則是銀行家兼經濟學家，試圖找出解決貧窮的方法，從窮人自身的創業努力中看到希望，他在喬伯拉的村莊找到了。那裡有四、五十位婦女用竹子製作家具。她們所做的椅子應該可以賣不少錢，問題是賺的錢全都拿去繳當初借錢買竹子的高昂利息了。尤努斯計算發現，年利率在五〇到一〇〇％之間。他心想，如果她們可以一邊努力工作，一邊支付合理的利息，那會有什麼結果呢？

他自己拿出相當於二十七美元的現金，借給四十二位村婦。一週後再回去，發現她們高興得不得了。她們新完成了一批家具，還了錢還可賺得八十八分，比先前賺的多出好幾倍。尤努斯看到自己只借出那麼一點點錢就有這麼大的影響，深受感動，於是開始思考這個做法是否能大規模複製。

在公家銀行的支持下，他決定找出答案。他將這些微型企業家（多是同村莊但不同家庭的婦女）結合成「互助會」，讓她們為借款承擔個別與集體的責任。結果壞帳非常少。到一九八二年，向銀行借錢的村民多達兩萬八千人，其中九五％是婦女。

一九八三年，尤努斯將這套計畫變成名副其實的微型貸款機構：孟加拉鄉村銀行。到二〇〇七年，超過七百萬貧窮的創業者受到幫助。該銀行並發展出一系列創業投資計畫，包括漁業、軟體、電話公司等，超過二十五萬貧窮村民貸款購買手機，尼莎就是其中之一。

尤努斯的網絡包含一些強連結、許多弱連結以及一系列新樞紐，鄉村互助會、銀行以及其分支事業。

　　相較於聖父，尤努斯絕對是更高尚也更令人感佩，他獲得二〇〇六年的諾貝爾和平獎。但兩人所做的事非常相似。兩人都是跨越世代與大半個地球去拯救窮人中的窮人；他們都以社區為基礎，遠超過家庭的範圍，運用社區內外一系列的弱連結（尤其是與資金提供者的連結）；兩種做法都讓窮人建立微型事業，許多人因此賺到錢而成功脫貧。

　　值得注意的是，只要有一點點刺激，就可讓那些教育程度低的窮人展現創業能力。相較於由上而下的教育與基礎建設，透過這種自立自強的微型事業（利用容易取得的低成本資金為基礎，由窮人聯合負責保證還款）來解決貧窮問題是否更符合成本效益呢？

為社交網絡注入弱連結

　　秘魯社會改革家狄索托（Hernando de Soto）的開創性研究為這項做法提供了佐證。[108] 他提醒我們，西方國家也是直到多數人民都能擁有財產（從而擁有資本）後，人民才得以普遍享受繁榮的果實。窮人要擺脫貧窮的命運，必須握有實質資產無可爭議的所有權，通常就是房屋。這需要時間——十九世紀「西進」的美國人剛開始多數都是居於無主的新開拓地，一旦能握有無可爭議

的房屋所有權，房屋對他們便具有雙重意義：既是住的地方，也是「資本」，因為可抵押借款去創業。

狄索托說，全世界的窮人擁有的資產合計數兆美元，貧民窟所有的簡陋房子加在一起也有不少價值。但他們通常沒有合法的所有權，也就被排除在神奇的資本世界之外（而在那個世界裡資產可以發揮雙重功能）。

在美國與其他西方國家，合法的產權讓某些貧窮且原本沒有目標的人有了進取的動力，因為現在他們有機會可以憑藉擁有的東西產生額外的價值：

> 人們不再需要倚賴鄰里的人際關係⋯⋯所以說，開發中及舊共產國家的人民之所以無法與陌生人簽約賺錢、無法辦理信用貸款、保險或使用公共設施，都可以從欠缺法定財產來解釋：他們沒什麼可損失的⋯⋯被困在前資本主義世界骯髒的地下室裡，一籌莫展⋯⋯
>
> 法律結構讓積極進取的人無法與陌生人協商，阻礙分工的可能，有心創業的人被迫困在小圈子裡⋯⋯生產力很低⋯⋯就像電腦網絡存在多年後才有人想到要進行連結，財產制度也是等到⋯⋯被納入更大的網絡裡⋯⋯才真正發揮強大的功能。[109]

以網絡語言來說，窮人被排除在外，無法與陌生人或點頭之交形成弱連結，透過他們的幫助來賺錢。窮人不得其門而入的經濟是一種錯綜複雜的弱連結網絡，隨著事業的建立自然輕易地形

成。但前提是人們必須擁有財產或其他資本，且可仗著法律的架構來妥善運用資產。若沒有這樣的連結，人們只能完全倚賴強連結——朋友、家族與鄰里。如果資產沒有法律保障的所有權，這樣的商業交易只可能在窮人的社區裡進行，且只能透過善意或暴力來確保執行。

要擺脫貧窮，窮人的網絡必須注入一些弱連結，將資本與企業結合起來，使網絡能夠擴大。

當社區之外的連結存在時，弱勢團體的共同身分也可能發揮一大助力。例如尤努斯博士的鄉村互助會、美國東北方的黑人社區、過去很貧窮或被壓迫的族群（如五月花號的英國清教徒）、後來的美國移民潮（包括愛爾蘭人、義大利人、俄國人、波蘭人、烏克蘭人、拉美裔）；全世界各地的蘇格蘭與猶太社區等。多數人得到的幫助來自某個團體，但**不是**親戚朋友圈。舉例來說，十九世紀末與二十世紀初，很多愛爾蘭與義大利的家庭從艾利斯島（Ellis Island）上岸，多數就在碼頭遇到發揮弱連結功能的同胞——朋友的朋友，關係薄弱的遠親或職業上的點頭之交，甚至是有心為善的陌生人（也有些陌生人是靠出租房間或雇用廉價勞工賺錢的）。

這麼說來，一個社群的成員若具有共同的身分認同，同時有一大群分散的成員與外界或主流社會有所連結，這樣的社群最有價值。例如波士頓或紐約的愛爾蘭社群便扮演重要的橋梁角色，讓剛下船的愛爾蘭移民得以進入更廣闊的美國社會。美國以「民

族大熔爐」聞名，應該說是一連串的熔爐，每個族群各一個，這不就凸顯出一連串的弱連結嘛！

　　那麼為什麼常有人說貧窮社區是一大禍源，要脫離貧窮一定得先逃離社區呢？吉爾德指出很多特定種族區的特色是由單身的年輕男性決定，對社區帶來負面的影響。史黛克分析，在她所研究的平地區，脫貧管道並不多，不外乎結婚、離開社區或置產，但「姊妹情誼」的存在卻阻礙了區民利用這些管道。另一個例子是凡卡德希筆下芝加哥南方的泰勒國宅（Robert Taylor Homes project），那是一大叢灰暗陰沉的大樓社區，許多非法勾當都在其間進行，最後被柯林頓總統夷平，將黑王販毒組織打散，大致上終結了他們的勒索與洗錢犯行。

　　葛拉威爾說：

　　當我們發現，一個十八歲的高中輟學生唯一能做的工作就是到漢堡王炸薯條，賺五‧五美元的時薪，我們通常會討論應如何重建市中心的貧窮社區，或是為經濟不景氣的地區創造更多就業機會，或是重新投資被忽略的社區。我們希望讓那個孩子有機會在離家近的地方找到另一份薪水較好的工作，但這樣真的能解決他的問題嗎？他真正需要的當然不是讓他留在社區的另一項微不足道的誘因，而是有辦法完全脫離。他需要的是教育體系提供他實用的技能，足以和中產階級的小孩競爭工作。他需要大眾運輸系統，好讓他可以到達真正有就業機會的郊區。最重要的是，他

所認識的人當中，必須有人可以透過認識的人介紹好的工作給他。[110]

　　經濟學家有所謂「失敗的城市」之說。這類城市很容易辨識——房價奇低無比。在繁榮的城市，房子的主要成本來自土地而不是建物。但以底特律市中心為例，地價可能是零甚至負的——平均房價六萬美元，建物本身的價值至少八萬，表示地價是負兩萬。你可以在底特律中心的共濟會會堂看到清楚的證據，那裡有一片接著一片荒廢的土地與建物，沒有人能夠在那裡蓋房子出售而不賠錢。[111]

　　聖路易士與紐奧良也是一樣，房屋老舊、價格低迷，若有人會想要到這些城市生活，一定是看上那裡的低房價。這些人通常已退休或沒什麼技能。由於城市裡缺少有活力的網絡，自然發展機會少，這便形成了惡性循環。有技能或有抱負的人紛紛離開；新遷入的人以及他們能提供的資源愈來愈少。

　　二〇〇五年卡崔娜颶風侵襲之後，聯邦政府撥了兩千億美元的款項重建紐奧良。經濟學家認為這等於是把錢丟進水裡，重新建造一個陷阱，誘使災民再度回到貧窮的生活。他們認為與其把錢用來重建地方，還不如發補助金給人民讓他們改善生活（不論是在紐奧良還是其他地方）。一位作家估計，若採取補助的方式，每個四口之家可獲得八十萬美元！

　　但那些經濟學家忽略了一個不幸的事實，若採取他們的方

式，可能會啟動網絡效應。紐奧良居民拿到一大筆錢後，比較有生意頭腦、或與外界有連結的人很可能會大舉離鄉。留下來的人把錢花光之後，孤立、欠缺技能、未能與任何經濟網絡連結等問題將更加惡化。聖父與尤努斯的例子以及狄索托的理論顯示可以有更好的解決方案，基本原則是刺激大量的微型事業，藉助外面的資金，但運用社區居民互補的技能來賺錢，創造新的資金。

潔珂斯在《偉大城市的誕生與衰亡》（*The Death and Life of Great American Cities*）裡探討社區其他重要的問題。[112] 她率先指出，成功的社區可以保護我們免於成為犯罪的受害者，因為「街上會有很多眼睛」。相較之下，高樓大廈（尤其是貧窮的社區）卻無法發揮這個功能，高樓大廈會將人帶離街道。前面說過，潔珂斯也第一個指出多元文化能藉由交互激盪，讓城市更有生產力與創新力，好的構想會從一家公司跳到另一家公司，從一個產業跳到另一個產業。如果同一個地方有很多不同類型的產業，有時甚至可能創造出新的產業。她還說，繁榮的城市與社區需要有多種不同的活動**混合**在一起——**結合**住宅、商業和購物休閒的地方：餐廳、咖啡廳、綠地、市場，全部緊密相鄰。這些理論後來也確實獲得經濟學家的支持。[113]

因此，真正的問題也許不在貧窮社區本身，甚至也不在那些窮人對親友的倚賴，而是人們完全或幾乎完全倚賴社區及其強連結。當貧窮社區缺乏個人發展的空間，孤立於廣大的社會之外（尤其是孤立於資金提供者之外時），問題便會發生。

矯正之道或許在於增添跨領域的弱連結、鼓勵多元發展，讓更多的連結可以超越貧民窟、特定種族區、孤立的鄉村，與外面更廣闊的世界相連。

　　葛雷瑟、卡特勒（David Cutler）、維克得（Jacob Vigdor）這三位經濟學家已仔細研究並證明了，特定種族區確實會妨礙窮人求職及在校表現。但他們也發現有些人可以從特定種族區獲益，且不只是毒販而已。最主要的贏家是那些能夠為特定種族區與外界搭起橋梁的人，也就是我們所稱的超級連結者。這些人住在特定種族區**附近**，屬於同樣的種族，多半是創業家，會銷售產品到特定種族區，提供外面的工作給居民。種族超級連結者的人數成長很快速，但只有在擴張的城市（像是奧斯汀、鳳凰城、洛杉磯）才可以看到貧窮與主流社會之間的弱連結大增。底特律與紐奧良同樣沒有跟上潮流，但並不是因為那些貧窮地區有什麼特別的問題，而是因為本地沒有多少東西可以連結，沒有充滿活力的經濟，也沒什麼新的工作機會。[114]

　　那麼，我們可以怎麼做？在鄰近貧窮地區創立新事業當然很重要，但這些事業基本上都是自然發展出來的，很難以其他任何方式刺激形成。連接貧窮與富裕地區的運輸系統也很重要，如果有資金可以投入基礎建設是最理想的情況。但貧窮地區通常因欠缺政治影響力與爭取的技巧，很容易失敗。舉例來說，約翰尼斯堡是全世界最分裂最危險的地方，公共運輸很少。現在政府將投入大筆資金建設全新的鐵路，但只有從機場通到富裕的郊區及商

業區，跳過鄰近的黑人區。

有時候，不同的世界可能透過連結而促進經濟繁榮。以歐盟的擴充為例，這讓東歐數百萬人可以到較富裕的北歐與西歐定居，尤其是英國和斯堪地那維亞。雖說大量移民總是會引發爭議（尤其失業率居高不下時），但再也沒有一種現象更能促進多元性弱連結與強連結的增加。經濟學家也說，移民能提高被移入國的經濟表現。

有時候只需要一兩個人，帶著強烈的信念以及散播信念的決心就可以產生大量的連結，幫助數百萬人脫離貧窮。美國電機工程師朱倫（Joseph Juran）與統計學家戴明（W. Edwards Deming）在一九五〇年代初期移居日本時就是如此。出生於羅馬尼亞的朱倫在一九五一年出版了《品質管制入門》（*Quality Control Handbook*）一書，後來成為新興品質改良運動的聖經。朱倫的構想沒有引起多少美國人的興趣，他到日本巡迴演講卻引發一波熱潮，他也因此決定移居日本，開始為日本公司提供諮商。當時，日本產業的名聲很不好，似乎只會模仿西方產品製造劣質的山寨貨。到了一九七〇年代，日本主要的消費電子產品業者如夏普、Canon、日立所製造的產品卻比歐美的競爭對手還要好。這時西方產業才開始對幾十年前源於美國的那些構想感興趣。

有些慈善事業的成本效益很高，其中不少是利用富有的志工去教育窮人，在貧富兩種樞紐之間建立連結。我在南非的一家公司擔任董事，公司鼓勵員工幫助當地學校，捐贈電腦並教導孩童

使用電腦。在倫敦，「辯論之友」（Debate Mate）請大學的辯論高手到貧窮地區的學校，協助成立辯論社。老師們驚訝地發現，辯論讓原本很不認真的學生有機會參與，帶給他們意想不到的鼓勵。

處理貧窮問題並沒有簡單的方法，但有一個方向似乎明顯是對的：促進弱連結的形成與增加（尤其是金融與商業的連結），改善窮人的網絡。

世界各地的貧窮問題都呈現類似的特徵，無論是在哈林區還是在紐奧良，祕魯或孟加拉鄉下，巴黎或倫敦，約翰尼斯堡或底特律。不僅如此，從工業化之前、早期的美國、大蕭條到今天，貧窮的影響一直沒有太大的改變。不論在市中心貧民區、偏遠村莊、特定種族區或貧民窟，貧窮的本質都很類似。貧窮意謂著被局限在封閉的範圍、無法擺脫、甚至無法爬到財產與資本形成的最低層級。貧窮意謂著欠缺多元網絡，與積極參與經濟或社會活動的人之間缺乏管道。

因此，如果能讓窮人與主流社會連結，促進人與金錢之間形成弱連結，貧窮問題便有可能減少，甚至完全消除。不管是何種因素阻礙弱連結自然蓬勃的發展，我們必須找出阻礙並除去這些阻礙。只要提供窮人公平的機會，他們自然會努力改善生活。

13

在堪稱結構化的所有組織裡，網絡是結構最
鬆散的一種。

——《連線雜誌》主編凱利 [115]

網
絡
社
會

獨裁者的做法

大約在一九三〇年，德國是一個高度去中央化的成熟社會，有許多權力與影響力的核心。各地區與城市握有強大的地方權威，可能是德國六十年前才剛統一許多小邦國的緣故。此外，德國有工會，有強力捍衛本身獨立性的軍隊、天主教與基督教的教會與學校、地方企業與大型企業、各種區域與全國性政黨、多所歷史悠久獨立自主的大學、許多文化與民間機構。除了義大利、中國與日本，世界上再沒有一個國家有如此廣泛分布又進步的產業與科技，可能也沒有一個國家的樞紐與弱連結在數量與種類這兩方面比得上德國。

一九三二年大選，希特勒的國家社會黨（National Socialist Party，即納粹）距離絕對多數雖然還很遙遠，但贏得的席次已超過任何政黨。透過與德國人民黨（German National People's Party）的協議，納粹獲得微弱有效多數，希特勒於一九三三年一月出任總理。希特勒合法掌權後，開始廢除民權與憲法。上台六個月，宣布德國為一黨制國家。一九三四年一月，地方政府被廢除，所有的權力集中。一九三四年六月，希特勒終結兩大準軍事部隊衝鋒隊（SA）與親衛隊（SS）的競爭，殺害衝鋒隊的領導人並將之解散，所有的軍力集中由殘暴的親衛隊掌管。

希特勒透過這個方式大幅簡化了德國的網絡地圖。他大量關閉德國社會與政治上的樞紐與弱連結，將德國變成權力與宣傳的

中心。到了一九三〇年代末，德國社會再也看不到共產主義者、社會主義者、無政府主義者、社會民主主義者、保守派、民族主義者、天主教徒及所有非納粹的政治人物。工會消失了，獨立的市長與地區議會消失了，獨立的知識分子消失了，當然包括每個猶太知識分子（連愛因斯坦這樣的傑出人才也不例外）。科學家也紛紛出走，跑去為美國（而非德國或蘇聯）製造了第一顆原子彈。消失在集中營的還有數百萬的猶太人、社會主義者、無政府主義者、共產主義者、共濟會員、耶和華見證人、同性戀、吉普賽人以及任何敢於批評政權的人。知識、政治、社會的論辯都消失了。在外界觀察家的眼中，教會、軍隊、大企業似乎仍一如往常地運作，有默契的條件就是他們都要接受納粹專政。

凡是採取完全控制的政府必然會關閉自由的網絡。很多樞紐被扼殺或併入政府控制的超大樞紐，自發的弱連結也被阻止或壓制。史達林、毛澤東、波布（注：Pol Pot，紅色高棉最高領導人）皆是如此。獨裁者會擴大市民之間的分隔數，讓他們陷入孤立，無法產生隨機的接觸，並將他們集中在少數隸屬政府或直接由政府掌控的機構裡。

高結構化社會 vs. 低結構化社會

請想像一下上帝立於時間的起點，深思熟慮著要怎麼組織人類社會。方法之一是實施強勢嚴謹的結構：單一、層級式、中央

化的社會，最極端的例子是奴隸或軍事社會。從上帝視角來看，這種社會最大的優點是只需少數聰明人（甚至只需一個人），來指揮其他所有的人。當人類必須與大自然搏鬥求生存，財富與教育資源又很有限，這種高度結構化的社會具有明顯實際的優點。

再想像一下另一種極端的情形，上帝是位社會科學家，要實驗一種完全「扁平」、去中央化的社會，沒有任何組織可以告訴人們該怎麼做。上帝可能會懷疑：「當人人平等時，要怎麼在沒有組織的情況下達成任何事？」

然後上帝靈機一動（可能是因為看了一本未來所撰、探討政治自由的書），遂發明了網絡。由於上帝是三位一體，網絡也是由三種元素組成：強連結、弱連結與樞紐。這樣的社會並非完全沒有結構，因為網絡確實具有某種結構，但因上帝讀了美國獨立運動重要推手潘恩（Thomas Paine）的書之後轉而支持民主，決定網絡必須由人類自己自然形成，而不是由祂自己或其他人加在他們身上。上帝也明白樞紐可能會對成員產生很大的引力，讓他們停留在其中太久，或是恢復服從權威的原始本能。為了盡可能減少這種潛在有害的結果，上帝編寫了一種電腦程式，讓所有的樞紐存在十五年後自動消滅；由最富競爭力的樞紐取而代之，再享十五年的榮光。

這樣一個去中央化、相對不太有結構的社會若要順利運作，每個人必須憑著自己的技能與上進心賺錢。於是上帝發明了市場、教育與搖滾樂，讓社會上每個人能分別擁有財富、知識與正

確的態度。上帝應該認為這樣的結果還挺不賴的吧！

相較於高度結構化的社會，你認為低結構化社會的連結程度較高、還是較低呢？常識判斷或許會認為連結程度較低。你可能認為，既然要維持個人的自主性，付出減少連結的代價不可避免。但我們發現了一個讓人驚訝的事實：一個國家或整個世界結構化程度愈低，連結的程度反而愈高。畢竟多數人都喜歡自主而厭惡奴役，喜歡生活在和諧而非分裂的世界。

希特勒證明了偏離網絡社會將製造出更多結構，但連結度會較低。並不是只有第三帝國如此，層級愈多就必然會更加深孤立。因此獨裁政權特別喜歡透過宣傳，讓那些因社會結構互相疏離的市民之間製造認同感。

想想看在一座巨大的運動場，你與幾十萬名死忠追隨者整齊排列站立、全穿著整齊的制服，為領袖的偉大演說歌功頌德。表面上看起來你們似乎互相連結，但你與旁邊的人無法交談、也不能擅自跨出隊伍。你們的動作都事先經過編排，彼此的連結是冷淡且不自然的，歸根究柢根本就虛偽不實。這樣的「接觸」不會促成任何新資訊的交流，因為完全沒有真實、自發性的溝通。

與高度結構化、層級化的社會相比，網絡社會的優點在於**兼具**兩者之長：自主性與連結度都較高。這種正向的結果完全要歸功給超級連結者，亦即那些連結不同團體與個人的樞紐或個人。若沒有超級連結者，網絡社會不會那麼令人嚮往，甚至可能無法適當運作。從這個觀點來看，超級連結者獲得豐厚的報酬似乎非

常合理。我們很容易想到曼德拉，當南非從一個高度結構化、層級化、壓迫性的種族隔離政權，變成成為一個開放、自由、民主的社會時，他的功勞比任何人都還大。一九九四年，他成為南非第一任黑人總統後，特別致力融合黑白種族。最關鍵、最讓人振奮的時刻是當南非國家橄欖球隊跳羚隊（Springboks）贏得一九九五年橄欖球世界杯冠軍、打敗最被看好的紐西蘭隊時。要知道，南非這支隊伍充斥著白人的優越，讓很多黑人都很反感。曼德拉將獎杯頒給身為歐洲白人後裔的隊長皮納爾（Francois Pienaar），皮納爾穿著背號六號的球衣，笑得那麼燦爛，簡直就像該隊的贊助商。

我們要問的是：如果有兩種極端的社會，一是高度結構化但低度連結，另一種則是結構鬆散但連結良好，那麼就歷史上是否能看出從其中一種移向另一種的趨勢，還只是兩者隨機相互影響？

回答這個問題的一個方法是檢視人類的連結史。人類連結的機制是語言，先有字母與文字，最後發展出印刷品；還有故事、神話、音樂與建築。另一個機制是城市：綜觀人類歷史，與陌生人溝通最重要的管道可能是城市，城市將人們從鄉下、遙遠的地方乃至世界上每個角落都吸引過來。幾千年來，城市都是促進人際連結最重要的樞紐，也是形成弱連結最豐饒的溫床。無論過去還是現在，文明與傳播都是以都會為重鎮。城市也變得愈來愈大，現在城市人口的比例更是創下人類史上新高。

過去六百年來，各種傳播設備快速增加。隨著連結技術的創新、普及化與愈來愈受重視，人與人的關係也變得更緊密相連。第6章談到印刷機器大約在一四五〇年問世，帶來巨大的心理與實際的影響，私人閱讀、印刷書籍、流行刊物帶動學習大爆炸，使得觀念的流通更快速，個人得以學習有用的知識；同時也刺激了貿易、產業與其他的發明；人們因而能獨立思考、計畫未來，而不再只能聽從更高位者的命令。

　　一四九二年，哥倫布抵達加勒比海地區。經過不到百年，其他的探險家環繞了地球，世界大幅縮小。到十八世紀，道路與運河網益加擴大；十九世紀，有了鐵路、廉價郵政服務、電報、汽船與汽車。接著又有飛機、電話、收音機、電視、電腦、微晶片、高鐵、平價國際旅行、傳真機、橫跨（甚至跨越）大陸的隔夜快遞、互相連結的電腦系統、手機、視訊、光纖網路、網際網路、網路通訊APP與服務，這一切都是網絡現象，都能夠讓更多的人以更多元的方式、更低的成本進行更高品質的連結。這些技術逐步串連起相隔遙遠的人，消除距離的阻礙，大幅增進貿易，讓世界變得更小、更豐富、更少歧異。

　　儘管曾遭遇黑暗時期與獨裁政權的興起，長期來看，人類社會還是愈來愈接近網絡式（而非層級式）發展，而這似乎又與創新的腳步相當一致。但究竟是創新導向網絡社會，還是反過來網絡社會促進創新？可能兩者都是，這也可以解釋網絡與創新何以同步大幅增加。舉例來說，如果沒有創新，便不太需要網絡，因

為比較不需要溝通，透過貿易獲利的機會較少。同樣的道理，如果徒有新意而沒有網絡，這樣的創新將成為孤立的祕密，沒有機會改善社會。試以蒸汽引擎為例，促成工業化的最主要因素就是蒸汽引擎，在十八世紀的英國，引擎第一次用於提供棉花工廠與其他工廠所需的動力，後來更廣泛用在火車、船舶、汽車上。科技史學家一直對一個問題百思不解，羅馬人幾乎提早二千年就發明了蒸汽驅動的機械，他們也在時鐘裡運用了齒輪，知曉槓桿與應力，建造出很了不起的建物、下水道系統與溝渠。那麼蒸汽為什麼沒有更早改變世界呢？答案很簡單，因為羅馬人的蒸汽沒有免費的網絡可以支撐。

正如羅馬演說家塞內卡（Seneca）所說的，多數發明都來自奴隸，其中很多是希臘人或曾接受希臘教育的人。[116] 奴隸當然無法自由連結，他們的溝通一般局限於主人或家人之間。奴隸（以及發明家）無法與其他奴隸或自由人形成廣泛的網絡，也就沒有人可以出資讓他們的發明移做商業用途。

層級式與封閉的社會通常比網絡社會更不利創新；當構想與企業能夠像現在這樣擁有全球性的網絡時，比較可能出現真正了不起的創新。

過去四、五十年來，從層級結構移向網絡結構的趨勢也在產業界層出不窮。而第一位指出這個趨勢的人應該是加拿大哲學家與教育家麥克魯漢。一九六二年他寫道：

專門化與金字塔式的結構自十六世紀之後便很興盛，但到了現在的電子時代便已不再實用……金字塔式的組織結構採層層監督，依專業分別部門，但這一套已經行不通了。科學或工程的最高領導階層與作業中心之間的溝通鍊太過冗長，不利科學或管理訊息的傳遞……產業需要不同的研究團隊，各自具備不同的能力……能夠跨越組織的界線。[117]

的確是如此。大約自一九七〇年以後，全世界的企業都開始放棄層級，改採網絡結構，因為後者在公司內外都能達到更好的效果。

就內部來說，大量生產逐漸被彈性生產取代。十九世紀的觀念是層級式的「科學管理」，鉅細靡遺地控制每個員工的作業，結果就是勞工與職務劃分走向極端的專門化。但現在這已跟不上潮流了，因為顧客的需求變化快速，勞工教育程度提高，而且可運用科技獲得更多資訊，也就能享有更大的自主性。於是業者開始以網絡輔助或甚至取代裝配線，勞工組成小組互相連結，也常直接與顧客連繫，去除大批「中間管理層級」。

企業愈來愈流行成立由不同職位、不同地區的成員組成的「專案小組」，以處理新的方案或改良績效。每個小組就是一個網絡，與各個成員所負責的業務連結。當小組解散時，成員回到平時各自的工作崗位，但保留新的人脈網絡，這對他們自己的事業與公司都很有幫助。

專注核心能力

企業也愈來愈專注在「核心能力」（core competencies）上，這個術語聽起來很冠冕堂皇，其實意思就是「他們最在行的事」。通常企業會因此放棄稍微在行（或根本不在行）的業務，也就讓專精的業者（通常是中小企業）有空間發展特定的產品或服務（如清潔、保全、外燴、原料或零件的供應等）。

於是，垂直整合減少了，例如原本由石油公司包辦探勘、煉油、行銷、自營加油站，「價值鍊」的每個階段（探勘、製造、行銷、零售）改由專門的公司去處理。各階段的配合不再採層級式，而是以共同合作的企業所形成的網絡為基礎。此外，公司也變得愈來愈「虛擬」。舉例來說，英國航空並未擁有旗下所有的飛機；他們的機組員雖穿著英航的制服，事實上很可能受雇於另一家公司，如此英航便可專注於品牌管理與客戶關係。同樣地，清潔與餐飲也可以由第三方承做。除了「核心能力」之外一切都可外包，網絡便是透過這個方式取代層級式的結構。

現在的趨勢是授權、分包、外包、將「非核心」部門售出，以及將集團或大企業分割成兩三家新公司，這些都導致公司的平均規模變小。內部結構自然走向扁平化，外部的連結逐漸增加，彈性網絡取代僵化的層級。例如在矽谷，工程師通常每兩年換一家公司。對他們而言，雇主的重要性不及他們與其他人的連結——如人力仲介、創投業者、供應商、承包商、舊同事以及各種

人脈。公司之間的界線愈來愈容易被各種網絡滲透。正如 BCG
的兩位作家同仁所說的：

　　個別公司時有變化，多數公司就是一群人暫時結盟，致力實
現定義明確的計畫。真正的常態是存在一個流動性的企業「生態
系統」，各家公司在這個系統裡互相競爭。從某種角度來看，矽
谷就像一個龐大、去中央化的企業。人力資源並非專屬個別公司
所有，而是屬於整個矽谷。矽谷透過創投業者主導計畫的開始與
結束、以及資金的配置。核心能力的真正所在是矽谷，而不是個
別公司。[118]

　　我們還可以從另一個角度檢視矽谷，就是觀察個別高階主管
如何掌控權力與財力，就矽谷的發展而言，個人的網絡比企業層
級更加重要。

　　矽谷是個很獨特的例子，甚至可視為英美企業未來發展趨勢
的重要指標，但網絡力量的文化表現其實在每個地方都可明顯看
到。例如在西班牙的瓦倫西亞，各獨立公司形成網絡，共同合作
生產鞋子、紡織品與玩具。又如班尼頓的成衣外包給義大利、土
耳其及其他地中海國家的小公司或家庭生產者，然後透過全球五
千家加盟店的網絡銷售。

　　在香港，出口業自五〇年代末開始快速成長，產品主要來自
中國的小型家庭公司：「生產與銷售的網絡因應全球市場的變化而
形成、消失、改良。」[119] 多數日本企業則是採交互持有的網絡形

式，最常見的是形式稱為「經連」（keiretsu，即垂直網絡），以一家大型企業為中心（如日立、Panasonic 或 Toyota），與數十萬家小供應商合作。韓國的企業網絡「財閥」通常由一個強勢的個人或家族擁有與掌控。在中國，多數企業都是透過萬花筒般的家族企業進行，這種去中央化、快速改變的網絡通常包含相當程度的分包，且往往與某資深軍人或共黨高幹的私人網絡有關。當然，開發中國家的很多公司都隸屬於某個供應網絡，由歐美的領導品牌所主導。

我們在每個地方都看到重疊的網絡：生產者網絡、供應商網絡、零售網絡、顧客網絡、員工網絡、顧問網絡、科技公司網絡、創投與金融網絡、跨越不同公司的朋友與人脈網絡、舊同事網絡、線上網絡與電腦資訊網絡等。

人脈是你的財富來源

樞紐與弱連結的擴充開啟了工作的新面向，亦即不同的工作模式。過去企業界都是簡單分為兩邊，一邊是少數企業家、另一邊是大批被動的員工；現在界線不是那麼清楚了，企業家多了很多，但真正重要的改變是一般員工也可以像企業家一樣，可能正預備成為企業家或扮演另類企業家的角色。

我們可以擴展自己的人際網絡，善用弱連結讓工作變得更有趣、更由自己主導，同時也可提升自己的價值。我們也許還是在

別人的公司上班，但可以依據自己創造的獨特網絡努力掌控自己的命運。職場不再明顯區分為所有者與受薪奴隸兩個陣營，而是愈來愈像是一個連續的光譜，一端是完全仰賴組織的勞工，另一端是經營者，多數人都是介於兩個極端之間，但逐漸朝獨立的方向發展。每一家公司裡都有準備破繭而出的新生企業家。但我們還有另一個選擇，就是讓雇主更清楚看到我們的價值，如此既不須承擔自行創業的風險與困擾，卻又能獲得經營事業的利益。

如果有更多人將自己當做擁有高價值網絡的自主樞紐，也就是擁有屬於自己獨特而有價值的弱連結，就愈能促進社會與經濟的改變。當然，權勢與財富仍然會由許多原有的樞紐掌控，特別是政府官僚與上市大企業。但創新、財富的創造以及因此而來的影響力與獨立性，還是緩慢但穩定地移向新的公司、企業家與企業內部半自主的個人，從樞紐本身移向往來於樞紐內外的連結。這些連結可能會串連到新的樞紐，而新的樞紐或許有一段時間會變得很強大，但通常只是個人或團體的工具。不論新舊樞紐都會遭遇創新者的挑戰，而創新者的主要武器通常是他們與其他人（及其創意）的弱連結，至少在剛開始是如此。

這種人際連結建立在淡淡的友誼、同理心與無數次未特別去記憶的施惠與回報上，特色是容易形成、經常變動，且幾乎都未經正式約定。網絡經濟讓一些幸運或較富創意的個人得以獲得前所未有的財富，但財富的來源不是組織，而是**人脈**，由資訊與見識構成的龐大網絡。中間並未涉及金錢交易，而是交換各種免費

的幫助，且幫助者只是模糊地感到在未知的將來可能會在某個環節得到回報。在這種新形式的資本主義裡，競爭的成分並未消失或稍減分毫，但人類合作的本能成了另一股同樣重要的推動力，推著經濟與社會向前走，人們的財富與自主性也同時增加。

不論是工作上、休閒時或扮演公民的角色，過去我們主要是透過組織來連結——如公司、工會、夏令營、俱樂部、協會、旅行社等。但現在我們的連結方式愈來愈常透過個人的活動、網路上的溝通、未經計畫的自然碰面、個人的人脈、與點頭之交的偶遇、朋友的朋友、陌生人等等。每當有人不仰賴現有的機構而主動追求某種生活，或是形成自己的非正式團體（如火人祭）時，社會就會變得更多變、難以預測、更開放、自由、富生命力、具個人風格。層級退位，個人特色百花齊放。也就是說，網絡被賦與個人風格，個人則被網絡化。

所以我們不只是從層級移向網絡，而是從層級式、僵化的網絡移向最不具結構、最個人化的網絡，也就是弱連結。一個人若擁有廣泛與多元的弱連結，便可能讓網絡的力量以最純粹、最自然的方式發揮出來。那是社會的、個人的方式，建立在最廣泛定義的智識基礎上：結果則是將優質的資訊與見解透過合作轉化為有用的東西。

本書一開頭我們提過兩個相反的世界觀：卓別林代表受害者，詹姆斯·狄恩則是代表反傳統與「唯我世代」的前驅。我們指出，在層級與個人主義兩種極端之間還有第三條路，網絡可以

提供更好的模型，因為它更能精確描繪現代世界，同時也是現代社會更好的組織方式。

孤身對抗世界的概念對很多人而言具有神話般浪漫的吸引力，卻無法導引我們認識社會的真相。我們若想要實現個人的潛能，就必須體認慎選樞紐的重要性，懂得適時往前走（縱使沒有這樣的意願或計畫），留心周遭的弱連結交織成多麼美麗繁複的網絡，其中任何看似微不足道的連結都可能讓我們的人生提升至新的層次。事實上，網絡能蓬勃發展乃仰賴個人特質，因為新的網絡總是由創新者來創立與擴充。網絡之所以會興盛，是因為人與人之間存在差異，因為我們都能從不同的世界擷取好的構想而形成高明的見解。網絡有利溝通；溝通有利網絡。溝通要有內容，便必須有資訊的交流，有驚奇的元素，有新的資訊或見解。

我們從歷史的軌跡可以看出一種模式：人類愈來愈朝向專門化發展，同時也愈來愈互相連結。世界從來沒有像現在這麼大：人口、（有人占據的）土地、國家、城市、聚會場所（甚至擴及網路）、財富、構想與創新、各種樞紐（包括企業、政府、教育、文化、互助組織、特殊專業的組織）等都變得更多。但另一方面，世界也從來沒有像現在這麼小：我們能四處旅行、講電話、在網路上與人連繫，運用弱連結從一個點頭之交連結到另一個點頭之交，形成一個無止盡的奇妙環鍊，足以貫串全球的人類。

我們說現在的世界既很大又很小，完全是因為網絡日增而層

級漸減，因為溝通勝於嚴格控制，因為個人主義抬頭。少數超級連結者在其間穿針引線，我們其他人則是努力抓住新網絡帶來的機會，雖然未必能充分掌握。

當然，社會、宗教、意識形態的障礙還是存在。仍然有許多人受到壓迫政權的宰制；或困於貧窮與孤立，完全仰賴朋友、家人與雇主，沒有關鍵性的弱連結帶領他們進入更廣闊的社會。但我們這些生活在已開發國家的多數人是比較幸運的，我們能自由移動（當然不是指漫無目標的亂闖，而是互相合作，理性地與許許多多的人連結），並形成自己特有的人脈與資訊。我們很容易受限於自己的社會背景、地理環境與所受的訓練，但與我們連結的很多人並沒有這些限制。

我們都清楚知道人生的黑暗面：關於死亡與衰敗、不安與沮喪、經濟難關與各種逆境、執著與漠然，人類對彼此特有的殘酷。眼前我們似乎已能戰勝自然、滿足物質的需求，但我們依舊無可避免地承受各種痛苦，大自然也仍然可能反撲。

然而人類的演化還是有真正光明的一面。我們創造了網絡，讓社會的財富與幸福、多元性與凝聚力、自由與對彼此的責任、個人特質與群體生活都能同步提升。人類能夠有這麼了不起的成績，是因為我們逐漸學會不再只是努力滿足生存的基本需求，而是更能重視個人與社會的需求，努力展現個人才能，同時在這個緊密但輕盈的互倚網絡裡通力合作。

透過樞紐、強連結、弱連結這個簡單的三稜鏡檢視生活，個

人或企業的一些重要決定會變得比較清楚，不再那麼充滿焦慮、緊張與局促。每隔幾年我們便會選擇新的事業樞紐，或為生活增添新的社會意義，這些都可能將我們推向新的世界。我們每天都可能與有趣的人產生意料之外的連結，生活也因此變得更豐富。不同於螢幕上那個可憐的卓別林，我們會選擇更適合自己但也更富挑戰性的樞紐，就像真實的卓別林一樣。不同於青春期的狄恩，我們既未與主流社會愈離愈遠，又可以將個人特質發揮得淋漓盡致。

我們身處互相連結的社會，一方面努力扮演自己的角色，同時積極主動參與社會，因為我們同屬於一個充滿奧祕但不再難解的族群，也就是人類。正因我們都是不一樣的個體，才能進行深度的溝通、融入歷史上最大的詭譎局面，一個更親近、更緊密、更自由、更豐富的社會。

謝辭

　　本書耗費很長的時間才完成，雖然我們很享受書寫的過程，
看到書籍終於付梓，我們還是滿心歡喜。

　　感激不盡。

　　首先要感謝曾經在網絡科學與相關領域努力耕耘的所有前
輩，尤其是我們最欣賞的社會學家格蘭諾維特（Mark
Granovetter）、已故的米爾格倫（Stanley Milgram）、巴拉巴希
（Albert-László Barabási）、艾伯特（Réka Albert）、史特羅蓋茲
（Steven Strogatz）以及華茲（Duncan J. Watts）。此外，我們的很
多想法與書中陳述的概念都得力於許多哲學家與作家的啟發，包
括令人敬佩的彌爾（John Stuart Mill）、帕雷托（Vilfredo
Pareto）、克倫西（Karinthy Frigyes）、韓德森（Bruce
Henderson），讓人懷念的潔珂斯（Jane Jacobs），還有吉柏森
（William Gibson）、葛拉威爾（Malcolm Gladwell）、高曼
（Daniel Goleman）、麥克魯漢（Marshall McLuhan）、平克

（Steven Pinker），以及三位重要的經濟學家：謝林（Thomas Schelling）、克魯曼（Paul Krugman）與哈福特（Tim Harford）。

此外我們應該給予約六十位不同國籍、各行各業的受訪人士掌聲。其中很多人的名字在書中都已提及，此處無需贅述。他們不只在受訪時表達看法，還願意撥冗檢查訪問稿並提供額外的意見，我們深深感謝。另外許多傑出受訪人士雖要求匿名，但也不吝分享他們的故事與觀念，在此一併致謝。有些人更是介紹了有趣的朋友讓我們訪問，其中勞倫斯（Jim Lawrence）、哈勒（Rick Haller）、普莉斯奈（André Plisnier）、哈洛威（Sally Holloway）與翰威特（John Hewitt）對我們的幫助特別大。

感謝許多朋友熱心閱讀初稿，並提供很有價值的評語，雖然當時未必被充分接納。有些朋友甚至連稿子都沒看過，就很熱心地利用餐敘的時間提供寶貴的意見。此刻我們想到的有巴賀曼（Andrin Bachmann）、班尼迪克（Eric Benedict）、錢莫斯（Neil Chalmers）、柯拉克（Helen Clark）、艾爾斯（Chris Eyles）、費爾德（Robin Field）、格林思戴爾（Matthew Grimsdale）、海瑟（Stuart Heather）、翰威特、哈金森（Charles Hutchinson）、勞倫斯、曼米蘭（Iain MacMillan）、奈伊（Martin Nye）、里福（Jamie Reeve）、萊斯（Anthony Rice）與薩克絲佛斯坦（Mary Saxe-Falstein）。

特別該單獨提出來感謝的是我們的經紀人哈洛威，她的努力值得最高的讚賞，若沒有她，這本書也不會問世。美國的經紀人

帕那曼達（Zoe Pagnamenta）也是我們的貴人，她對本書的熱情支持帶給我們很大的鼓勵。

感謝出版商諾頓公司（W. W. Norton）的馮德利（Angela Vonderlippe）與利多布朗公司（Little, Brown）的懷廷（Tim Whiting）鼎力協助，我們的合作非常愉快，他們倆的同事史登（Erica Stern）與杭特（Iain Hunt）也相當優秀。

柯克要特別感謝他那位隨和又效率奇高的助理馬汀（Francisco Martins），以及他在葡萄牙的鄰居蘇珊（Susan）、保羅（Paul）、烏利（Uli）、赫斯特（Horst）；葡萄牙布托克村（Butoque）的村民與狗每天帶給他許多靈感。他還要感謝史特勞斯曼這對夫妻（Bernhard and Irene Strathmann）——本書大部分都在這兩人所設計監造的房子裡完成，後來他們甚至把房子賣給柯克；撰寫本書的最後一年能夠如此愉快順利，他們倆的幫助很大。但柯克最感謝的是馬修（Matthew）與塔克（Tocker），他們一定不知道自己對這本書的貢獻有多大。

洛克伍德要感謝多位同事，尤其是安德林（Andrin）與海倫（Helen）在寫作期間給他的鼓勵。最感謝的是克莉斯汀娜（Christina），是她讓洛克伍德違背本能買下荒郊野外半山腰的房子，事後證明這是非常特別的身心安頓所在，更是最佳的寫作環境。另外要感謝他的女兒柔依（Zoe），他從女兒身上學到許多對人性的深刻體會，遠遠是他人所不能及。

注釋

第1章

1. Jean-Philippe Bouchard and Marc Mézard（2000）'Wealth Condensation in a Simple Model of the Economy', Physica A 282, page 536. See also Richard Koch（1997）The 80/20 Principle, Nicholas Brealey, London.

第2章

2. Jane Jacobs（1961）The Death and Life of Great American Cities, Random House, New York.

3. Stanley Milgram（1967）, 'The Small-World Problem', Psychology Today 1, pages 61-7.

4. Jeffrey Travers and Stanley Milgram（1969）'An Experimental Study of the Small World Problem', Sociometry 32（4）（December）, pages 425-3; quotation page 426.

5. Judith S. Kleinfeld（2002）'The Small-World Problem', Society 39（2）, pages 61-6.

6. Peter Sheridan Dodds, Roby Muhamad and Duncan J. Watts（2003）'An Experimental Study of Search in Global Social Networks', Science 301（8 August）, pages 827-9.

7. 華茲已就未完成的訊息鍊進行數學調整。克蘭菲德批評米爾格倫的資料太少，很難看出他的實驗邏輯，我們認為克蘭菲德過度誇大了。一九六九年，崔維斯（Jeffrey Travers）與米爾格倫在《社會計量》期刊發表了研究結果，說得很清楚。表二區分三種樣本：「內布拉斯加隨機組」、「內布拉斯加證券投資人組」與「波士頓隨機組」，分別列出了完成訊息鍊的數量、訊息鍊的長度範圍與平均數。內布拉斯加隨機組完成了十八個訊息鍊，平均數五‧七；內布拉斯加證券投資人組完成了二十四個訊息鍊，平均數五‧四。兩份樣本動用到的中間人數的差異在統計學上意義不大，這一點讓人有些訝異，你會以為投資人的成功率較高。研究人員會將投資人設定為一組，不是為了影響結果，而是特地要測試成功率是否高於隨機組─結果並沒有。因此，我

們可以將這些樣本加總起來，合計有四十二條訊息鍊完成。波士頓隨機組的訊息鍊長度平均短於內布拉斯加隨機組（動用到的中間人分別是四‧四人與五‧七人），讓人驚訝的是差異這麼小，別忘了從內布拉斯加開始寄送要跨越兩千公里，從波士頓則不到四十公里。

第 3 章

8. Johan Stuart Mill（1848）The Principles of Political Economy, reissued as Principles of Political Economy and Chapters on Socialism（2008）, Oxford World's Classics, Oxford Paperbacks, Oxford. See book V, chapter 17, section 3.

9. Mark S. Granovetter（1973）'The Strength of Weak Ties', American Journal of Sociology 78（6）（May）, pages1360-80.

10. The quotations in this paragraph are taken from Granovetter's second major paper on weak ties: Mark Granovetter（1983）'The Strength of Weak Ties: A Network Theory Revisited', Sociological Theory 1, pages 201-33; all quotations from page 202.

11. Mark S. Granovetter（1973）'The Strength of Weak Ties', American Journal of Sociology 78（6）（May）, pages 1366.

12. Mark Granovetter（1974, 1995）Getting a Job: A Study of Contacts and Careers（2nd edition）,University of Chicago Press, Chicago, page 22.

13. Granovetter（1973）, op. cit., pages 1371-2.

14. Quoted in Emanuel Rosen（2000）The Anatomy of Buzz: Creating Word of Mouth Marketing, HarperCollins, London, page 73.

15. Gary Fine and Sherryl Kleinman（1981）'Rethinking Subculture: An Interactionist Analysis', American Journal of Sociology 85（1）, pages 1-20. Quotation from page 9.

16. Gabriel Weimann（1980）'Conversation Networks as Communication Networks', abstract of Ph.D. dissertation, University of Haifa, Israel.

17. Rose Coser（1975）'The Complexity of Roles as a Seedbed of Individual Autonomy', in L. Coser（editor）The Idea of Social Structure: Essays in Honor of Robert Merton, Harcourt Brace Jovanovich, New York. Quotations from pages 241-2, 256-8.

18. 舉例來說，一九七八年專家在美國東部三城區（Tri-City area）複製米爾格倫的小世界實驗，特別留意文件透過強連結或弱連結送抵目標對象手中的難易度。研究人員發現：「成功送抵的訊息鍊裡，參與者通常較少使用強連結⋯⋯可明顯看出送抵者與目標對象之間存在弱連結。」華茲的 Email 實驗也得到同樣的結論：「相較於未完成的訊息鍊，成功的訊息鍊運用專業弱連結的比例大幅超過親友的關係。」

19. E. O. Wilson（2002）The Future of Life, Knopf, New York.

20. D. J. Watts and S. H. Strogatz（1998）'Collective dynamics of "small-world" networks', Nature 393, pages 440-2. See also Duncan J. Watts（1999）Small Worlds: The Dynamics of Networks between Order and Randomness, Princeton University Press, Princeton NJ. The best short explanation of the Watts/Strogatz model is in Mark Buchanan（2002）Nexus: Small Worlds and the Groundbreaking Science of Networks, W. W. Norton, New York, pages 51-5.

21. 請注意，當一個圓圈上有一千點時，每個點與左右各五點相連，結果形成的連結不是一萬條，只有五千條。那是因為每條連結代表兩種意義—從 A 到 B 以及從 B 到 A。試以一個簡單的例子說明，假想一個圓圈有十點，每一點與相鄰的兩點相連。結果並不是 $10 \times 2 = 20$，而是 10 條連結而已。

第 4 章

22. Milgram（1967），op. cit., page 66.

23. Malcolm Gladwell, 'Six Degrees of Lois Weisberg', New Yorker, 11 January 1999.

24. 柴肯一九九二所寫的《追憶韓德森》（*Remembrances of Bruce Doolin Henderson*），收錄在十二月十一日哈佛大學安息禮拜教堂未公布的安息禮拜文件。柴肯後來成為 BCG 的執行長與董事長。後面提到提爾斯、史托克、克拉克森等人的評語也都是在同一追思會上所說的。

25. Thomas Schelling（1978）Micromotives and Macrobehavior, W. W. Norton, New York.

26. 我發現若要隨機攪亂（random scrambling）的話，用棋盤與兩副撲克牌來進行最簡單。拿出六十四張牌，不管上面的數字，自己寫上各張牌代表的棋盤位子（例如 3.1 代表第三排第一列）。充分洗牌後隨意發二十張，代表棋盤上要取走的二十個子。將這二十張洗牌後發出五張，隨意取二十中的五子，放入五張排指示的位子。重複這個做法許多次，直到你確信謝林從融合到隔離的模式是很典型的。

第 5 章

27. Paul Seabright, 'Darwin and the Terrible Games of Homo Sapiens', Financial Times, 2 January 2009.

28. Robert Alexrod（1984）The Evolution of Cooperation, Basic Books, New York, chapter 4.

29. Richard D. Horan, Erwin Bulte and Jason F, Shogren（2005）'How Trade Saved Humanity from Biological Exclusion: An Economic Theory of Neanderthal Extinction', Journal of Economic Behavior and Organisation 58（1）（September）, pages 1-29.

30. Interview by Steve Paulson, 'Proud Atheists', 15 October 2007, www.salon.com.

31. Daniel Goleman（2007）Social Intelligence: The New Science of Human Relationships, Bloomsbury, London.

32. Broadcast for WLS Radio, a Chicago station.

33. Daniel Goleman（2007）op. cit., page 49.

34. Barry Schwartz（2004）The Paradox of Choice: Why More Is Less, HarperCollins, New York.

35. 'Japan's Killer Work Ethic', Wall Street Journal, 8 June 2008.

36. Thomas J. Johnson（2004）'The Rehabilitation of Richard Nixon', in Harry P. Jeffrey and Thomas Maxwell-Long（editors）Watergate and the Resignation of Richard Nixon: Impact of a Constitutional Crisis, CQ Press, Washington, DC.

37. Stanley Milgram（1974）Obedience to Authority, HarperCollins, New York.

38. Jut Meininger（1973）Success through Transactional Analysis, Signet, New York, pages 127-8.

39. In 2009, Microsoft sold Razorfish to giant advertising agency Publicis in exchange for a 3% share in the latter.

40. Quoted in Steven L. McShane and Mary Ann Von Glinow（1999）Organizational Behavior: Emerging Realities for the Workplace Revolution, McGraw-Hill College, New York.

41. J. Useem, 'Welcome to the New Company Town', Fortune, 10 January 2000, paged 62-70.

42. Dave Arnott（1999）Corporate Cults: The Insidious Lurt of the All-Consuming Organization, Amacom, New York.

第 6 章

43. William Gibson in an interview with CNN, 26 August 1997.

44. William Gibson（1984）Neuromancer, Ace Books, New York, page 51.

45. Marshall McLuhan（1964, 1993）Understanding Media: The Extensions of Man, Routledge, London.

46. IDC（2008）US Consumer Online Behavior Survey Results 2007, 19 February.

47. 一九四八年撰述，一九四九年出版。48. 一九五六年出版，抨擊中間管理階層的從眾趨勢，意外成為暢銷書。

49. 一九六三年走紅全世界，前一年由雷諾斯（Malvina Reynolds）所寫，他開車經過加州達利市（Daly City），看到山坡上都是一模一樣的房子、很沒有美感，於是有感而發唱道：「都是使用廉價建材，看起來都是一個模子。」

50 Sir James George Frazer（1890, 1993）The Golden Bough, Wordsworth Editions, London.

51. Randall Stross, 'Why Television Still Shines in a World of Screens', New York Times, 7 February 2009.

第 7 章

52. Julian Fellows（2004）Snobs, Weidenfeld & Nicolson, London, page 57.

53. 參見傑克森（Tim Jackson, 1994）所寫的《維京王》（Virgin King: Inside Richard Branson's Business Empire）。傑克森說，布蘭森的追隨者甚至模仿這位偶像，攜帶一模一樣的黑色筆記本。

54. Ray Oldenburg（1999）The Great Good Place: Cafes, Coffee Shops, Bookstores, Bars, Hair Salons and Other Hangouts at the Heart of a Community, Marlowe & Company, New York.

第 8 章

55. Mark Granovetter（1974, 1995）, op. cit.

56. Mark Granovetter（1974, 1995）, op. cit., page 89.

57. Charles Handy（2001）The Elephant and the Flea: Looking Backwards to the Future, Random House, London.

第 9 章

58. James Champy（1994）Reengineering Management: The Mandate for New Leadership, HarperCollins, New York.

59. 這是《使徒行傳》9:2 的傳統敘述，路加寫道掃羅聽從耶路撒冷大祭司的指示衝進大馬士革的會堂，見到信道人就逮捕：「都准他捆綁帶到耶路撒冷」。不過，事件發生之後三、四十年寫成的這個版本不太可能是正確的。大馬士革不在猶太省（Judaea），耶路撒冷的猶太當局在那裡沒有管轄權，因此不太可能跑進去綁架與刑求。而且也沒有客觀的證據證明（除了新約），猶太人曾經因宗教觀點迫害任何人。保羅在寫給加拉太人（Galatians）的信件裡與路加的說法並不相符，倒是自承「如何極力逼迫殘害神的教會」。

60.《加拉太書》1:11-17

61.「那已經在耶穌裡睡了的人，神也必將他與耶穌一同帶來……我們這活著還存留到主降臨的人，斷不能在那已經睡了的人之先……那在基督裡死了的人必先復活。以後我們這活著還存留的人必和他們一同被提到雲裡，在空中與主相遇。這樣，我們就要和主永遠同在。」這是保羅留下的第一封信，大約寫於西元五十至五十一年。《帖撒羅尼迦前書》4:13-18 62.「他沒有按我們的罪過待我們……他的慈愛向敬畏他的人，也是何等的大；東離西有多遠，他叫我們的過犯，離我們也有多遠。」《詩篇》103:10-12 63.《加拉太書》3:2 8 64. See Andrew Welburn（1991）The Beginnings of Christianity: Essence Mystery and Christian Vision, Floris Books, Edinburgh, and Keith Hopkins（1999）A world Full of Gods: Pagans, Jews and Christians in the Roman Empire, Orion, London.

65. Quoted in Francis Wheen（1999）Karl Marx, Fourth Estate, London, page 313.

66. Karl Marx and Friedrich Engels（1848, 1967）The Communist Manifesto, Penguin Classics, London, page 87.

67. 工業勞工占歐美人口的比例大約在一九五〇年達到高峰（更大略的說，應是一九二〇至一九七〇年間），之後因白領「知識」勞工快速增加而開始減少。

68. 一位重要的歷史學家寫道：只有列寧能夠激起布爾什維克黨認同他的掌權目標……沒有列寧就沒有史達林……也就不會有蘇聯內戰嗎？不會有饑荒，包括強迫農民加入集體農業的半人為饑荒？不會有殘殺異己？……幾乎可以確定不會有……肅反運動與衛國戰爭（Great Patriotic War）─莫斯科以此形容它與納粹德國的殊死戰─死了大約四千萬蘇聯人。這幾乎全與列寧的偏執及影響有關……幾乎同樣確定的是也不會有冷戰……也就不會導致世界各國將無數的心力、金錢與資源投入「國防」建設。參見考利（Robert Cowley）編輯的《歷史如果改寫》（More What If? Eminent Historians Imagine What Might Have Been）裡，費佛（George Feifer）所寫的〈如果列寧未返芬蘭車站〉（No Finland Station）。

69. Macintyre, James（11 September 2007）'Anita Roddick, Capitalist With a Conscience, Dies at 64',

Independent, http://www.independent .co.uk/news/uk/this-britain/anita-roddick-capitalist-with-a-conscience-dies-at-64-402014.html. Retrieved 25 September 2009.

70. Jim Collins（2001）Good to Great: Why Some Companies Make the Leap… and Other Don't, Random House, New York.

第 10 章

71. Albert-László Barabási and Réka Albert（1999）Emergence of Scaling in Random Networks, Science 286: 509-12.

72. Bruce D. Henderson（1973）'Failure to Compete', BCG Perspective.

73. David Crystal（2002）The English Language: A Guided Tour of the Language, Penguin, London.

74. The Sunday Times Rich List, 26 April 2009, page 42.

75. Interview with Eric Schmidt, McKinsey Quarterly, September 2008.

76. 一個幾乎壟斷市場的網絡明星可能會以抬高價格的方式剝削顧客。但多數網絡明星的產品價格都不會高於競爭者，或高到顧客難以接受的程度─微軟可能是唯一的例外。因為沒有這個必要，而且一旦激怒了顧客，最後可能會失去讓人羨慕的地位，落得一無所有。

77. Kevin Kelly（1998）New Rules for the New Economy: 10 Ways the Network Economy is Changing Everything, Viking Penguin, New York.

78. Thomas L. Friedman（2005）The World Is Flat, Farrar, Strauss and Giroux, New York.

第 11 章

79. Castells, op. cit., page 470.

80. Granovetter（1983）, op.cit., page 219.

81. Tim Harford（2008）The Logic of Life: Uncovering the New Economics of Everything, Little, Brown, London.

82. Jane Jacobs（1969）The Economy of Cities, Random House, New York.

83. Michael Porter（1998）'Clusters and the New Economics of Competition', Harvard Business Review 76（6）（November-December）pages 77-90.

84. Edward L. Glaeser, Hedi D. Kallal, Jose A. Scheinkman and Andrei Shleifer（1992）'Growth in Cities', Journal of Political Economy 100（6）（December）, pages 1126-52.

85. Alfred Marshell（1890, 1920）Principles of Economics, Macmillan, London, book IV, chapter 10, quoted in Harford, op.cit., pages 169-70.

86. Castells, op. cit., page 55.

87. Anna-Lee Saxenian（1994）Regional Advantage: Culture and Competition in Silicon Valley and Route 128, Harvard University Press, Cambridge, MA.

88. Henry W. Chesbrough（2003）Open Innovation: The New Imperative for Creating and Profiting from Technology, Harvard Business School Press, Cambridge, MA.

89. Al Ries and Laura Ries（2004）The Origin of Brands: Discover the Natural Laws of Product Innovation and Business Survival, HarperCollins, New York.

90. Clayton Christensen（1997）The Innovator's Dilemma: When New Technologies Cause Great Firms to Fail, Harvard Business school Press, Cambridge, MA.

91. Ibid., page 4.

92. Judith Blau（1980）'When weak Ties Are Structured', unpublished manuscript, Department of Sociology, State University of New York, Albany.

第 12 章

93. Based on 'Mobile Money Spinner for Women', BBC News, 8 October 2002.

94. Jeffrey D. Sachs（2005）The End of Poverty, Economic Possibilities for our Time, Penguin, New York.

95. George Gilder（1981）Wealth and Poverty, Basic Books, New York, pages 68-70.

96. Carol Stack（1974）All Our Kin, Basic Books, New York, page 128.

97. George Gilder, op., page 67.

98. Herbert J. Gans（1962）The Urban Villagers: Group and Class in the Life of Italian-Americans, The Free Press, New York, page 283-98.

99. Granovetter（1983）, op. cit., page 210.

100. Peter Blau（1974）'Parameters of Social Structure', American Sociological Review 39（5）, pages 615-35.

101. Sudhir Venkatesh（2008）Gang Leader for a Day: A Rogue Sociologist Crosses the Line, Penguin, New York.

102. Ibid., page 256.

103. Quoted in Steven D. Levitt and Stephen J. Dubner（2005）Freakonomics: A Rogue Economist Explores the Hidden side of Everything, William Morrow, New York, page 97.

104. Granovetter（1983）, op. cit., page 213.

105. Stack, op. cit., pages 113-14.

106. Ibid., page 115.

107. Ibid., page 107.

108. Hernando de Soto（2001）The Mystery of Capital: Why Capitalism Works in the West and Fails Everything Else, Black Swan, London.

109. Ibid., page 53.

110. Malcolm Gladwell, op.cit.

111. See Harford, op. cit., pages 187ff. See also Ed Glaeser and Janet Kohlhase (2003) 'Cities, Regions, and the Decline of Transport Costs', Harvard Institute of Economic Research, Working Paper No.2004; and 'Don't Refloat: The Case against Rebuilding the Sunken City of New Orleans', Slate, 7 September 2005, available at: www.slate.com/id/2125810.

112. Jane Jacobs (1964, reprinted 1992) The Death and Life of Great American Cities, Vintage, New York.

113. See Harford, op. cit., pages 133-5 and 185-7.

114. Jacobs Vigdor (2006) 'When Are Ghettos Bad? Lessons from Immigrant Segregation in the United States', working paper, quoted in Harford, op. cit., pages 164f.

第13章

115. Kevin Kelly (1995) Out of Control: The Rise of Neo-biological Civilization, Addison-Wesley, Menlo Park, page 26-7.

116. Seneca (2005) Dialogues and Letters, Penguin Classics, London.

117. Marshell McLuhan (1962) The Gutenberg Galaxy, University of Toronto Press, Toronto.

118. Philip Evans and Thomas S. Wurster (2000) Blown to Bits: How the New Economics of Information Transforms Strategy, Harvard Business School Press, Boston, page 211.

119. Castells, op. cit., page 161.

人脈變現

建立共好網絡，讓別人看見你，也讓機會找上你
Superconnect: How the Best Connections in Business and Life Are the Ones You Least Expect

作　　者	理查・柯克（Richard Koch）、葛雷格・洛克伍德（Greg Lockwood）
譯　　者	張美惠
主　　編	鍾涵瀞
編輯協力	徐育婷

企　　劃	蔡慧華
總 編 輯	富察
社　　長	郭重興
發行人兼出版總監	曾大福
出版發行	八旗文化／遠足文化事業股份有限公司
地　　址	23141 新北市新店區民權路 108-2 號 9 樓
電　　話	02 － 2218 1417
傳　　真	02 － 8667 1851
客服專線	0800 － 221029
信　　箱	yanyu@bookrep.com.tw
	gusa0601@gmail.com
Facebook	facebook.com/gusapublishing

印務經理	黃禮賢
視　　覺	BIANCO TSAI、吳靜雯
印　　製	呈靖彩藝有限公司
法律顧問	華洋法律事務所 蘇文生律師

定　　價	380 元
初版一刷	2019 年 12 月

版權所有，侵害必究（Print in Taiwan）
本書如有缺頁、破損、或裝訂錯誤，請寄回更換

特別聲明：本書中的言論內容，不代表本公司／出版
集團立場及意見，由作者自行承擔文責。

國家圖書館出版品預行編目（CIP）資料

人脈變現：建立共好網絡，讓別人看見你，也讓機會找上你／理查・柯克，葛雷格・洛克伍德著；
張美惠譯 . -- 初版 . -- 新北市：八旗文化，遠足文化，2019.12
328 面 ;14.8×21 公分
譯自：Superconnect: How the Best Connections in Business and Life Are the Ones You Least Expect
ISBN 978-957-8654-86-0(平裝)

1. 網路社會 2. 網路社群 3. 人際關係 4. 成功法

541.415　　　　　　　　　　　　　　　　　　　　　108019424